westermann

Barbara Meurer, Dr. med. Dr. med. dent. Ingrid Turck

Zahnmedizinische Fachangestellte

Leistungsabrechnung
Band 2 – Prothetik

6. Auflage

Bestellnummer 92074

Die in diesem Produkt gemachten Angaben zu Unternehmen (Namen, Internet- und E-Mail-Adressen, Handelsregistereintragungen, Bankverbindungen, Steuer-, Telefon- und Faxnummern und alle weiteren Angaben) sind i. d. R. fiktiv, d. h., sie stehen in keinem Zusammenhang mit einem real existierenden Unternehmen in der dargestellten oder einer ähnlichen Form. Dies gilt auch für alle Kunden, Lieferanten und sonstigen Geschäftspartner der Unternehmen wie z. B. Kreditinstitute, Versicherungsunternehmen und andere Dienstleistungsunternehmen. Ausschließlich zum Zwecke der Authentizität werden die Namen real existierender Unternehmen und z. B. im Fall von Kreditinstituten auch deren IBANs und BICs verwendet.

Materialien für Lehrerinnen und Lehrer

Lösungen Download: 978-3-427-92075-5

BiBox für Lehrerinnen und Lehrer (Einzellizenz) 978-3-427-86642-8
BiBox für Lehrerinnen und Lehrer (Kollegiumslizenz) 978-3-427-86640-4

inkl. E-Book

Materialien für Schülerinnen und Schüler

BiBox (Laufzeit 1 Jahr) 978-3-427-86639-8

inkl. E-Book

westermann GRUPPE

Druck und Bindung: Westermann Druck GmbH, Georg-Westermann-Allee 66, 38104 Braunschweig

ISBN 978-3-427-**92074**-8

VORWORT

Dieses Lehr- und Übungsbuch ist für Auszubildende zur/zum Zahnmedizinischen Fachangestellten konzipiert. Es befasst sich mit dem Lernfeld 12, das prothetische Maßnahmen im Hinblick auf die Abrechnung erläuternd beinhaltet.

Erfahrungsgemäß wird die Vermittlung der Abrechnung zahnmedizinischer Behandlungsmaßnahmen wesentlich vereinfacht, wenn Auszubildende die Verbindung zu Behandlungsabläufen in der Praxis herstellen können. Aus diesem Grund erleichtern die zu Beginn eines jeden Kapitels ausgeführten **zahnmedizinischen Grundlagen** mit zeichnerischen Darstellungen den Auszubildenden das Verständnis für die Zusammenhänge von Behandlungsmaßnahmen und eindeutig zuzuordnenden Abrechnungspositionen. Dieses Konzept entspricht der dualen Ausbildung.

Die **Leistungsbeschreibungen** zahnärztlicher Maßnahmen des Einheitlichen Bewertungsmaßstabes (Bema) für gesetzlich Versicherte und der Gebührenordnung für Zahnärzte (GOZ) für Privatversicherte sind im Originaltext wiedergegeben und durch unterschiedliche Farbgebung (Bema grün, GOZ blau) deutlich gemacht. Die Abrechnungsbestimmungen des Bema und die Abrechnungshinweise der GOZ sind didaktisch aufbereitet, werden durch Übersichten, Tabellen, Gegenüberstellungen, Zeichnungen und Mindmaps verdeutlicht und lassen auch eine parallele Unterrichtung des Bema und der GOZ zu.

Übungsaufgaben anhand von Behandlungsfällen aus der Praxis ermöglichen den Auszubildenden die praktische Umsetzung der Unterrichtsinhalte und stellen wichtige Schritte auf ihrem Weg zur Handlungskompetenz als Zahnmedizinische Fachgestellte dar. Alle Behandlungsfälle können darüber hinaus auch mit der in der Praxis eingesetzten Software abgerechnet werden. Zusätzlich wird das Anlegen einer Lernkartei (siehe S. 32) als Wiederholungshilfe empfohlen.

Im Anschluss an die Leistungsbeschreibungen der Bema-Positionen werden die entsprechenden **befundorientierten Festzuschüsse** aufgeführt, die bei der Bearbeitung der Behandlungsfälle zugeordnet werden können.

Die Behandlungsfälle beinhalten prothetische Maßnahmen, die bei der Abrechnung hauptsächlich unter die sogenannte Regelversorgung fallen. Sie werden zur Übung tabellarisch erfasst und können im Heil- und Kostenplan abgerechnet werden. In diesem Arbeitsbuch werden von insgesamt acht Befundklassen vorwiegend die Befundklassen 1–4 erläutert. Die Unterrichtung weiterer Befundklassen ist im Lehrplan bisher nicht vorgesehen.

Neuregelungen des Abrechnungswesens durch Bestimmungen und Rechtsverordnungen des Gesetzgebers sowie durch Änderungen von Vereinbarungen der Vertragspartner sind möglich.

Wir wünschen Auszubildenden und Kollegen Freude bei der Arbeit mit diesem Buch.

Dr. med. Dr. med. dent. Ingrid Turck
Dipl.-Hdl. Barbara Meurer (Studiendirektorin)

INHALTSVERZEICHNIS

LERNFELD 12

Prothetische Behandlungen begleiten

I Einführung

Bis heute hat sich Yvonne in ihrer Ausbildung zur Zahnmedizinischen Fachangestellten besonders mit der konservierenden und chirurgischen Zahnheilkunde vertraut gemacht. Auch die Grundlagen der dazu gehörenden Abrechnung von kassenzahnärztlichen und privaten Leistungen hat sie gelernt. Im nächsten großen Gebiet ihrer Ausbildung geht es um die **Zahnersatzkunde und ihre Abrechnung**. Yvonne hat bereits gesehen, dass vor der prothetischen Versorgung eines Patienten Pläne für den zukünftigen Ersatz entworfen und auf bestimmten Formularen einschließlich der voraussichtlichen Kosten eingetragen werden. Von der Fachangestellten der Verwaltung erfährt sie, dassdiese Kostenvoranschläge von gesetzlich versicherten Patienten der Krankenkasse zur Genehmigung vorgelegt werden müssen. Der Versicherte hat gegenüber seiner Krankenkasse Anspruch auf Festzuschüsse. Diese orientieren sich am zahnmedizinischen Befund unabhängig von der prothetischen Versorgung. Kann der Patient durch ein Bonusheft regelmäßige vom Zahnarzt attestierte Kontrollen nachweisen, so belohnt die Krankenkasse ihn mit einem höheren Festzuschuss als „Bonus".

© stock.adobe.com, Dublin (euthymia)

1 Arten des Zahnersatzes

Grundsätzlich wird zwischen festsitzendem und herausnehmbarem Zahnersatz unterschieden. Zum herausnehmbaren Ersatz zählt die totale Prothese für zahnlose Kiefer und die partielle Prothese für teilbezahnte Kiefer. Kronen und Brücken dagegen werden fest einzementiert. Daneben ist eine Kombination von festsitzendem und herausnehmbarem Zahnersatz möglich. Außerdem gibt es auch abnehmbare Brücken, deren Zwischenglied durch Schrauben oder Riegel an den festsitzenden Kronen befestigt wird und gelöst werden kann.

Das gesteigerte Bewusstsein der Patienten für die Erhaltung der Zähne, die Erfolge der Prophylaxe, neue Behandlungsverfahren (z. B. Implantologie = Einpflanzung) und moderne technische Entwicklungen haben dazu geführt, dass Patienten seltener zahnlos werden. Entsprechend wird auch die Anfertigung von totalem Ersatz seltener. Bei der Versorgung von Patienten mit partiellem Zahnersatz hat sich das Verhältnis zugunsten des festsitzenden Zahnersatzes verschoben. Die erweiterten Möglichkeiten der Zahnerhaltung, z. B. durch verbesserte Endodontiemaßnahmen, haben dazu geführt, dass stark zerstörte Zähne, die früher häufig entfernt werden mussten, heute aufgebaut, mit Kronen versehen werden und als Brückenpfeiler dienen können.

2 Vergütung bei gesetzlich versicherten Patienten

Vertragspartner und Vertragswerke

Anders als bei der Abrechnung konservierender und chirurgischer Leistungen besteht zwischen dem Vertragszahnarzt und dem gesetzlich versicherten Patienten eine vertragsrechtliche Beziehung, da die Kosten für prothetische Leistungen nicht in vollem Umfang von der gesetzlichen Krankenkasse übernommen werden.

Je nach zahnmedizinischem Befund erhält der Patient zu den Gesamtkosten Festzuschüsse zu bestimmten prothetischen Leistungen, die etwa 50 Prozent der Kosten einer Grundversorgung, d. h. der sogenannten Regelversorgung, decken. Diese Regelversorgung erfüllt im Wesentlichen die Forderung nach einer ausreichenden, zweckmäßigen und wirtschaftlichen prothetischen Versorgung. Die über den Zuschuss hinausgehenden Kosten muss der Patient selbst tragen. Der Zuschuss erhöht sich, wenn sich der Patient regelmäßige Vorsorgeuntersuchungen in einem Bonusheft von seinem Zahnarzt dokumentieren lässt. Kann der Patient

eine jährliche Teilnahme an den Vorsorgeuntersuchungen lückenlos über fünf Jahre nachweisen, erhält er einen Zuschuss von 70 % (Bonus 1), bei einem lückenlosen Nachweis der Vorsorgeuntersuchungen über einen Zeitraum ab 10 Jahren erhält er einen Zuschuss in Höhe von 75 % (Bonus 2).
Die gesetzliche Grundlage für die Abrechnung kassenzahnärztlicher Leistungen sind der Einheitliche Bewertungsmaßstab (Bema) für Mitglieder von Primärkassen und Ersatzkassen. Der Einheitliche Bewertungsmaßstab besteht aus Teil 1–5. Teil 5 beinhaltet die Abrechnung der Versorgung mit Zahnersatz und Zahnkronen. In diesem Vertragswerk ist für jede kassenzahnärztliche Leistung die Bema-Nummer, die Leistungsbeschreibung und die Bewertungszahl festgelegt.

BEISPIEL

Bema-Nr.:	Leistungsbeschreibung	Bew.-Zahl*
97a	Totale Prothese/Cover-denture-Prothese im Oberkiefer	250
98b	Funktionsabdruck mit individuellem Löffel, Oberkiefer	57

*Bew.-Zahl = Bewertungszahl

Der Wert der Leistungen wird in Punkten (= Bewertungszahl) ausgedrückt. Diese Punkte werden mit einem bundeseinheitlich verbindlichen Punktwert multipliziert. Der Einheitliche Bewertungsmaßstab (Bema) stellt somit einen „Preiskatalog“ für zahnärztliche Leistungen dar.

MERKE: Honorar = Bewertungszahl einer Leistung x Punktwert der Krankenkasse

Das Produkt aus Bewertungszahl und Punktwert ergibt die Höhe des Honorars für die zahnärztliche Leistung.

BEISPIEL

Rechenbeispiel:

Funktionsabformung im Oberkiefer	Punktzahl	57
Totale Prothese im Oberkiefer	Punktzahl	250
Gesamtpunktzahl:		307
Bundeseinheitlicher Punktwert:	0,9818 EUR (Stand 2021)	

Honorar =	57	×	0,9818	=	55,96 EUR
	+ 250	×	0,9818	=	245,45 EUR
	307	×	0,9818	=	301,41 EUR

3 Festzuschüsse

Auf der Grundlage des Sozialgesetzbuches SGB V und der Richtlinien für die vertragszahnärztliche Versorgung mit Zahnersatz und Zahnkronen gilt seit dem 01.01.2005 das System der befundorientierten Festzuschüsse im Rahmen der vertragszahnärztlichen Versorgung.
Der Gesetzgeber hat im Sozialgesetzbuch festgelegt, dass die Krankenkassen den Versicherten einen befundorientierten Festzuschuss bei einer Versorgung mit Zahnersatz zahlen müssen. Darauf hat der gesetzlich versicherte Patient Anspruch. Voraussetzung für diese Verpflichtung ist, dass die Versorgung medizinisch notwendig ist und einer anerkannten Methode entspricht.

Mit den Festzuschüssen beteiligen sich die Krankenkassen an den Kosten einer prothetischen Behandlung einschließlich der Material- und Laborkosten. Diese kann jeder gesetzlich Versicherte beanspruchen. Die Festzuschüsse wurden für die unterschiedlichsten zahnmedizinischen Befunde, für die Zahnersatz erforderlich ist, ermittelt und gelten auch für Einzelkronen. Sie sind ausschließlich nach den Befunden, also **befundorientiert**, festgelegt und richten sich nicht nach dem Umfang der vorgesehenen prothetischen Versorgung. Die Auflistung dieser Festzuschüsse entspricht also dem Leistungskatalog der Krankenkassen.
Je nach zahnmedizinischem Befund erhält der Patient zu den Gesamtkosten der Behandlung Festzuschüsse zu bestimmten prothetischen Leistungen. Diese decken etwa 60 Prozent der Kosten einer Grundversorgung, d. h. der sogenannten „Regelversorgung". Die Regelversorgung erfüllt im Wesentlichen die Forderung nach einer ausreichenden, zweckmäßigen und wirtschaftlichen prothetischen Versorgung. Die über den Zuschuss hinausgehenden Kosten muss der Patient selbst tragen.
Der Zuschuss erhöht sich, wenn sich der Patient regelmäßige Vorsorgeuntersuchungen in einem Bonusheft von seinem Zahnarzt dokumentieren lässt. Kann der Patient eine jährliche Teilnahme an den Vorsorgeuntersuchungen lückenlos über fünf Jahre nachweisen, beträgt der Festzuschuss 70 % (Bonus 1). Bei lückenlosem Nachweis über einen Zeitraum von 10 Jahren erhöht sich der Festzuschuss auf 75 % (Bonus 2).

Der Gemeinsame Bundesausschuss (GBA) hat die Befunde in acht Befundklassen unterteilt:

1. Erhaltungswürdiger Zahn
2. Zahnbegrenzte Lücken mit höchstens vier fehlenden Zähnen
3. Zahnbegrenzte Lücken mit mehr als vier fehlenden Zähnen
4. Restzahnbestand bis zu drei Zähnen oder zahnloser Kiefer
5. Lückengebiss nach Zahnverlust in Fällen, in denen eine endgültige Versorgung nicht sofort möglich ist
6. Wiederherstellungs- oder erweiterungsbedürftiger konventioneller Zahnersatz
7. Erneuerung oder Wiederherstellung von Suprakonstruktionen
8. Nicht vollendete Behandlung (Teilleistungen)

Innerhalb dieser acht Befundklassen sind insgesamt 52 Befunde definiert. Jedem dieser 52 Befunde ist ein Festzuschuss zugeordnet. Von diesen 8 Befundklassen werden im vorliegenden Arbeitsbuch die Klassen 1–4 besprochen.
Festzuschüsse können nur durch den jeweiligen Bonusanspruch des Patienten erhöht werden.

Zusammenfassung:
- Der Patient erwirbt mit der Beitragszahlung an die Krankenkasse nur den gesetzlichen Anspruch auf die befundorientierten Festzuschüsse.
- Bei gleicher zahnmedizinischer Befundsituation erhalten Versicherte grundsätzlich den gleichen Festzuschuss, unabhängig vom Umfang der prothetischen Versorgung.
- Die Art des Zahnersatzes und die Gesamtkosten der prothetischen Versorgung haben keinen Einfluss auf die Höhe des Festzuschusses.
- Der Festzuschuss ist nur durch die Bonusregelung zu erhöhen.

4 Versorgungsarten

Der Gesetzgeber legt drei Arten der Zahnersatzversorgung fest, die sich durch die Art der Ausführung (einfache bis aufwendige Therapie), die Honorarregelung und das Abrechnungsverfahren unterscheiden:
1. **Regelversorgung**
2. **Gleichartige Versorgung**
3. **Andersartige Versorgung**

4.1 Regelversorgung

Die Regelversorgung bildet die Berechnungsgrundlage für die Festzuschüsse der Krankenkassen. Mit diesen für diese Versorgung festgelegten Zuschüssen werden ca. 50 Prozent der statistisch ermittelten Durchschnittskosten der zahnärztlichen und zahntechnischen Leistungen (Material- und Laborkosten) abgedeckt. Die Festzuschüsse können nur durch einen Bonusanspruch des Patienten erhöht werden. Die zahnärztliche Vergütung der Leistungen richtet sich nach dem Bema und dem verbindlichen **bundeseinheitlichen** Punktwert. Werden im Rahmen der Regelversorgung zusätzlich weitere Leistungen (z. B. Röntgenleistungen, Anästhesien) notwendig, so kann der Zahnarzt diese Begleitleistungen über die Versichertenkarte mit der Krankenkasse abrechnen.

Abrechnung der Regelversorgung:

- Die Festzuschüsse werden über die Kassenzahnärztliche Vereinigung (KZV) abgerechnet.
- Zahnärztliche Leistungen werden nach dem Bema über den Heil- und Kostenplan (HKP) abgerechnet.
- Kosten für zahntechnische Leistungen werden nach dem BEL (Bundeseinheitliches Leistungsverzeichnis für zahntechnische Leistungen) berechnet.
- Der Eigenanteil für die prothetische Versorgung wird dem Patienten in Rechnung gestellt.
- Begleitleistungen werden als Sachleistung über die Versichertenkarte abgerechnet.

4.2 Gleichartige Versorgung

Eine gleichartige Versorgung liegt vor, wenn zur Regelleistung zusätzliche Leistungen hinzukommen. Ein Patient wünscht z. B. auf Zahn 14 eine keramisch vollverblendete Krone. Die Regelversorgung sieht hierfür nur eine vestibuläre Verblendung vor. Da hier eine zusätzliche Leistung zu der Regelleistung hinzukommt, gilt die vollverblendete Krone als gleichartige Versorgung. Der Patient erhält in diesem Fall nur den befundbezogenen Festzuschuss für die Regelversorgung. Die vollverblendete Krone wird nach der GOZ berechnet. Die Kosten für zahnärztliche und/oder zahntechnische Leistungen, die über die Regelversorgung hinausgehen, werden privat abgerechnet. Dagegen werden vorbereitende Maßnahmen, auch Provisorien, nach dem Bema abgerechnet.

Abrechnung gleichartiger Versorgung:

- Die Festzuschüsse werden wie bei der Regelversorgung über die Kassenzahnärztliche Vereinigung (KZV) abgerechnet.
- Zahnärztliche Leistungen für die Regelversorgung werden nach dem Bema über den HKP abgerechnet.
- Zahnärztliche Leistungen für die gleichartige Versorgung werden nach der GOZ in Rechnung gestellt.
- Kosten für zahntechnische Leistungen werden nach dem BEL für die Regelversorgung und nach dem BEB (Bundeseinheitliches Benennungsverzeichnis bei privatzahntechnischen Leistungen) für die gleichartige Versorgung abgerechnet.
- Der Eigenanteil für die prothetische Versorgung wird dem Patienten in Rechnung gestellt.

4.3 Andersartige Versorgung

Eine andersartige Versorgung mit Zahnersatz liegt vor, wenn eine Regelversorgung oder gleichartige Versorgung für diesen Befund nicht erfolgt, sondern eine andere Art des Zahnersatzes außerhalb der Regelleistungen vorgesehen ist. Wählt der Patient z. B. festsitzenden Zahnersatz in Form von Brücken, obwohl als Regelversorgung herausnehmbarer Ersatz (Modellgussprothese) für diesen Befund festgelegt ist, so gelten diese Brücken als andersartige Versorgung. Grundsätzlich fällt auch der implantatgestützte Zahnersatz (Suprakonstruktion) unter diese Versorgungsart. Die Kosten für das Implantat und seine Verbindungselemente sind immer Privatleistungen, ebenso alle vorbereitenden Maßnahmen. Der Anspruch auf Festzuschüsse bleibt erhalten.

Abrechnung andersartiger Versorgung:

- Die Abrechnung aller Leistungen erfolgt privat mit dem Patienten nach der GOZ und dem BEB (Bundeseinheitliches Benennungsverzeichnis bei privatzahntechnischen Leistungen).
- Auf Antrag erhält der Patient von seiner Krankenkasse einen Zuschuss im Sinne einer Kostenbeteiligung. Voraussetzung ist die Vorlage eines Heil- und Kostenplans auf dem vereinbarten Formular vor Behandlungsbeginn bei der Krankenkasse. Er wird auf der Basis der GOZ erstellt. Damit entfällt eine Abrechnung über die KZV.

4.4 Mischfälle

Erhält ein Versicherter einen prothetischen Versorgungsplan, in dem Regelleistungen und/oder gleichartige Leistungen mit andersartigen Leistungen vorgesehen sind, so stellt die Kombination der verschiedenen Versorgungsarten einen sogenannten **Mischfall** dar. Wenn mehr als 50 Prozent des zahnärztlichen Honorars zum Zeitpunkt der Planung auf Leistungen der Regelversorgung und/oder der gleichartigen Versorgung entfallen, so sind die Festzuschüsse über die KZV abzurechnen.
Überwiegen andersartige Leistungen gegenüber Regel- bzw. gleichartigen Leistungen in Bezug auf das Zahnarzthonorar, so wird der Heil- und Kostenplan mit einem „D" (Direktabrechnung) gekennzeichnet. Das heißt, dass der Zahnarzt die Kosten privat mit dem Patienten abrechnet. Anschließend erhält der Patient bei Vorlage der Gesamtrechnung die Festzuschüsse von seiner Krankenkasse.

4.5 Härtefälle

Der Versicherte, der unter die Härteklausel fällt, hat Anspruch auf eine kostenfreie Zahnersatzversorgung, wenn er sich auf die Regelversorgung beschränkt. Die Krankenkasse gewährt ihm zu dieser Versorgung einen Festzuschuss in Höhe von 100 %. Sollte der Zuschuss für die Regelversorgung nicht ausreichend sein, so sind die Krankenkassen verpflichtet, auch die Mehrkosten zu übernehmen. Das gilt nicht für Edelmetalle, da der Zuschuss nur Nichtedelmetalle (NEM) einschließt. Mehrkosten für Edelmetalle werden dem Patienten von seinem Zahnarzt privat in Rechnung gestellt. Übersteigt der Festzuschuss die Kosten für die Regelversorgung, so reduziert sich der Festzuschussbetrag auf den tatsächlichen Rechnungsbetrag dieser prothetischen Versorgung.
Wählt der Patient einen gleichartigen oder andersartigen Zahnersatz, so ist die Leistungspflicht der Krankenkassen auf den Festzuschuss von 100 % begrenzt, der für die Regelleistung gilt.

4.6 Begleitleistungen

Begleitleistungen sind die Leistungen, die im Rahmen einer prothetischen Sanierung anfallen können. Dazu gehören z. B. Anästhesien, konservierende, chirurgische oder röntgenologische Leistungen.
Werden diese Leistungen im Rahmen der Regelversorgung erbracht, so werden sie über die Krankenversichertenkarte mit der KZV abgerechnet. Sind sie jedoch ausschließlich aufgrund gleichartiger oder andersartiger Versorgung notwendig, so können sie nicht über die Versichertenkarte abgerechnet werden. Wird beim Einsetzen eines Keramikinlays eine Anästhesie oder ein Kofferdam benötigt, so können die Kosten hierfür nur über die Versicherungskarte abgerechnet werden, wenn diese Leistung auch beim Legen einer Füllung notwendig gewesen wäre. Der Zahnarzt stellt diese Leistungen dem Patienten in einer Privatliquidation nach der GOZ in Rechnung.
Einschränkende Bestimmungen bei der Abrechnung prothetischer Leistungen ergeben sich aus dem Sozialgesetzbuch Buch V (SGB V) und den vom Bundesausschuss der Zahnärzte und Krankenkassen erlassenen Zahnersatzrichtlinien. In den Richtlinien ist der Rahmen der vertragszahnärztlichen Behandlungen festgelegt. Eine ausreichende, zweckmäßige und wirtschaftliche Versorgung des Patienten wird darin sichergestellt.

5 Heil- und Kostenplan

Teil 1

Vor Beginn einer prothetischen Behandlung muss der Zahnarzt aufgrund des Befundes einen Therapieplan aufstellen und die Kosten für diese prothetische Versorgung ermitteln. Für die entsprechenden Eintragungen dient als Formular der bundeseinheitliche Heil- und Kostenplan nach dem in der Anlage beigefügten Muster (Teil 1 und Teil 2). Teil 2 ist nur auszufüllen, wenn gleich- oder andersartige Leistungen geplant werden. Der Vordruck Teil 2 kann auch individuell per EDV erstellt werden. Hierbei dürfen Inhalt, Aufbau und Struktur nicht verändert werden. Der Heil- und Kostenplan ist für gesetzlich versicherte Patienten kostenfrei. Das gilt sowohl für die Regelversorgung als auch für die gleichartige und andersartige Versorgung.
Nach Vorschrift des Gesetzgebers muss der Heil- und Kostenplan den zahnmedizinischen Befund, die Regelversorgung und die geplante tatsächliche prothetische Versorgung enthalten. Für die tatsächliche Versorgung sind Art, Umfang und Kosten anzugeben.
Der Versicherte legt den Heil- und Kostenplan vor Beginn der Behandlung der Krankenkasse zur Bewilligung vor. Eine Überprüfung der Wirtschaftlichkeit findet nicht mehr statt, da eine Kostendisziplinierung durch die Festlegung von Zuschussbeträgen bereits erfolgt ist. Die Krankenkasse ermittelt zunächst aufgrund der Befunde die Behandlungsnotwendigkeit, ohne die ein Patient keinen Anspruch auf Zuschüsse hat. Liegt eine solche Notwendigkeit vor, so besteht das weitere Vorgehen der Krankenkasse in der Überprüfung von Planung, Kosten und Festzuschüssen der vorgeschlagenen Versorgung, auch wenn es sich um außervertragliche Leistungen handelt. In Zweifelsfällen kann die Krankenkasse einen Gutachter hinzuziehen.
Ändert sich nach Genehmigung des vorgelegten Heil- und Kostenplans der Befund oder der Behandlungsplan, so muss ein neuer Heil- und Kostenplan der Krankenkasse zur Genehmigung der Festzuschüsse vorgelegt werden.
Die Festzuschüsse werden gezahlt, wenn der geplante Zahnersatz innerhalb von sechs Monaten nach Genehmigung eingegliedert wird. Der Zahnarzt kennzeichnet auf dem Heil- und Kostenplan die Fälle, in denen die Auszahlung der Festzuschüsse direkt von der Krankenkasse an den Versicherten zu erfolgen hat, mit „D“ (einzutragen in Teil V, Zeile 8, rechte Spalte). Für Wiederherstellungen/Erweiterungen von Zahnersatz kön-

nen die Vertragspartner zur Vereinfachung und Verkürzung des Bewilligungsverfahrens andere Regelungen vereinbaren.

Aufbau des Heil- und Kostenplans

Der Heil- und Kostenplan besteht aus fünf Teilen. Die Teile I–III und V muss der Zahnarzt ausfüllen, Teil IV wird von der Krankenkasse ausgefüllt.

I. Befund des gesamten Gebisses und Behandlungsplan
II. Befunde für Festzuschüsse
III. Kostenplanung
IV. Zuschussfestsetzung
V. Rechnungsbeträge

Im oberen Teil des Heil- und Kostenplanformulars links sind die Stammdaten des Patienten in das dafür vorgesehene Feld einzutragen. Daneben befindet sich ein Feld für die Unterschrift des Versicherten. Sie ist dann erforderlich, wenn die Abrechnung ohne vorherige Bewilligung der Krankenkasse, z. B. bei der Abrechnung von Reparaturen, zugelassen ist. Rechts neben dem Unterschriftsfeld muss das Formular mit dem Abrechnungsstempel des Zahnarztes versehen werden.

Abkürzungen für die Eintragung der Behandlungsplanung:

A	Adhäsivbrücke (Anker, Spanne)
B	Brückenglied
E	Zu ersetzender Zahn
H	Gegossene Halte- und Stützvorrichtung
K	Krone
M	Vollkeramische oder keramisch voll verblendete Restauration
O	Geschiebe, Steg usw.
PK	Teilkrone
R	Wurzelstiftkappe
S	Implantatgetragene Suprakonstruktion
T	Teleskopkrone
V	Vestibuläre Verblendung

Die Symbole können miteinander kombiniert werden. So erhält zum Beispiel eine Krone (K) mit Verblendung (V) und einem komplizierten Haltelement (H) als Regelversorgung die Abkürzung „KVH".

Zeile TP – Therapieplanung
Eine vorgesehene prothetische Planung kann sowohl **Regelversorgungsleistungen** als auch Leistungen **der gleichartigen oder andersartigen Versorgung** beinhalten. Ein Ausfüllen der Zeile TP ist dann notwendig, wenn die prothetische Planung Leistungen der gleichartigen oder andersartigen Versorgung vorsieht. Sollten im Rahmen einer solchen Planung auch Regelleistungen vorgesehen sein, so sind auch diese in die Zeile TP einzutragen. In diese Zeile wird also die Versorgung eingetragen, die tatsächlich erbracht werden soll.

Zeile – Bemerkungen
Dieses Feld dient Hinweisen und Erläuterungen, z. B. zu Maßnahmen der Wiederherstellung nach den Befundklassen 6 und 7 (Beispiele: Reparatur einer Prothese mit einer Abformung oder Wiederherstellung eines frakturierten Sublingualbügels). In diese Zeile werden auch Hinweise eingetragen, die aus den Eintragungen der Befunde und Behandlungsplanung nicht ersichtlich sind, z. B. anormale Lückenbildung, Konkretisierung des Verblendmaterials, bereits vorhandene Implantate.

II: Befunde für Festzuschüsse
Spalte 1: Befund-Nummer
In die siebenzeilige Spalte 1 werden für die jeweilige Versorgung die Befundnummern nach den Festzuschuss-Richtlinien eingetragen. Sind mehr als sieben Eintragungen für Festzuschüsse erforderlich, so muss auf einem zweiten Heil- und Kostenplan die Auflistung der Befundnummern fortgesetzt werden. Die Wiederholung von Daten und Versorgungsart ist nicht erforderlich.

Spalte 2: Zahn/Gebiet
In die Spalte 2 ist die Zahnbezeichnung einzutragen. Bei Brücken wird das zu versorgende Gebiet eingetragen. Bei Teil- oder Totalprothesen wird der zu versorgende Kiefer angegeben.

Spalte 3: Anzahl
In Spalte 3 wird die Anzahl der Befundnummern vermerkt, die den Festzuschuss auslöst.

Zeilen – Nachträgliche Befunde
Für konfektionierte Stifte oder gegossene Stiftaufbauten können nachträglich Befunde nach den Festzuschussnummern 1.4 und 1.5 anfallen. Die Festzuschüsse für diese Befunde müssen nicht gesondert genehmigt werden. Aus diesem Grund kann der Zahnarzt sie nachträglich auf dem bereits bewilligten Heil- und Kostenplan in die beiden Zeilen unter „vorläufige Summe" einfügen.

Bild: © Kassenärztliche Bundesvereinigung, Berlin

nen die Vertragspartner zur Vereinfachung und Verkürzung des Bewilligungsverfahrens andere Regelungen vereinbaren.

Aufbau des Heil- und Kostenplans

Der Heil- und Kostenplan besteht aus fünf Teilen. Die Teile I–III und V muss der Zahnarzt ausfüllen, Teil IV wird von der Krankenkasse ausgefüllt.

I. Befund des gesamten Gebisses und Behandlungsplan
II. Befunde für Festzuschüsse
III. Kostenplanung
IV. Zuschussfestsetzung
V. Rechnungsbeträge

Im oberen Teil des Heil- und Kostenplanformulars links sind die Stammdaten des Patienten in das dafür vorgesehene Feld einzutragen. Daneben befindet sich ein Feld für die Unterschrift des Versicherten. Sie ist dann erforderlich, wenn die Abrechnung ohne vorherige Bewilligung der Krankenkasse, z. B. bei der Abrechnung von Reparaturen, zugelassen ist. Rechts neben dem Unterschriftsfeld muss das Formular mit dem Abrechnungsstempel des Zahnarztes versehen werden.

Krankenkasse bzw. Kostenträger

Name, Vorname des Versicherten — geb. am

Kostenträgerkennung — Versicherten-Nr. — Status

Vertragszahnarzt-Nr. — Datum

Erklärung des Versicherten

Ich bin bei der genannten Krankenkasse versichert. Ich bin über Art, Umfang und Kosten der Regel-, der gleich- und andersartigen Versorgung sowie über den voraussichtlichen Herstellungsort bzw. das voraussichtliche Herstellungsland des Zahnersatzes ____________ aufgeklärt worden und wünsche die Behandlung entsprechend diesem Kostenplan.

Datum/Unterschrift des **Versicherten**

Lfd.-Nr.

Stempel des **Zahnarztes**

Heil- und Kostenplan

Hinweis an den Versicherten:
Bonusheft bitte zur Zuschussfestsetzung beifügen.

I. Befund des gesamten Gebisses/Behandlungsplan

TP = Therapieplanung   R = Regelversorgung   B = Befund

Art der Versorgung

TP																
R																
B																
	18	17	16	15	14	13	12	11	21	22	23	24	25	26	27	28
	48	47	46	45	44	43	42	41	31	32	33	34	35	36	37	38
B																
R																
TP																

Der Befund ist bei Wiederherstellungsmaßnahmen nicht auszufüllen!

Bemerkungen (bei Wiederherstellung Art der Leistung)

II. Befunde für Festzuschüsse

(Spalten 1-3 vom Zahnarzt auszufüllen)

Befund Nr. 1	Zahn/Gebiet 2	Anz. 3

IV. Zuschussfestsetzung

Betrag Euro	Ct

vorläufige Summe

Nachträgliche Befunde:

Unfall oder Unfallfolgen/Berufskrankheit — Interimsversorgung — Unbrauchbare Prothese/Brücke/Krone

Versorgungsleiden — Immediatversorgung — Alter ca. ___ Jahre — NEM

Die Krankenkasse übernimmt die nebenstehenden Festzuschüsse, höchstens jedoch die tatsächlichen Kosten. Voraussetzung ist, dass der Zahnersatz innerhalb von 6 Monaten in der vorgesehenen Weise eingegliedert wird.

Datum, Unterschrift und Stempel der Krankenkasse

Hinweis:

☐ % Festzuschuss

☐ Es liegt ein Härtefall vor.

Erläuterungen

Befund (Kombinationen sind zulässig)

a = Adhäsivbrücke (Anker)
ab = Adhäsivbrücke (Brückenglied)
aw = erneuerungsbedürftige Adhäsivbrücke (Anker)
abw = erneuerungsbedürftige Adhäsivbrücke (Brückenglied)
b = Brückenglied
e = ersetzter Zahn
ew = ersetzter, aber erneuerungsbedürftiger Zahn
f = fehlender Zahn
i = Implantat mit intakter Suprakonstruktion
ix = zu entfernendes Implantat
k = klinisch intakte Krone
kw = erneuerungsbedürftige Krone
pw = erhaltungswürdiger Zahn mit partiellen Substanzdefekten
r = Wurzelstiftkappe
rw = erneuerungsbedürftige Wurzelstiftkappe
sw = erneuerungsbedürftige Suprakonstruktion
t = Teleskop
tw = erneuerungsbedürftiges Teleskop
ur = unzureichende Retention
ww = erhaltungswürdiger Zahn mit weitgehender Zerstörung
x = nicht erhaltungswürdiger Zahn
)(= Lückenschluss

Behandlungsplanung:

A = Adhäsivbrücke (Anker)
ABV = Adhäsivbrücke (Brückenglied mit vestibulärer Verblendung)
ABM = Adhäsivbrücke (Brückenglied, vollkeramisch oder keramisch vollverblendet)
B = Brückenglied
E = zu ersetzender Zahn
H = gegossene Halte- und Stützvorrichtung
K = Krone
M = Vollkeramische oder keramisch voll verblendete Restauration
O = Geschiebe, Steg etc.
PK = Teilkrone
R = Wurzelstiftkappe
S = implantatgetragene Suprakonstruktion
T = Teleskopkrone
V = Vestibuläre Verblendung

III. Kostenplanung

1 BEMA-Nrn.	Anz.	1 Fortsetzung	Anz.	1 Fortsetzung	Anz.

	Euro	Ct
2 Zahnärztliches Honorar BEMA:		
3 Zahnärztliches Honorar GOZ: (geschätzt)		
4 Material- und Laborkosten: (geschätzt)		
5 Behandlungskosten insgesamt: (geschätzt)		

Datum/Unterschrift des **Zahnarztes**

V. Rechnungsbeträge (siehe Anlage)

		Euro	Ct
1	ZA-Honorar (BEMA siehe III)		
2	ZA-Honorar zusätzl. Leist. BEMA		
3	ZA-Honorar GOZ		
4	Mat.- und Lab.-Kosten Gewerbl.		
5	Mat.- und Lab.-Kosten Praxis		
6	Versandkosten Praxis		
7	Gesamtsumme		
8	Festzuschuss Kasse		
9	Versichertenanteil		

Gutachterlich befürwortet ☐ ja ☐ nein ☐ teilweise

Eingliederungsdatum:

Herstellungsort bzw. Herstellungsland des Zahnersatzes:

Der Zahnersatz wurde in der vorgesehenen Weise eingegliedert.

Anschrift des **Versicherten**

Datum/Unterschrift und Stempel des **Gutachters**

Datum/Unterschrift des **Zahnarztes**

Bei Handbeschriftung unbedingt in Blockschrift schreiben

Vordr. 3a

Ausfüllen des Heil- und Kostenplans

I: Befund des gesamten Gebisses/Behandlungsplan

Für die Eintragung von Befund und Behandlung sind vier unterschiedliche Felder vorgesehen:

- Zeile B für den Befund
- Zeile R für die Regelversorgung
- Zeile TP für die Therapieplanung
- Zeile Bemerkungen

Zeile B – Befund

I. Befund des gesamten Gebisses/Behandlungsplan TP = Therapieplanung R = Regelversorgung B = Befund

Art der Versorgung

TP																
R																
B																
	18	17	16	15	14	13	12	11	21	22	23	24	25	26	27	28
	48	47	46	45	44	43	42	41	31	32	33	34	35	36	37	38
B																
R																
TP																

Bemerkungen (bei Wiederherstellung Art der Leistung)

Der Befund ist bei Wiederherstellungsmaßnahmen nicht auszufüllen!

In Zeile B sind alle ermittelten zahnmedizinischen Befunde mit den vereinbarten Abkürzungen einzutragen. Die Abkürzungen sind vorgeschrieben und auf dem Heil- und Kostenplan unter Erläuterungen angegeben. Die Befunde werden mit **Kleinbuchstaben** eingetragen.

Abkürzungen für die Eintragung der Befunde:

a	Adhäsivbrücke (Anker, Spanne)
b	Brückenglied
e	Ersetzter Zahn
ew	Ersetzter, aber erneuerungsbedürftiger Zahn
f	Fehlender Zahn
i	Implantat mit intakter Suprakonstruktion
ix	Zu entfernendes Implantat
k	Klinisch intakte Krone
kw	Erneuerungsbedürftige Krone
pw	Erhaltungswürdiger Zahn mit partiellen Substanzdefekten
r	Wurzelstiftkappe
rw	Erneuerungsbedürftige Wurzelstiftkappe
sw	Erneuerungsbedürftige Suprakonstruktion
t	Teleskop
tw	Erneuerungsbedürftiges Teleskop
ur	Unzureichende Retention
ww	Erhaltungswürdiger Zahn mit weitgehender Zerstörung
x	Nicht erhaltungswürdiger Zahn
)(	Lückenschluss

Bei Wiederherstellungsmaßnahmen entfällt das Ausfüllen des Befundfelds.

Zeile R – Regelversorgung

Die Regelversorgung entspricht nicht unbedingt der tatsächlich durchzuführenden Behandlung. In die Zeile R muss die Regelversorgung für den vorliegenden Befund vollständig eingetragen werden, auch wenn gleichartiger oder andersartiger Zahnersatz geplant ist. Die Regelversorgung ergibt sich aus den Befunden aufgrund der Richtlinien für Zahnersatz und Festzuschüsse.

Gegossene Halte- und Stützelemente müssen bei der Regelversorgung (Zeile R) und/oder Therapieplanung (Zeile TP) angegeben werden, um damit der Software eine Zuordnung zu den Bema-Nummern zu ermöglichen.

Abkürzungen für die Eintragung der Behandlungsplanung:

A	Adhäsivbrücke (Anker, Spanne)
B	Brückenglied
E	Zu ersetzender Zahn
H	Gegossene Halte- und Stützvorrichtung
K	Krone
M	Vollkeramische oder keramisch voll verblendete Restauration
o	Geschiebe, Steg usw.
PK	Teilkrone
R	Wurzelstiftkappe
S	Implantatgetragene Suprakonstruktion
T	Teleskopkrone
V	Vestibuläre Verblendung

Die Symbole können miteinander kombiniert werden. So erhält zum Beispiel eine Krone (K) mit Verblendung (V) und einem komplizierten Haltelement (H) als Regelversorgung die Abkürzung „KVH".

Zeile TP – Therapieplanung
Eine vorgesehene prothetische Planung kann sowohl **Regelversorgungsleistungen** als auch Leistungen **der gleichartigen oder andersartigen Versorgung** beinhalten. Ein Ausfüllen der Zeile TP ist dann notwendig, wenn die prothetische Planung Leistungen der gleichartigen oder andersartigen Versorgung vorsieht. Sollten im Rahmen einer solchen Planung auch Regelleistungen vorgesehen sein, so sind auch diese in die Zeile TP einzutragen. In diese Zeile wird also die Versorgung eingetragen, die tatsächlich erbracht werden soll.

Zeile – Bemerkungen
Dieses Feld dient Hinweisen und Erläuterungen, z. B. zu Maßnahmen der Wiederherstellung nach den Befundklassen 6 und 7 (Beispiele: Reparatur einer Prothese mit einer Abformung oder Wiederherstellung eines frakturierten Sublingualbügels). In diese Zeile werden auch Hinweise eingetragen, die aus den Eintragungen der Befunde und Behandlungsplanung nicht ersichtlich sind, z. B. anormale Lückenbildung, Konkretisierung des Verblendmaterials, bereits vorhandene Implantate.

II: Befunde für Festzuschüsse
Spalte 1: Befund-Nummer
In die siebenzeilige Spalte 1 werden für die jeweilige Versorgung die Befundnummern nach den Festzuschuss-Richtlinien eingetragen. Sind mehr als sieben Eintragungen für Festzuschüsse erforderlich, so muss auf einem zweiten Heil- und Kostenplan die Auflistung der Befundnummern fortgesetzt werden. Die Wiederholung von Daten und Versorgungsart ist nicht erforderlich.

Spalte 2: Zahn/Gebiet
In die Spalte 2 ist die Zahnbezeichnung einzutragen. Bei Brücken wird das zu versorgende Gebiet eingetragen. Bei Teil- oder Totalprothesen wird der zu versorgende Kiefer angegeben.

Spalte 3: Anzahl
In Spalte 3 wird die Anzahl der Befundnummern vermerkt, die den Festzuschuss auslöst.

Zeilen – Nachträgliche Befunde
Für konfektionierte Stifte oder gegossene Stiftaufbauten können nachträglich Befunde nach den Festzuschussnummern 1.4 und 1.5 anfallen. Die Festzuschüsse für diese Befunde müssen nicht gesondert genehmigt werden. Aus diesem Grund kann der Zahnarzt sie nachträglich auf dem bereits bewilligten Heil- und Kostenplan in die beiden Zeilen unter „vorläufige Summe" einfügen.

Bild: © Kassenärztliche Bundesvereinigung, Berlin

III: Kostenplanung

Zeile 1: Bema-Nummern und Anzahl

Zutreffende Bema-Nummern für die Regelversorgung werden mit ihrer Anzahl hier eingetragen. Beispiel: 19 x 3, 91b x 2, 92. Sie werden also in eine Zeile fortlaufend geschrieben.

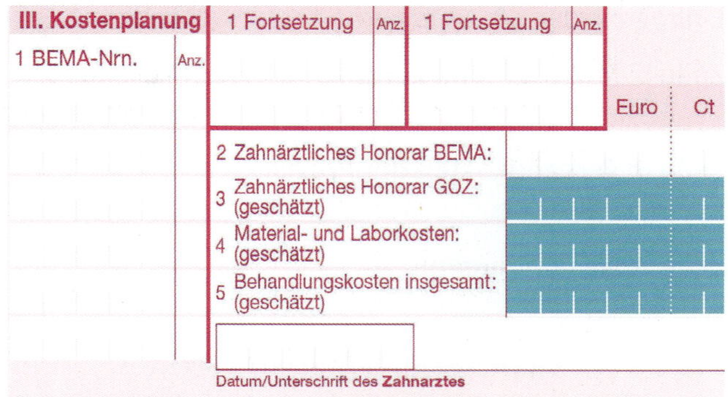

III. Kostenplanung | 1 Fortsetzung | Anz. | 1 Fortsetzung | Anz.

1 BEMA-Nrn. | Anz.

Euro | Ct

2 Zahnärztliches Honorar BEMA:

3 Zahnärztliches Honorar GOZ: (geschätzt)

4 Material- und Laborkosten: (geschätzt)

5 Behandlungskosten insgesamt: (geschätzt)

Datum/Unterschrift des Zahnarztes

Zeile 2: Zahnärztliches Honorar (Bema)

Hier wird der Gesamtbetrag des zahnärztlichen Honorars nach dem Bema in Euro und Cent eingetragen. Die Errechnung des zahnärztlichen Honorars ergibt sich aus der Summe der Bewertungszahlen, multipliziert mit dem derzeitigen bundeseinheitlichen Punktwert 0,9818 = Honorar in Euro/Cent.

Zeile 3: Geschätztes zahnärztliches Honorar (GOZ)

Sind aufgrund gleichartiger bzw. andersartiger Versorgungen Leistungen erforderlich, die nach der GOZ abgerechnet werden, so ist das gesamte GOZ-Honorar in Euro und Cent hier einzutragen. Das Honorar nach der GOZ gilt nur für außervertragliche Leistungen.

Zeile 4: Geschätzte Material- und Laborkosten

Die geschätzte Material- und Laborkostensumme umfasst sowohl die Kosten des praxiseigenen als auch die des gewerblichen Labors. Wenn auch Kosten für gleichartige und andersartige Leistungen anfallen, so werden die geschätzten zahntechnischen Gesamtkosten und die Kosten für Praxismaterialien für die Gesamtversorgung angegeben. Sowohl die BEL-Leistungen (BEL = Bundeseinheitliches Leistungsverzeichnis = Laborleistungen für gesetzlich Versicherte) als auch die BEB-Leistungen (BEB = Bundeseinheitliche Benennungsliste = Laborleistungen für privat Versicherte) werden addiert. Die Summe ist in Euro und Cent einzutragen.

Zeile 5: Geschätzte Gesamtkosten der Behandlung

Die Summe ergibt sich aus der Addition der Beträge von Nummer 2 bis 4.

Teil III des Heil- und Kostenplans ist mit Datum und Unterschrift zu versehen.

Der so fertig ausgefüllte Heil- und Kostenplan wird nun – in der Regel vom Patienten – der Krankenkasse zur Zuschussfestsetzung vorgelegt.

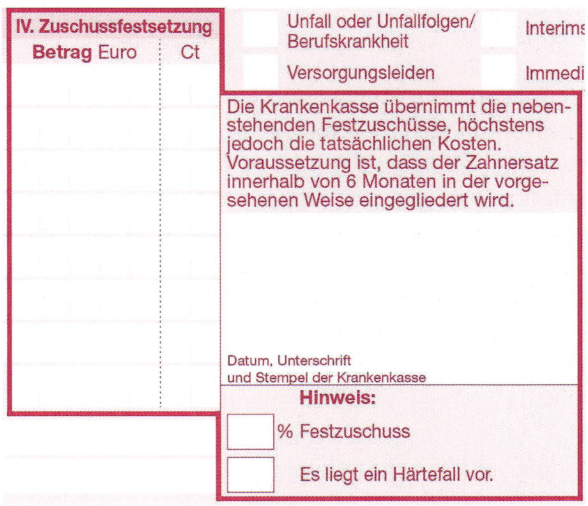

IV. Zuschussfestsetzung

Betrag Euro | Ct

Unfall oder Unfallfolgen/ Berufskrankheit

Interims

Versorgungsleiden

Immedi

Die Krankenkasse übernimmt die nebenstehenden Festzuschüsse, höchstens jedoch die tatsächlichen Kosten. Voraussetzung ist, dass der Zahnersatz innerhalb von 6 Monaten in der vorgesehenen Weise eingegliedert wird.

Datum, Unterschrift und Stempel der Krankenkasse

Hinweis:

% Festzuschuss

Es liegt ein Härtefall vor.

IV: Zuschussfestsetzung

Die Krankenkasse legt nun die jeweiligen Festzuschüsse fest, überprüft den Bonusanspruch und trägt diesen als Prozentsatz ein. Liegt ein Härtefall vor, so kann die Krankenkasse das entsprechende Feld ankreuzen oder durch den Vermerk „HF" kennzeichnen. Nach Bewilligung erhält der Zahnarzt den Heil- und Kostenplan zurück und kann mit der Behandlung beginnen.

V: Rechnungsbeträge

Zeile 1: Zahnarzthonorar

Hier wird die Summe der unter Nr. III/1 genannten Bema-Positionen für die Regelleistungen in Euro und Cent eingetragen.

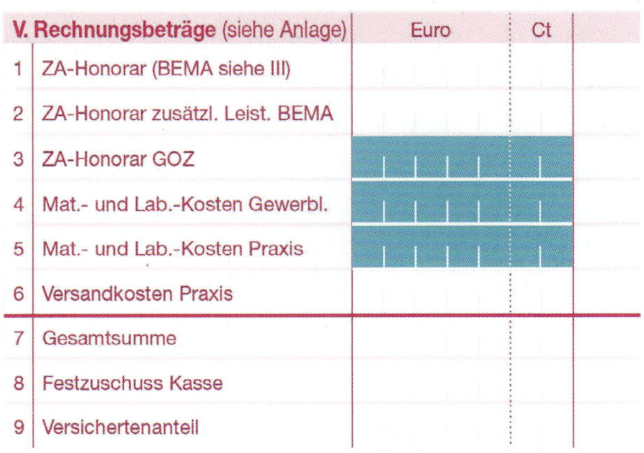

V. Rechnungsbeträge (siehe Anlage)	Euro	Ct
1 ZA-Honorar (BEMA siehe III)		
2 ZA-Honorar zusätzl. Leist. BEMA		
3 ZA-Honorar GOZ		
4 Mat.- und Lab.-Kosten Gewerbl.		
5 Mat.- und Lab.-Kosten Praxis		
6 Versandkosten Praxis		
7 Gesamtsumme		
8 Festzuschuss Kasse		
9 Versichertenanteil		

Zeile 2: Zahnarzthonorar für zusätzliche Leistungen nach dem Bema

Werden im Laufe der Behandlung vorher nicht absehbare nachträgliche Leistungen notwendig, z. B. Wiederbefestigung oder Neuanfertigung von Provisorien, so trägt der Zahnarzt die Summe für diese zusätzlichen Bema-Leistungen in Euro und Cent in diese Zeile ein. Das gilt auch für Kosten aufgrund nachträglicher Befunde, die unter die Regelversorgung fallen.

Bilder: © Kassenärztliche Bundesvereinigung, Berlin

Zeile 3: Zahnarzthonorar GOZ
Die tatsächlich angefallenen Gebühren nach der GOZ für gleich- und andersartige Versorgungen sind in Euro und Cent einzutragen.

Zeile 4: Material- und Laborkosten des gewerblichen Labors
Eintragung der Gesamtsumme der tatsächlichen Material- und Laborkosten nach BEL und BEB

Zeile 5: Material- und Laborkosten des Praxislabors
Eintragung der Gesamtsumme der tatsächlichen Material- und Laborkosten nach BEL und BEB

Zeile 6: Versandkosten der Praxis
Eintragung der Kosten des Versandes an das gewerbliche zahntechn sche Labor

Zeile 7: Gesamtsumme
Eintragung der Gesamtsumme nach Addition der Beträge von Zeile 1–6

Zeile 8: Festzuschuss der Krankenkasse
Der Festzuschuss errechnet sich durch Addition der einzelnen Zuschussbeträge der Krankenkasse unter IV. Der Gesamtzuschuss darf nicht höher sein als die tatsächlichen Kosten.

Zeile 9: Versichertenanteil
Eintragung des Ergebnisses von Zeile Nr. 7 minus Zeile Nr. 8 in EUR/Cent. **Dieser Betrag ist der Eigenanteil des Patienten.**

Auf dem Heil- und Kostenplan unten rechts ist bei Rechnungserstellung das Eingliederungsdatum des Zahnersatzes in die dafür vorgesehenen sechs Kästchen (TTMMJJ) einzutragen und Ort oder Land der Herstellung des Ersatzes zu nennen. Der Zahnarzt bestätigt mit Datum und Unterschrift den Abschluss der prothetischen Versorgung.

Teil 2

Nur bei gleichartiger und andersartiger prothetischer Versorgung muss neben dem Heil- und Kostenplan ergänzend Teil 2 bzw. Blatt 2 als Anlage ausgefüllt und der Krankenkasse mit dem Heil- und Kostenplan Teil 1 eingereicht werden. Der Versicherte erhält mit dem Heil- und Kostenplan Teil 2 in detaillierter Aufstellung der Leistungen als formlose Anlage zum Heil- und Kostenplan Teil 1 Kenntnis über den voraussichtlichen Eigenanteil.
Im Teil 2 des Heil- und Kostenplans werden die zahnärztlichen Privatleistungen mit Leistungsbeschreibung, GOZ-Nummern, Anzahl und Eurobetrag angegeben. Der Betrag wird auf volle Euro kaufmännisch gerundet (0–4 abrunden, 5–9 aufrunden). Zusätzlich enthält Teil 2 die auch im Teil 1 Abschnitt III einzutragenden Summen für das zahnärztliche Honorar nach der GOZ, das zahnärztliche Honorar nach dem Bema, die gesamten Material- und Laborkosten und die Summe der Behandlungskosten (zahnärztliche und zahntechnische Leistungen).
Die Festzuschüsse werden in Euro angegeben. Zur Berechnung des Eigenanteils des Patienten wird die Summe der Festzuschüsse von den Gesamtkosten abgezogen, sodass der sich ergebende Betrag der Höhe der voraussichtlichen Eigenbeteiligung entspricht.
Der Heil- und Kostenplan enthält nur die prothetischen Leistungen. Allgemeine und konservierend-chirurgische Leistungen werden gesondert berechnet.
Das zahnärztliche Honorar nach der GOZ und die zahntechnischen Leistungen können im Heil- und Kostenplan nur geschätzt werden. Der tatsächliche Rechnungsbetrag kann durch unvorhersehbar notwendige Maßnahmen vom ausgewiesenen Betrag auf dem Kostenplan abweichen. Dies kann durch die Schwierigkeit und den Zeitaufwand für einzelne Leistungen oder die Umstände bei Ausführung oder Methode bedingt sein.
Zahnarzt und Versicherter unterschreiben Teil 2 des Heil- und Kostenplans. Der Zahnarzt bestätigt mit seiner Unterschrift die Angaben im Heil- und Kostenplan. Der Versicherte gibt mit seiner Unterschrift sein Einverständnis zu der geplanten Versorgung.

Teil 2 des Heil- und Kostenplans

Heil- und Kostenplan Teil 2

Name des Patienten

Zahnarztpraxis

Anlage zum Heil- und Kostenplan vom ____________

Für Ihre prothetische Behandlung werden entsprechend nachfolgender Aufstellung voraussichtlich folgende Kosten/Eigenanteile anfallen:

Zahn/Gebiet	GOZ	Leistungsbeschreibung	Anzahl	Betrag EUR

Zahnärztliches Honorar GOZ (entsprechend Zeile III/3 HKP): .... EUR ________

Zahnärztliches Honorar BEMA (entsprechend Zeile III/1 und 2 HKP): .... EUR ________

Material und Laborkosten (entsprechend Zeile III/4 HKP): .... EUR ________

Gesamtkosten (entsprechend Zeile III/5 HKP): .... EUR ________

abzüglich Festzuschüsse: .... EUR ________

Ihr voraussichtlicher Eigenanteil wird hiernach betragen EUR ________

Kosten für allgemeine und konservierend-chirurgische Leistungen nach der GOZ sind in den Beträgen nicht enthalten. Unvorhersehbare Leistungen, die sich im Rahmen der Behandlung ergeben, werden gesondert berechnet. Unvorhersehbare Veränderungen der Schwierigkeit sowie des Zeitaufwandes der einzelnen Leistungen, der Umstände bei der Ausführung oder der Methode können zu Kostenveränderungen führen.

Ich wünsche eine Versorgung entsprechend des Heil- und Kostenplans nebst dieser Anlage

Datum / Unterschrift des **Zahnarztes**

Datum / Unterschrift des **Versicherten**

Informationen über die Kosten der Regelversorgung

Die Kosten für eine dem Befund entsprechende Regelversorgung liegen voraussichtlich in der Höhe des 100%igen Festzuschusses.

Festzuschuss 100% .... EUR ________

abzüglich von der Kasse festgesetzte Festzuschüsse .... EUR ________

Ihr Eigenanteil würde im Falle der Regelversorgung daher voraussichtlich zzgl. der möglicherweise anfallenden Edelmetallkosten betragen. .... EUR ________

Vordr. 3b (Z312/1 10.2020) SCHÜTZDRUCK

6 Vergütung bei Privatpatienten

Nach Zustandekommen eines Behandlungsvertrags zwischen Zahnarzt und Patient ist der Patient nach Abschluss der prothetischen Versorgung und Erhalt der Rechnung verpflichtet, das vereinbarte Honorar zu entrichten.

Unabhängig von der Zahlungsverpflichtung gegenüber dem Zahnarzt kann der Patient seine Rechnung den kostenerstattenden Stellen einreichen. Kostenerstattende Stellen können z. B. private Krankenversicherungen und Beihilfestellen sein. Je nach gewährtem Versicherungsschutz übernehmen diese Stellen ganz oder teilweise die Kosten der zahnärztlichen Behandlung.

Abrechnungsweg für Privatpatienten bei prothetischen Leistungen

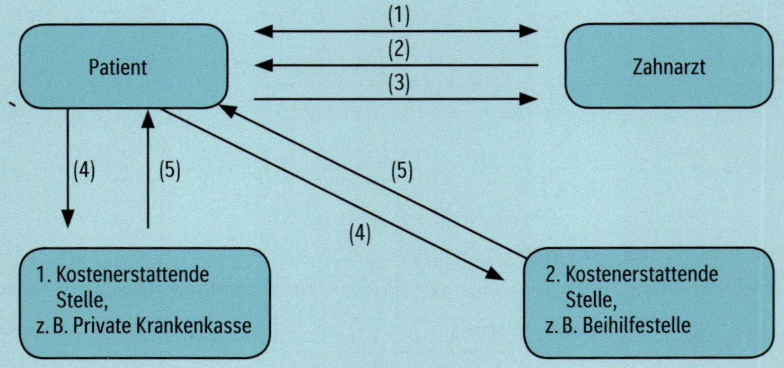

(1) Behandlung durch den Zahnarzt
(2) Liquidation
(3) Begleichung der Rechnung unabhängig von kostenerstattenden Institutionen
(4) Einreichen der Liquidation bei den erstattenden Stellen
(5) Übernahme der Kosten laut Vertrag oder Gesetz

Rechtliche Grundlage für die Abrechnung der zahnärztlichen Behandlung ist die **Gebührenordnung für Zahnärzte (GOZ)**. Die GOZ ist eine Verordnung der Bundesregierung mit Zustimmung des Bundesrates. Sie muss für alle Patienten angewendet werden, falls nicht durch ein Bundesgesetz andere Abrechnungsregeln gelten.
Die Bemessung der Gebühren nach der GOZ beruht auf einem Wertsystem in Punktzahlen. Die Anzahl der Punkte bestimmt den Wert einer Leistung. Die niedrigste Gebühr für eine Leistung ergibt sich aus der Multiplikation von Punktzahl und Punktwert und wird als **Einfachsatz** bezeichnet. Der Punktwert ist vom Gesetzgeber festgelegt und beträgt zurzeit **0,0562421 EUR**.

+/-

Honorarberechnung nach dem Einfachsatz =
Punktzahl x Punktwert

Der Zahnarzt kann je nach Schwierigkeitsgrad, Zeitaufwand oder Ausführung der Leistung sein Honorar erhöhen. Dazu multipliziert er den Einfachsatz mit einem Steigerungssatz. Dafür sieht die GOZ einen Rahmen von 1,0 bis 3,5 vor. Der 2,3-fache Gebührensatz gilt als Schwellenwert. Bei seiner Überschreitung ist eine Begründung erforderlich. Stellt sich die Behandlung als besonders schwierig heraus, kann der Zahnarzt einen entsprechend höheren Steigerungssatz ansetzen. Eine besondere Schwierigkeit bei der Behandlung kann z. B. ein erhöhter Speichelfluss sein, der den Behandlungsablauf behindert. Ein höherer als der 3,5-fache Steigerungssatz muss immer individuell mit dem Patienten vor der Behandlung vereinbart werden. In der Regel wird eine derartige Vereinbarung schriftlich fixiert.

+/-

Honorarberechnung bei Steigerungssatz =
a) Punktzahl x Punktwert x Steigerungssatz oder
b) Einfachsatz x Steigerungssatz

Beispiel einer Honorarermittlung bei Einfachsatz und unter Anwendung eines Steigerungssatzes:

BEISPIEL

GOZ-Nummer 5180: Funktionsabformung des Oberkiefers (Punktzahl 450) GOZ-Nummer 5220: Totale Kunststoffprothese im Oberkiefer (Punktzahl 1850)	
Punktwert: 0,0562421	
Einfachsatz	**Steigerungssatz 2,3**
450 x 0,0562421 = 25,308945 EUR 1850 x 0,0562421 = 104,047885 EUR 129,35683 EUR	a) 450 x 0,0562421 x 2,3 = 58,21 EUR 1850 x 0,0562421 x 2,3 = 239,31 EUR 297,52 EUR oder b) 25,31 x 2,3 = 58,21 EUR 104,05 x 2,3 = 239,31 EUR 297,52 EUR

Bei der Bemessung der Gebühren ist erst nach der Multiplikation mit dem Steigerungssatz kaufmännisch zu runden.

Gliederung der GOZ

Die GOZ ist in folgende Bereiche aufgeteilt:

A	Allgemeine zahnärztliche Leistungen
B	Prophylaktische Leistungen
C	Konservierende Leistungen
D	Chirurgische Leistungen
E	Leistungen bei Erkrankungen der Mundschleimhaut und des Parodontiums
F	Prothetische Leistungen
G	Kieferorthopädische Leistungen
H	Eingliederung von Aufbisshilfen und Schienen
I	Funktionsanalytische und funktionstherapeutische Leistungen
J	Implantologische Leistungen

Liquidation

Nach Abschluss der Behandlung erstellt der Zahnarzt eine Liquidation auf der Grundlage der GOZ. Eine ordnungsgemäße Liquidation enthält folgende Angaben:

- Datum der Leistungserbringung
- Angabe des behandelten Zahns
- Gebührennummer
- Leistungsbezeichnung
- Steigerungssatz
- Entgelt je erbrachter Leistung

Die Materialkosten werden zusätzlich zu den Gebührennummern aufgeführt. Alle Beträge werden addiert und in einem Gesamtbetrag ausgewiesen.

Medizinische Maßnahmen, die wissenschaftlich anerkannt, aber in den Gebührenordnungen nicht oder noch nicht aufgeführt sind, können durch Ansatz von Gebühren gleichwertiger Leistungen (Analogleistungen) in Rechnung gestellt werden.

Dr. Alexander Willers
Zahnarzt
Christopherusweg 1
40215 Düsseldorf

Tel.: 0211 63644651
Fax: 0221 63644652
E-Mail: post@ZA-Willers.de

Dr. A. Willers, Christopherusweg 1, 40215 Düsseldorf

Frau
Brigitte Paulus
Stefanstr. 31
40212 Düsseldorf

LIQUIDATION NR. 2208/160569

16.05.20..

PATIENT: Brigitte Paulus

Für zahnärztliche Behandlungen vom 10.03.20.. bis 30.03.20.. erlaube ich mir zu berechnen:

DATUM	ZAHN	NR.	ART DER LEISTUNG	SATZ	EUR
10.03.		Ä 1	Beratung	2,3	10,72
	2x	§ 4 (3)	Abformmaterial - Alginat		5,62
16.03.		5180	Funktionelle Abformung des OK	2,3	58,21
	3x	§ 4 (3)	Elastomeres Abformmaterial		14,61
		5190	Funktionelle Abformung des UK Starke Kieferkammatrophie	3,5	106,29
	3x	§ 4 (3)	Elastomeres Abformmaterial		14,61
19.03.		8010	Registrieren Zentrallage des UK Erforderlich wg. Neubestimmung von Bisshöhe und Bisslage	2,3	23,27
30.03.		5220	Totale Prothese Oberkiefer	2,3	239,31
		5230	Totale Prothese Unterkiefer	2,3	284,57
		§ 9	Laborkosten Eigenlabor		55,47
		§ 9	Laborkosten Fremdlabor		925,43
					1738,11

RECHNUNGSBETRAG: 1 738,11 EUR

Unterschrift

Bankverbindung: Deutsche Apotheker- und Ärztebank Köln
IBAN: DE14 3006 0601 0012 3456 78, BIC: DAAEDEDDXXX
Postbank Köln IBAN: DE75 3701 0050 0987 6543 21, BIC: PBNKDEFFXXX

21.10.2022

ÜBUNGSAUFGABEN

1.a) Abrechnungsweg von prothetischen Leistungen für Versicherte der gesetzlichen Krankenkasse: Regelversorgung

Setzen Sie die Ziffern in das Schaubild ein.

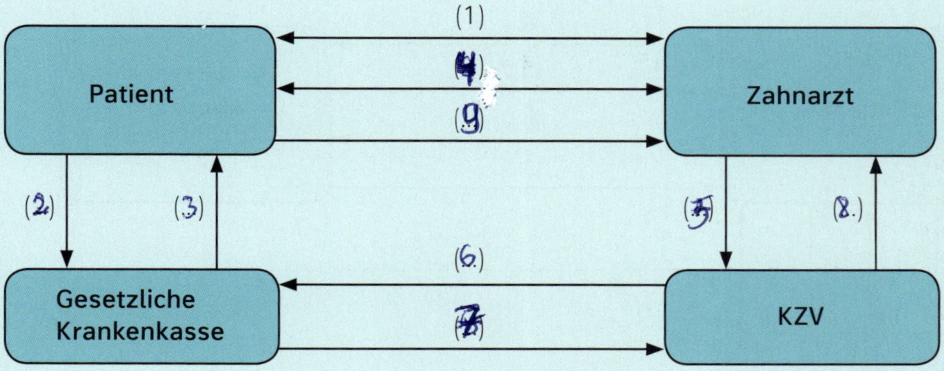

(1) Behandlungsvertrag, Planung der prothetischen Versorgung, Erstellung eines Heil- und Kostenplans
(2) Einreichen des Heil- und Kostenplans durch den Patienten bei der gesetzlichen Krankenkasse zur Genehmigung
(3) Genehmigung durch die Krankenkasse, Rücksendung an den Patienten und Weiterleitung an den Zahnarzt
(4) Durchführung der genehmigten prothetischen Versorgung
(5) Abrechnen der Regelversorgung (Festzuschüsse) über den Heil- und Kostenplan und Einreichen des HKP bei der KZV
(6) Weiterleitung des Heil- und Kostenplans an die gesetzliche Krankenkasse
(7) Überweisung des Honoraranteils für die Regelversorgung an die KZV
(8) Überweisung des Honoraranteils für die Regelversorgung an den Zahnarzt
(9) Bezahlung des Eigenanteils

b) Abrechnungsweg von prothetischen Leistungen für Versicherte der gesetzlichen Krankenkassen: Gleichartige Versorgung

Erklären Sie den Abrechnungsweg bei einer gleichartigen Versorgung, indem Sie die einzelnen Schritte beschreiben.

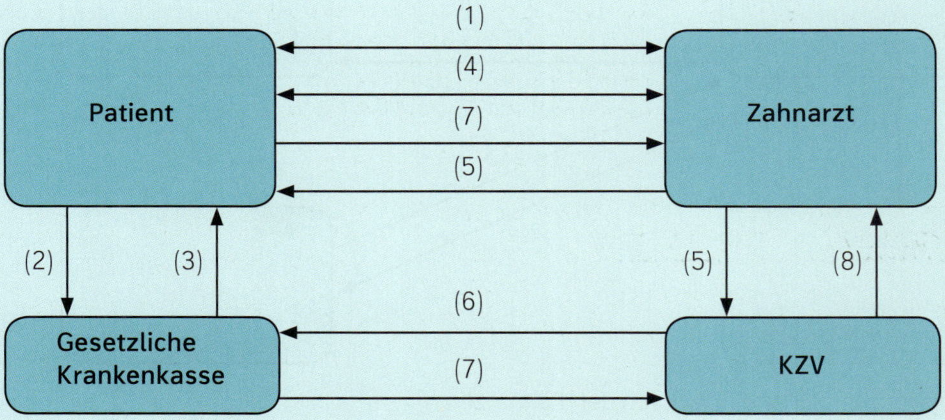

(1) Behandlungsvertrag, Planung der prothetischen Versorg., Erstellung eines HKP
(2) Einreichen des HKP durch den Pat. bei der GKV zur Genehmigung.
(3) Genehm. durch die KK, Rücksendung an den Pat. u. Weiterleitung an den ZA.
(4) Durchführung der genehmigten prothetischen Versorgung
(5) Abrechnung der Regelvers. → HKP zur KZV + GOZ Liquidation an Pat. für die Leistung, d. über Regelv. hinaus gehen
(6) KZV leitet HKP an GKV
(7) Honorarüberweisung – für Regelv. von GKV an die KZV – für Leistungen oder RV hinaus von Pat an ZA
(8) Honorarüberweisung für Regelversorgung von KZV an ZA

21.10.2022

c) Abrechnungsweg von prothetischen Leistungen für Versicherte der gesetzlichen Krankenkassen: Andersartige Versorgung

Setzen Sie die entsprechenden Ziffern in das Schaubild ein.

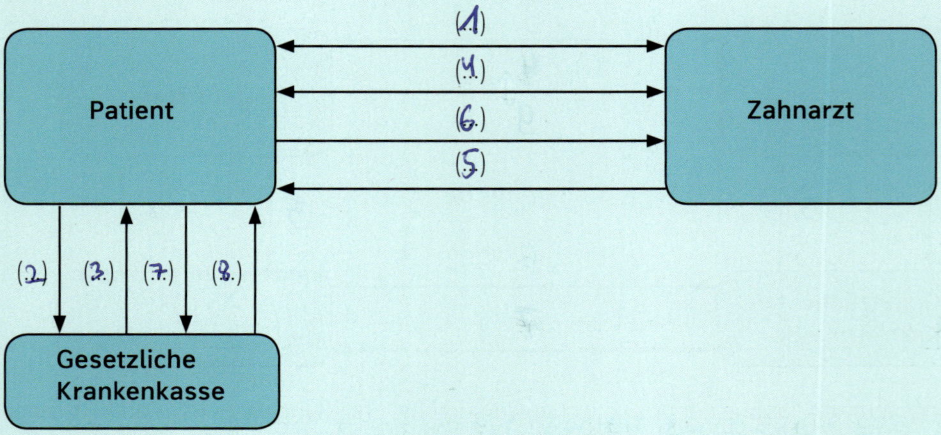

(1) Planung der prothetischen Versorgung und Erstellung eines Heil- und Kostenplans
(2) Einreichen des Heil- und Kostenplans bei der gesetzlichen Krankenkasse zur Genehmigung
(3) Genehmigung durch die Krankenkasse und Rücksendung an den Patienten
(4) Durchführung der prothetischen Versorgung
(5) Erstellen der Liquidation über die gesamten Leistungen nach der GOZ an den Patienten
(6) Honorarüberweisung durch den Patienten
(7) Einreichen der Liquidation bei der Krankenkasse
(8) Kostenübernahme durch die Krankenkasse in Höhe der Regelversorgung (Festzuschuss)

d) Abrechnungsweg von prothetischen Leistungen für Privatpatienten

Tragen Sie die Vertragspartner bzw. Institutionen ein und ergänzen Sie die entsprechenden Ziffern.

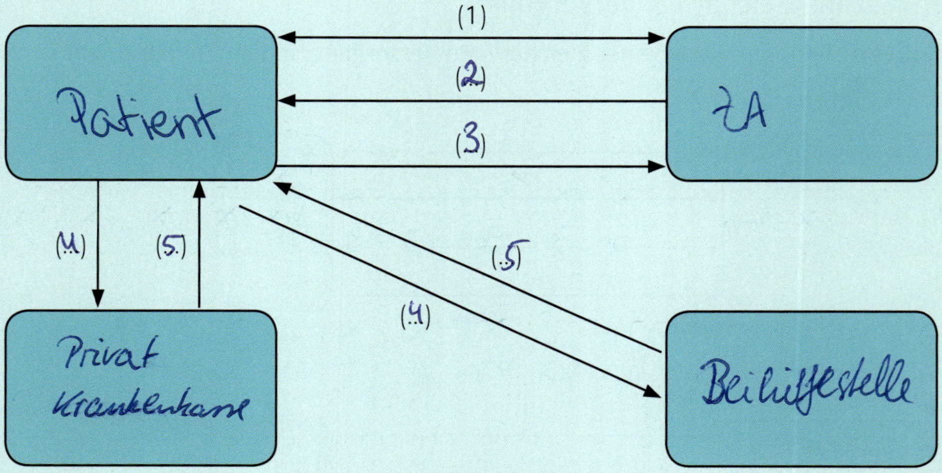

(1) Behandlungsvertrag, Behandlung durch den Zahnarzt
(2) Liquidation
(3) Begleichung der Rechnung unabhängig von kostenerstattenden Stellen
(4) Einreichen der Liquidation bei den erstattenden Stellen
(5) Übernahme der Kosten laut Vertrag oder Gesetz

2. **Tragen Sie für die nachfolgenden Fälle Befund und Regelversorgung mit den entsprechenden Symbolen ein. Achten Sie auf Groß- und Kleinbuchstaben. Beachten Sie die Richtlinien für Verblendungen: Nach dem Bema können Verblendungen im Oberkiefer nur von Zahn 15–25 und im Unterkiefer nur von Zahn 34–44 bezuschusst werden.**

BEISPIEL

Befund:

Fehlende Zähne: 18, 28, 38, 48

Erhaltungswürdige Zähne mit weitgehender Zerstörung: 16, 22, 43, 36

Behandlungsplan:

16, 36: Metallische Vollkronen

22, 43: Vestibulär verblendete Verblendkronen

R			K							KV						
B	f		ww							ww						f
	18	17	16	15	14	13	12	11	21	22	23	24	25	26	27	28
	48	47	46	45	44	43	42	41	31	32	33	34	35	36	37	38
B	f					ww								ww		f
R						KV								K		

Fall 1
Befund:

Erhaltungswürdige Zähne mit weitgehender Zerstörung: 12, 13, 15, 44, 36 ww
Erneuerungsbedürftige Krone: 45 kw
Erhaltungswürdiger Zahn mit partiellem Substanzverlust: 24 pw

Behandlungsplan:

12, 13, 15, 44: Vestibulär verblendete Verblendkronen KV
45, 36: Metallische Vollkronen K
24: Metallische Teilkrone PK

R				KV		KV	KV					PK				
B				ww		ww	ww					pw				
	18	17	16	15	14	13	12	11	21	22	23	24	25	26	27	28
	48	47	46	45	44	43	42	41	31	32	33	34	35	36	37	38
B				kw	ww									ww		
R				K	KV									K		

Fall 2
Befund:

Fehlende Zähne: 18, 28, 38, 48 f
Nicht erhaltungswürdiger Zahn: 45 x
Erneuerungsbedürftige Krone: 24 kw

Behandlungsplan:

24: Vestibulär verblendete Verblendkrone KV
46–44: Brücke, 44: vestibulär verblendet

R												KV				
B	f											kw				f
	18	17	16	15	14	13	12	11	21	22	23	24	25	26	27	28
	48	47	46	45	44	43	42	41	31	32	33	34	35	36	37	38
B	f			x												f
R			K	B	KV											

Fall 3
Befund:

Fehlende Zähne: 18, 28, 38, 48 f
Nicht erhaltungswürdige Zähne: 34, 35 X
Erhaltungswürdiger Zahn mit weitgehender Zerstörung: 45 ww
Erhaltungswürdiger Zahn mit partiellem Substanzverlust: 14 pw

Behandlungsplan:

14: Metallische Teilkrone PK
45: Metallische Vollkrone K
33–36: Brücke, nach den Richtlinien verblendet

R					PK											
B	f				pw											f
	18	17	16	15	14	13	12	11	21	22	23	24	25	26	27	28
	48	47	46	45	44	43	42	41	31	32	33	34	35	36	37	38
B	f			ww								X	X			f
R				K							KV	B	B	K		

Fall 4
Befund:

Erhaltungswürdiger Zahn mit weitgehender Zerstörung: 25 ww
Nicht erhaltungswürdige Zähne: 16, 15, 14, 26, 31, 41, 42 X
Erneuerungsbedürftige Kronen: 17, 13 kw
Unzureichende Retention: 44, 33 ur

Behandlungsplan:

17–13: Brücke
25–27: Brücke
43–32: Brücke
44, 33: Vestibulär verblendete Verblendkronen
Die Brücken werden nach den Richtlinien verblendet.

R		K	B	BV	BV	KV							KV	B	K	
B		kw	X	X	X	kw							ww	X		
	18	17	16	15	14	13	12	11	21	22	23	24	25	26	27	28
	48	47	46	45	44	43	42	41	31	32	33	34	35	36	37	38
B					ur		X	X	X		ur					
R						KV	BV	BV	BV	KV	KV					

Fall 5
Befund:

Fehlende Zähne: 25 (Lückenschluss) X, 28, 38 f
Kronen als Brückenanker, erneuerungsbedürftig: 18, 16, 14 kw
Brückenzwischenglieder: 17, 15
Zahn mit partiellem Substanzverlust: 24 pw
Erneuerungsbedürftige Kronen: 13, 26 kw
Erhaltungswürdige Zähne mit weitgehender Zerstörung: 43, 41, 31, 33 ww
Nicht erhaltungswürdige Zähne: 42, 32 X

Behandlungsplan:

13: Vestibulär verblendete Verblendkrone
24: Metallische Teilkrone
26: Metallische Vollkrone
18–14: Erneuerung der Brücke
43–41, 31–33 Brücken
Die Brücken werden nach den Richtlinien verblendet.

R	K	B	K	B	KV	KV						PK		K		
B	kw	b	kw	b	ew	kw						pw		kw		f
	18	17	16	15	14	13	12	11	21	22	23	24	25	26	27	28
	48	47	46	45	44	43	42	41	31	32	33	34	35	36	37	38
B						ww	x	ww	ww	x	ww					f
R						KV	BV	KV	KV	BV	KV					

Fall 6
Befund:

Fehlende Zähne: 28, 38–48 f
Ersetzte, aber erneuerungsbedürftige Zähne: 17–15, 24–26 ew

Behandlungsplan:

Oberkiefer: Erneuerung der fünf Jahre alten funktionsuntüchtigen Teilprothese durch eine Modellgussprothese mit komplizierten gegossenen Halte- und Stützvorrichtungen auf 14, 18, 23 und 27
Unterkiefer: Totale Prothese

R	H	E	E	E	H						H	E	E	E	H	
B		ew	ew	ew								ew	ew	ew		f
	18	17	16	15	14	13	12	11	21	22	23	24	25	26	27	28
	48	47	46	45	44	43	42	41	31	32	33	34	35	36	37	38
B	f	f	f	f	f	f	f	f	f	f	f	f	f	f	f	f
R	E	E	E	E	E	E	E	E	E	E	E	E	E	E	E	E

Fall 7
Befund:

Fehlende Zähne: 18, 28, 38, 48 f
Ersetzte, aber erneuerungsbedürftige Zähne: 13–23 ew
Nicht erhaltungswürdige Zähne: 32–42 x

Behandlungsplan:

Oberkiefer: Erneuerung der acht Jahre alten funktionsuntüchtigen Prothese durch eine Modellgussprothese mit komplizierten Halte- und Stützvorrichtungen auf 14 und 24
Unterkiefer: Interimsprothese

R					H	E	E	E	E	E	E	H				
B	f					ew	ew	ew	ew	ew	ew					f
	18	17	16	15	14	13	12	11	21	22	23	24	25	26	27	28
	48	47	46	45	44	43	42	41	31	32	33	34	35	36	37	38
B	f						x	x	x	x						f
R							E	E	E	E						

Fall 8
Befund:

Fehlende Zähne: 18, 16 (Lückenschluss), 28, 38, 48
Ersetzte, aber erneuerungsbedürftige Zähne: 47–37 ew
Klinisch intakte Kronen: 24, 25
Erhaltungswürdiger Zahn mit weitgehender Zerstörung: 13

Behandlungsplan:

13: Vestibulär verblendete Verblendkrone
Unterkiefer: Erneuerung der zehn Jahre alten funktionsuntüchtigen Prothese

R						KV										
B	f		f			ww										f
	18	17	16	15	14	13	12	11	21	22	23	24	25	26	27	28
	48	47	46	45	44	43	42	41	31	32	33	34	35	36	37	38
B	f	ew	ew	ew	ew	ew	ew	ew	ew	ew	ew	ew	ew	ew	ew	f
R	E	E	E	E	E	E	E	E	E	E	E	E	E	E	E	E

Fall 9
Befund:

Fehlende Zähne: 18, 28, 38, 48
Ersetzte, aber erneuerungsbedürftige Zähne: 16, 13–22, 24, 25 ew
Nicht erhaltungswürdige Zähne: 43–33

Behandlungsplan:

Oberkiefer: Erneuerung der acht Jahre alten funktionsuntüchtigen Prothese durch eine Modellgussprothese mit komplizierten Halte- und Stützvorrichtungen auf 17, 15, 14, 23 und 26
Unterkiefer: Immediatprothese

R		H	E	H	H	E	E	E	E	E	H	E	E	H		
B	f		ew			ew	ew	ew	ew	ew		ew	ew			f
	18	17	16	15	14	13	12	11	21	22	23	24	25	26	27	28
	48	47	46	45	44	43	42	41	31	32	33	34	35	36	37	38
B	f					x	x	x	x	x	x					f
R						E	E	E	E	E	E					

3. Lösen Sie folgende Aufgaben:

a) Erläutern Sie den Abrechnungsweg prothetischer Leistungen für gesetzlich versicherte Patienten bei
  - Regelversorgung,
  - gleichartiger Versorgung,
  - andersartiger Versorgung.

b) Erklären Sie den Aufbau eines Heil- und Kostenplans.

c) Wie beteiligen sich die Krankenkassen an den Kosten der prothetischen Versorgung eines gesetzlich versicherten Patienten?

d) Wovon ist die Höhe der Kostenbeteiligung der Krankenkasse an der prothetischen Versorgung eines gesetzlich Versicherten abhängig?

e) Wie wird der Kostenanteil des gesetzlich versicherten Patienten an der prothetischen Versorgung berechnet?

f) Welche Zuschüsse gewährt die Krankenkasse in Härtefällen?

g) Erklären Sie, was ein Mischfall ist.

Vordr. 3a (2311/18 10.2020) SCHÜTZDRUCK Tel. (0511) 32 73 44 · www.schuetzdruck.de

Vordr. 3b (Z312/1 10.2020) **SCHÜTZ**DRUCK Tel. (0511) 32 73 44 · www.schuetzdruck.de

h) Wie muss der Zahnarzt verfahren, wenn zusätzliche – über den genehmigten Kostenplan hinausgehende – Leistungen erforderlich sind?
i) Erläutern Sie den Abrechnungsweg von prothetischen Leistungen bei Privatpatienten.
j) Welche Angaben muss eine ordnungsgemäß ausgestellte Liquidation für Privatpatienten enthalten?
k) Wie wird das zahnärztliche Honorar für die prothetische Behandlung eines Privatpatienten berechnet?
l) Erklären Sie den Begriff „Steigerungssatz".
m) Bis zu welcher Höhe kann der Steigerungssatz ohne Begründung angesetzt werden?
n) Wie errechnet sich der Einfachsatz?
o) Wie berechnet man das Honorar einer Leistung unter Anwendung eines Steigerungssatzes?
p) Erklären Sie den Begriff „Schwellenwert".

LERNFELD 12

Prothetische Behandlungen begleiten

II Abrechnung prothetischer Leistungen

1 Vorbereitende Maßnahmen

Yvonne weiß, dass zu Beginn einer prothetischen Behandlung Maßnahmen erforderlich sind, für die sie das Instrumentarium vorbereiten muss. Nachdem das Gebiss saniert und eventuell notwendige chirurgische Eingriffe als Vorbereitung für den Zahnersatz erfolgt sind, werden beide Kiefer nun zur Planung des Zahnersatzes abgeformt. Okklusion und Artikulation des Patienten werden überprüft. Anhand des Ergebnisses entscheidet der Zahnarzt über die Notwendigkeit einer Einschleiftherapie. Yvonne legt hierfür blaues und rotes Artikulationspapier zurecht und reicht den Halter bzw. die College-Pinzette zum Einlegen des Papiers auf die Okklusionsflächen der Kiefer an.

© stock.adobe.com, Dublin (euthymia)

1.1 Sachdarstellung

Unter dem Begriff „Vorbereitende Maßnahmen" wird eine Vielzahl von Leistungen zusammengefasst, die für eine erfolgreiche prothetische Versorgung des Patienten von besonderer Bedeutung sind. Vor Beginn der speziellen Maßnahmen zur Herstellung beispielsweise von partiellem Ersatz muss das Restgebiss saniert werden. Das gilt nicht nur für die Zähne, die in die prothetische Versorgung einbezogen werden, sondern für alle verbliebenen Zähne und ihre möglicherweise parodontale Erkrankung. Sie müssen vor Versorgung mit Zahnersatz frei von Karies und Krankheiten des Zahnhalteapparats (Parodontopathien) sein.
Zur Vorbereitung einer prothetischen Versorgung gehört auch die Erstellung des Heil- und Kostenplans für Zahnersatz zur Vorlage bei der Krankenkasse und zur Information des Patienten. Zur Vorbereitung auf den zukünftigen Ersatz werden häufig Gipsmodelle, sogenannte Situationsmodelle, notwendig, die als Planungsunterlage dienen. Nach Abformung der Kiefer in der Praxis stellt der Techniker im Labor die Modelle her. Der Zahnarzt wertet sie aus, plant die Konstruktion des Ersatzes und zeichnet diese auf den Modellen ein. Diese Modelle kann er auch als Hilfe zur Besprechung mit dem Patienten heranziehen oder dem Techniker bereits eine Vorinformation übermitteln.
Auch das Einschleifen von Zähnen zur Erlangung eines gleichmäßigen Kontakts mit den Gegenkieferzähnen gehört zu den vorbereitenden Maßnahmen. Nach Durchführung der Sanierung des Restgebisses müssen Okklusion und Artikulation, das heißt der Kontakt der Ober- und Unterkieferzähne im Schlussbiss (Okklusion) und in Mahlbewegung (Artikulation) überprüft werden. Mithilfe von Artikulationspapier, das auf die Okklusionsebene gelegt wird, werden bei Zusammenschluss beider Kiefer die Kontaktpunkte farbig auf den Kauflächen der Zähne markiert. Der Zahnarzt kann nun erkennen, ob ein gleichmäßiger Kontakt vorhanden ist oder ob ein Einschleifen und/oder ein Beseitigen von Gleithindernissen bei der Mahlbewegung notwendig ist. Okklusions- und Artikulationsstörungen entstehen beispielsweise häufig durch Zahnwanderung nach Extraktion oder nach fehlerhaft durchgeführten – z. B. beim Zusammenbiss störenden – Füllungen, Kronen, Brücken und Prothesen. Das Einschleifen hat das Ziel, einen gleichmäßigen und maximalen Kontakt von Ober- und Unterkieferzähnen bei der Okklusion und eine störungsfreie Artikulation zu erreichen.

Zeichnung: © Dr. med. Dr. med. dent. Turck, Ingrid, Bonn

1.2 Abrechnung vorbereitender Maßnahmen nach dem Bema

Situations- oder Planungsmodell

Situations- oder Planungsmodelle im Rahmen einer prothetischen Behandlung werden unter der Bema-Nummer 7b abgerechnet. Sie sind nur dann abrechenbar, wenn mit der Herstellung der Modelle eine **diagnostische Auswertung** oder **Planung beider Kiefer** verbunden ist. Für die Erstellung von Arbeitsmodellen können lediglich die Material- und Laborkosten berechnet werden. Im Rahmen der Versorgung mit Einzelkronen als alleinige Maßnahme können Planungsmodelle nicht abgerechnet werden.

Abrechnungsbestimmungen: Bema-Nummer 7b

Bema-Nr.	Leistungsbeschreibung	Bew.-Zahl
7b	Vorbereitende Maßnahmen Abdrucknahme, Bissnahme für das Erstellen von Modellen des Ober- und Unterkiefers zur diagnostischen Auswertung und Planung sowie schriftliche Niederlegung	19

abrechenbar

- nur im Rahmen der Versorgung mit Zahnersatz und Zahnkronen
- nur in Verbindung mit einer diagnostischen Auswertung und Planung von Situationsmodellen **beider** Kiefer
- Materialkosten

nicht abrechenbar

- bei Einzelkronen nach den Bema-Nummern 20a bis 20c als alleinige Maßnahme und bei allen Leistungen nach der Bema-Nummer 100 (Wiederherstellungsmaßnahmen von Prothesen)
- für das Erstellen von Arbeits- und Situationsmodellen

Einschleifen

Unter Einschleifen versteht man die Beseitigung grober Artikulations- und Okklusionsstörungen. Diese Maßnahme wird unter der Bema-Nummer 89 abgerechnet.

Abrechnungsbestimmungen: Bema-Nummer 89

Bema-Nr.	Leistungsbeschreibung	Bew.-Zahl
89	Beseitigung grober Artikulations- und Okklusionsstörungen vor Eingliederung von Prothesen und Brücken	16

abrechenbar

- je Heil- und Kostenplan
- für das Einschleifen des natürlichen Gebisses
- für das Einschleifen von vorhandenen Einzelkronen und festsitzendem Zahnersatz
- bei Erweiterung der Prothese oder Unterfütterung, falls die Bema-Nummer 89 als vorbereitende Maßnahme zum Ausgleich von Artikulationsstörungen vor der Abdrucknahme erfolgt
- auch neben den Bema-Nummern 91 und 92 (Brückenpfeiler bzw. -spanne)

nicht abrechenbar

- für das Einschleifen zur Aufnahme von Halte- und Stützvorrichtungen
- neben der Bema-Nummer 106 für denselben Kiefer
- neben den Bema-Nummern 20a–c als alleinige prothetische Versorgung (abweichende Regelungen in einigen KZV-Bereichen!)

1.3 Abrechnung vorbereitender Maßnahmen nach der GOZ

Heil- und Kostenplan

Nach der GOZ werden Gebühren für die Aufstellung eines schriftlichen Heil- und Kostenplans mit der GOZ-Nummer 0030 angesetzt. Der schriftliche Heil- und Kostenplan enthält Leistungen nach Teil F der GOZ. Dieser Plan enthält in der Regel nur prothetische Abrechnungspositionen ohne konservierende und chirurgische Begleitleistungen.

Abrechnungshinweis: GOZ-Nummer 0030

GOZ-Nummer	Leistungsbeschreibung	Punktzahl	Einfachsatz in EUR
0030	Aufstellung eines schriftlichen Heil- und Kostenplans nach Befundaufnahme und gegebenenfalls Auswertung von Modellen	200	11,25

abrechenbar

- je Heil- und Kostenplan
- auch mehrfach bei alternativen Plänen

nicht abrechenbar

- Schreibgebühren nach den GOÄ-Nummern 95 und 96
- neben der GOZ-Nummer 0040 (HKP für KFO)

Planungsmodelle

Die Gebührennummern 0050 und 0060 sind berechenbar, wenn durch den Zahnarzt diagnostische und/oder planerische Leistungen anhand von Modellen erbracht werden. Die Nebeneinanderberechnung der Leistungen nach den Nummern 0050 und 0060 ist in der Rechnung zu begründen. Sogenannte **Arbeitsmodelle** für die Herstellung von Behandlungsgeräten können nicht unter diesen Gebührennummern abgerechnet werden. Hierfür kann der Zahnarzt nur das verwendete Abformmaterial und die Auslagen für zahntechnische Leistungen berechnen.

Abrechnungshinweise: GOZ-Nummern 0050 und 0060

GOZ-Nummer	Leistungsbeschreibung	Punktzahl	Einfachsatz in EUR
0050	Abformung oder Teilabformung eines Kiefers für ein Situationsmodell einschließlich Auswertung zur Diagnose oder Planung	120	6,75
0060	Abformung beider Kiefer für Situationsmodelle und einfache Bissfixierung einschließlich Auswertung zur Diagnose oder Planung	260	14,62

abrechenbar

- Gebührennummer 0050 für die Abformung eines Kiefers einschließlich Diagnose und Auswertung
- Gebührennummer 0060 für die Abformung beider Kiefer einschließlich Diagnose und Auswertung
- Material- und Laborkosten

nicht abrechenbar

- für labortechnische Arbeitsmodelle

Neben der Möglichkeit von konventionellen Abformungen nach den GOZ-Nummern 0050 und 0060 sieht die GOZ auch eine Position für optisch-elektronische Abformungen vor. Hierfür steht die GOZ-Nummer 0065 zur Verfügung. Neben einer optisch-elektronischen Abformung kann eine konventionelle Abformung für dieselbe Kieferhälfte oder denselben Frontzahnbereich nicht angesetzt werden.

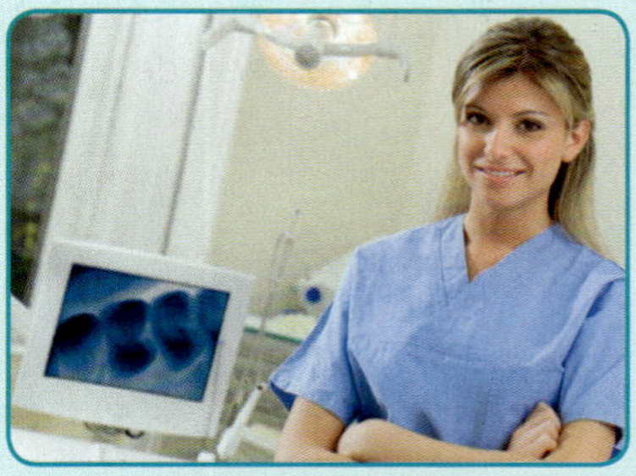

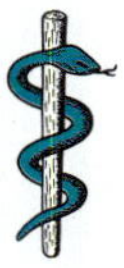

Abrechnungshinweise: GOZ-Nummer 0065

GOZ-Nummer	Leistungsbeschreibung	Punktzahl	Einfachsatz in EUR
0065	Optisch-elektronische Abformung einschließlich vorbereitender Maßnahmen, einfache digitale Bissregistrierung und Archivierung, je Kieferhälfte oder Frontzahnbereich	80	4,50

abrechenbar
- je Kieferhälfte- oder Frontzahnbereich

nicht abrechenbar
- neben konventionellen Abformungen für dieselbe Kieferhälfte oder denselben Frontzahnbereich

Einschleifen
Die Beseitigung grober Vorkontakte der Okklusion und Artikulation durch Einschleifmaßnahmen des natürlichen Gebisses oder des bereits vorhandenen Zahnersatzes wird mit der GOZ-Nummer 4040 berechnet. Für das Glätten scharfer Kanten an natürlichen Zähnen oder bereits vorhandenem Zahnersatz ist gegebenenfalls die GOZ-Nummer 4030 zusätzlich berechenbar.

Abrechnungshinweise: GOZ-Nummer 4040

GOZ-Nummer	Leistungsbeschreibung	Punktzahl	Einfachsatz in EUR
4040	Beseitigung grober Vorkontakte der Okklusion und Artikulation durch Einschleifen des natürlichen Gebisses oder bereits vorhandenen Zahnersatzes, je Sitzung	45	2,53

abrechenbar
- für das Einschleifen von natürlichen Zähnen, Kronen, Brücken und Prothesen
- je Sitzung

Bissführungsplatte
Bei einer ausgeprägten Kieferfehlhaltung kann gemäß GOZ für die Vorbehandlung mit einer Bissführungsplatte die GOZ-Nummer 7000 für einen Aufbissbehelf ohne adjustierte Oberfläche oder die GOZ-Nummer 7010 für einen Aufbissbehelf mit adjustierter Oberfläche angesetzt werden. Für die Umarbeitung einer vorhandenen Prothese zum Aufbissbehelf steht die GOZ-Nummer 7020 zur Verfügung.

Abrechnungshinweise: GOZ-Nummern 7000–7020

GOZ-Nummer	Leistungsbeschreibung	Punktzahl	Einfachsatz in EUR
7000	Eingliederung eines Aufbissbehelfs ohne adjustierte Oberfläche	270	15,19
7010	Eingliederung eines Aufbissbehelfs mit adjustierter Oberfläche	800	44,99
7020	Umarbeitung einer vorhandenen Prothese zum Aufbissbehelf	450	25,31

abrechenbar
- GOZ-Nummern 7000 und 7010 je Aufbissbehelf
- GOZ-Nummer 7020: je Umarbeitung einer vorhandenen Prothese

ÜBUNGSAUFGABEN

1. Erstellen Sie eine Übersicht der GOZ-Positionen und Bema-Nummern dieses Kapitels nach folgendem Muster:

Bema-Nummer	Leistungsbeschreibung	GOZ-Nummer
---	Erstellen eines schriftlichen Heil- und Kostenplans zur prothetischen Versorgung	0030
---	Abformung eines Kiefers für ein Situationsmodell, auch Teilabformung, einschließlich Auswertung zur Diagnose und Planung	0050
7b	Abformung beider Kiefer für Situationsmodelle und einfache Bissfixierung einschließlich Auswertung zur Diagnose und Planung	0060

Vervollständigen Sie diese Übersicht im Verlauf des Unterrichts.

2. Bearbeiten Sie folgende Aufgaben.

a) Nennen Sie vorbereitende Maßnahmen bei einer prothetischen Versorgung.
b) Welche Bema-Nummer ist für Situationsabformungen abrechenbar?
c) Welche GOZ-Nummern sind für Planungsmodelle abrechenbar?
d) Unter welchen Voraussetzungen können Situationsabformungen für gesetzlich Versicherte abgerechnet werden?
e) Erklären Sie die Begriffe „Okklusion" und „Artikulation".
f) Neben welcher Bema-Nummer darf die Beseitigung grober Artikulations- und Okklusionsstörungen nach dem Bema nicht abgerechnet werden?

3. Erstellen Sie eine Lernkartei.

Ihre Aufgabe ist es, parallel zum fortlaufenden Unterricht eine Lernkartei zu führen.

Diese Lernkartei kann Ihnen helfen, die Positionsnummern und ihre Abrechnungsbestimmungen bzw. -hinweise besser und schneller zu erlernen. Gleichzeitig haben Sie ein kurz gefasstes Repetitorium (Wiederholungshilfe) immer zur Hand. Ein weiterer Vorteil liegt in der Möglichkeit, sich z. B. vor dem Unterricht oder vor Klausuren abfragen zu lassen. Ihr Gegenüber muss nicht fachkundig sein, weil es Ihre Antworten auf der Rückseite kontrollieren kann.

Zur Erstellung dieser Lernkartei benötigen Sie fünfzig Karteikarten in der Größe DIN A6 für die Bema-Nummern und fünfzig für die Abrechnungspositionen nach der GOZ in zwei unterschiedlichen Farben Ihrer Wahl.

Und so wird es gemacht: Nach jedem Kapitel tragen Sie die erarbeiteten Positionen in die Kartei ein. Benutzen Sie für jede Positionsnummer eine neue Karteikarte. Die Vorderseite gibt die Positionsnummer mit Leistungsbeschreibung an und auf der Rückseite sind die Abrechnungsbestimmungen aufgeführt.

Beispiel

Vorderseite:

Bema-Nummer: 7b

Leistungsbeschreibung:

Vorbereitende Maßnahmen
Abdrucknahme, Bissnahme für das Erstellen von Modellen des Ober- und Unterkiefers zur diagnostischen Auswertung und Planung sowie schriftliche Niederlegung

Rückseite:

Bema-Nummer: 7b

abrechenbar:

- nur im Rahmen der Versorgung mit Zahnersatz und Zahnkronen
- nur in Verbindung mit einer diagnostischen Auswertung und Planung anhand von Situationsmodellen beider Kiefer
- Materialkosten

nicht abrechenbar:

- i.d.R. bei Einzelkronen nach den Bema- Nummern 20a bis 20c als alleinige Maßnahme und bei allen Leistungen nach der Bema- Nummer 100
- für das Erstellen von Arbeitsmodellen

2 Abformungen

Der erste Schritt bei der Herstellung von Zahnersatz ist die Abformung des zu versorgenden Kiefers. Yvonne kennt inzwischen die verschiedenen Abformlöffel und Abformtechniken, die vielfältigen Abformmaterialien und die jeweilige Anmischtechnik. Sie findet es besonders interessant, wenn sie unter Anleitung ihres Ausbilders selbst Abformungen vornehmen darf.

© fotolia.com, New York (diego cervo)

2.1 Sachdarstellung

Jeder Herstellung von Zahnersatz geht die Abformung von Kiefer bzw. Gegenkiefer voraus. Durch Ausgießen der Abformung mit Modellgips wird ein Kiefermodell erstellt. Dieses Modell gibt die derzeitigen Verhältnisse des Patientenkiefers wieder und dient dem Zahntechniker als Arbeitsmodell.
Zur Durchführung von Abformungen stehen **konfektionierte Abformlöffel** zur Verfügung. Sie unterscheiden sich durch Material, Ausführung, Form und Größe. Sie können aus Metall oder Kunststoff sein. Um eine gute Haftung des Abformmaterials am Löffel zu erzielen und einen besseren Abfluss überschüssiger Abformmasse zu erhalten, werden perforierte Löffel hergestellt, durch deren Löcher sich das Abformmaterial presst. Auch Kunststofflöffel mit Retentionsrillen (Haftrillen) sind im Handel erhältlich.
Folgende konfektionierte Abformlöffel werden unterschieden:

- Abformlöffel für den bezahnten Oberkiefer
- Abformlöffel für den bezahnten Unterkiefer
- Abformlöffel für den teilbezahnten Oberkiefer
- Abformlöffel für den teilbezahnten Unterkiefer
- Abformlöffel für den zahnlosen Oberkiefer
- Abformlöffel für den zahnlosen Unterkiefer
- Halbe Löffel für die einseitige Kieferabformung
- Abformlöffel (verstellbar) für Teilabformungen
- Kleine Abformlöffel für Kinder

Je nach Art der prothetischen Versorgung werden unterschiedliche Abformmethoden durchgeführt:

1. **Anatomische Abformung**
2. **Abformung mit einem individuellen Löffel**
3. **Abformung mit einem individualisierten Löffel**
4. **Funktionsabformung**
5. **Korrekturabformung**
6. **Doppelmischabformung**
7. **Digitale Abformung**

1. Anatomische Abformung

Die **anatomische Abformung (zum Beispiel als Situationsabformung)** wird in der Regel mit einem Konfektionsabformlöffel durchgeführt. Sie dient der Gewinnung eines Situationsmodells zu unterschiedlichen Zwecken. Es kann als Planungs- oder Studienmodell eingesetzt werden oder Arbeitsmodell für die Herstellung eines individuellen Löffels sein. Gegebenenfalls kann es auch Unterlage für die direkte Ausführung der geplanten prothetischen Arbeit sein, z. B. für Prothesenreparaturen, für die Herstellung von Provisorien und Interims- oder Immediatprothesen.

2. Abformung mit einem individuellen Löffel

Bei der **Abformung mit einem individuellen Löffel** handelt es sich immer um eine Zweitabformung, der eine anatomische Abformung vorausgegangen ist. Auf dem durch die Erstabformung im Labor gewonnenen Gipsmodell wird ein spezieller, nur für diesen Kiefer passender Abformlöffel aus Kunststoff hergestellt. Das ist der individuelle Löffel. Knetbares Material wird wie ein Kuchenteig ausgerollt, auf das Modell gelegt, angedrückt und die Überschüsse werden mit einem Messer abgetrennt. Ein kleiner Griff aus dieser plastischen

Zeichnung: © Dr. med. Dr. med. dent. Turck, Ingrid, Bonn

(formbaren) Kunststoffmasse wird im Frontzahnbereich angeknetet. Der individuelle Löffel kann auch mit einer meist durchsichtigen, jeweils für Ober- und Unterkiefer vorgeformten Schellackplatte angefertigt werden. Sie wird durch Erhitzen über einer Flamme formbar gemacht. Ein aus Draht gebogener Haltegriff wird erhitzt und in die Schellackplatte eingedrückt. Nach Aushärtung werden die Ränder des angefertigten Löffels mit einer Fräse geglättet. Grundsätzlich muss der individuelle Löffel starr und nicht verbiegbar sein.
Der individuelle Löffel wird für zwei unterschiedliche Abformmethoden verwendet:

- Individuelle Abformung eines Kiefers
- Funktionsabformung eines Kiefers

Für teilbezahnte Kiefer mit schwierigen anatomischen Verhältnissen, die ein konfektionierter Abformlöffel nicht erfassen kann, kann die **individuelle Abformung** mit einem extra für diesen Kiefer angefertigten individuellen Löffel notwendig werden. Wie der konfektionierte Löffel wird der individuelle Löffel mit Abformmaterial beschickt und der Kiefer abgeformt.

3. Abformung mit individualisiertem Löffel

Ein individualisierter Abformlöffel wird in der Zahnarztpraxis mit einem konfektionierten Löffel, der durch eine Verlängerung nach dorsal oder im Alveolarkammbereich mit reversibel-thermoplastisch-starrem Abformmaterial (meist mittels Kerr) verlängert wird, hergestellt.

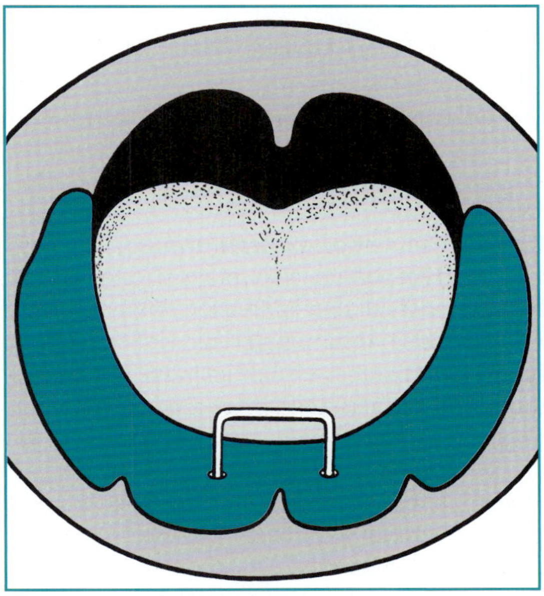
Individueller Abformlöffel im zahnlosen Unterkiefer

4. Funktionsabformung

Für die Herstellung von totalen Prothesen, für die die **Funktionsabformung** besondere Bedeutung hat, muss ein individueller Abformlöffel angefertigt werden. Seine Verwendung ist Voraussetzung für diese Art der Abformung. Ausnahme ist die gelegentliche Verwendung der bereits vorhandenen Prothese als „individueller Abformlöffel“ wie z. B. für totale Unterfütterungen. Aber auch bei sehr reduziertem Restgebiss ist häufig eine Funktionsabformung angezeigt, um einen besseren Halt des Zahnersatzes zu erreichen. Außerdem gestaltet sich eine später notwendig werdende Erweiterung der Prothese zum totalen Ersatz einfacher.
Der Funktionsabformung geht immer eine anatomische Abformung voraus, da zunächst ein individueller Abformlöffel hergestellt werden muss. Mit diesem erfolgt eine Abformung nach funktionellen Gesichtspunkten in mehreren Arbeitsschritten:

Konturieren des individuellen Löffels
Der individuelle Löffel wird in den Mund des Patienten eingepasst und konturiert. Darunter versteht man das Kürzen des Löffelrandes durch Beschleifen bzw. den Anbau oder die Verlängerung, z. B. mithilfe von Kerr. Ziel ist es, den Löffelrand vestibulär genau auf die Grenze von unbeweglicher zur beweglichen Schleimhaut zu bringen. Den hinteren Abschluss für Oberkieferprothesen bestimmt die A-Linie. Sie ist die Grenze zwischen hartem und weichem Gaumen. Weiterhin erfolgen Ausschnitte für Lippen- und Wangenbändchen, die damit ihre Bewegungsfreiheit behalten und nicht bei Aktivierung die spätere Prothese lösen.

Ventilrandgestaltung
Aus einem etwas festeren, knetbarem Material (z. B. Silikon) wird eine Rolle von ca. 5 mm Durchmesser geformt und auf den gesamten Löffelrand aufgebracht. Zuvor wird dieser mit einer Klebeflüssigkeit (Adhäsiv) eingepinselt. Hierdurch wird ein Ablösen des Abformmaterials vom Löffel verhindert. Häufig wird auch thermoplastisches – bei Erwärmung formbares – Material, z. B. Kerr, für diesen „Funktionsrand“ verwendet. Es wird abschnittsweise jeweils 2–3 cm auf den Rand aufgetragen. Bei Verwendung von Kerr erübrigt sich das Einpinseln des Randes mit einem Adhäsiv. Nach Einbringen des Löffels mit formbarem, noch nicht abgebundenen Abformmaterial in den Mund werden aktive Bewegungen, z. B. von Wange, Lippen und Zunge, durch den Patienten und passive Bewegungen durch den Behandler durchgeführt. Auf diese Weise wird der spätere Prothesenrand so geformt, dass er bewegliche Schleimhautanteile nicht behindert und Lippen- und Wangenbändern ausreichend Funktion gewährt, damit die Prothese später nicht abgelöst wird. Der Ventilrand bewirkt vor allen Dingen einen dichten Randabschluss, wodurch ein Unterdruck unter dem Abformlöffel bzw. unter der späteren Prothese erreicht wird. Es entsteht eine Saugwirkung, bei der der Speichel eine wichtige Funktion hat.

Gesamtabformung
Nach der Randgestaltung (Konturieren und Anbringen des Ventilrandes) wird die Gesamtabformung des Kiefers mit dem individuellen Löffel vorgenommen. Dafür wird dünn fließendes Abformmaterial auf den gesamten Löffel aufgetragen.

MERKE: Jede Funktionsabformung wird in der Regel mit einem individuellen Abformlöffel durchgeführt, jedoch ist nicht jede Abformung mit einem individuellen Abformlöffel eine Funktionsabformung!

Mit dem individuellen Löffel können also zwei Arten der Abformung vorgenommen werden:
- die individuelle Abformung
- die Funktionsabformung

(Hinweis: Einen „Funktionslöffel" gibt es nicht, auch wenn diese Bezeichnung häufig in der Praxis benutzt wird.)

5. Korrekturabformung

Die sogenannte **Korrekturabformung** ist eine zweiphasige oder zweizeitige Abformung von höchster Präzision nach Präparation von Inlays, Kronen und Brücken. Zunächst wird ein knetbares oder zäh fließendes Abformmaterial auf den konfektionierten Abformlöffel aufgetragen und die Erstabformung durchgeführt. Nach Abbinden des Abformmaterials wird der Abformlöffel aus dem Mund entnommen und ein dünn fließendes Abformmittel mit einer Einfüllspritze in diesen Kieferabdruck eingegeben. Es erfolgt nun die **zweite Abformung mit demselben Löffel**. Dieses Vorgehen wird z. B. für teilbezahnte Kiefer angewendet, die mit einer Modellgussprothese versorgt werden sollen. Werden jedoch Inlays, Kronen und Brücken angefertigt, so wird das dünn fließende Abformmaterial mit einer Einfüllspritze mit feiner Kanüle direkt auf und um die beschliffenen Zähne aufgetragen. Nun wird der Erstabdruck erneut in den Mund eingebracht und mit ihm wird eine zweite Abformung durchgeführt. Beide Materialien verbinden sich unlösbar miteinander, wie auch bei der Doppelmischmethode.

6. Doppelmischtechnik

Bei der **Doppelmischtechnik** handelt es sich um eine einphasige oder einzeitige Abformung, bei der der Abformlöffel nur einmal in den Mund eingesetzt wird. Er wird mit einer zäh fließenden Abformmasse (heavy body) beschickt. Zügig wird nun ein dünn fließendes Abformmittel (light body) mit einer Einfüllspritze mit dünner Kanüle direkt auf und um die Zähne aufgetragen. Der mit festerem Abformmaterial beschickte Abdrucklöffel wird jetzt darüber gesetzt, wodurch die Abformung des Kiefers durchgeführt wird.

7. Digitale Abformung

Zunehmend wird in Zahnarztpraxen neben den konventionellen Abformungsverfahren eine „Digitale Abformung" bzw. ein „Intraoralscan" für den „abdruckfreien Zahnersatz" angeboten.
Bei diesem optisch-elektronischen Verfahren zeichnet ein Handscanner, der vom Zahnarzt im Mund des Patienten über die Zahnbögen ohne jede Berührung von Zähnen und Schleimhaut geführt wird, die anatomischen Gegebenheiten mit großer Genauigkeit auf. Diese Datensätze sendet der Zahnarzt anschließend an ein für dieses Verfahren ausgestattetes Dentallabor. Aufgrund dieses Datentransfers erhält der Zahntechniker digital die exakte Darstellung der Mundsituation (Computerbild) und konstruiert am Bildschirm den Zahnersatz nach Vorgaben des Zahnarztes. Diese Informationen werden an die Schleifmaschine weitergegeben, die anhand dieser Unterlagen den Zahnersatz im 3D-Verfahren herstellt und den komplett digitalisierten Arbeitsablauf damit abschließt. Insbesondere Kronen, Brücken und Inlays eignen sich für diese digitale Herstellungsmethode.

Was die Abrechnung betrifft, so gehört die „Digitale Abformung" nicht zum Leistungskatalog der gesetzlichen Krankenkassen; sie kann nur privat abgerechnet werden.

EXKURS

Abformmaterialien

Es gibt eine Fülle von Abformmaterialien, von denen die gebräuchlichsten hier aufgeführt werden:

Alginate (irreversibel-elastisch)
Das Pulver besteht hauptsächlich aus den Salzen der Alginsäure, die aus Meeresalgen gewonnen werden, und Füllstoffen. Eine bestimmte Menge Pulver wird mit einer bestimmten Menge Leitungswasser angemischt, um die richtige Konsistenz für die Abformung zu erhalten. Für das Abmessen von Pulver und Flüssigkeit werden vom Hersteller entsprechende Messgefäße mitgeliefert. Nach dem Abbinden des Materials ist es von elastischer Konsistenz, nicht umkehrbar und kann deshalb nur einmal benutzt werden (irreversibel). Alginate werden hauptsächlich zur Situations- und Gegenkieferabformung und bei Prothesenreparaturen eingesetzt. Da das Material schnell austrocknet und die Abformung sich dadurch verändert, muss die Alginatabformung schnellstens mit Gips ausgegossen werden.

Elastomere (irreversibel-elastisch)
Zu den Elastomeren zählen Silikone, Polysulfide und Polyether. Es handelt sich hier um gummielastische Kunststoffe, die plastisch (formbar) in den Mund gebracht werden und bei der Abbindung in einen elastischen Zustand übergehen. Sie werden mit einem flüssigen Starter oder pastenartigen Aktivator, der in Tuben geliefert wird, angemischt. Sie sind nicht umkehrbar, haben aber den Vorteil, nach dem Abbinden nicht auszutrocknen. Dadurch sind sie formstabil und lagerfähig. Das spielt z. B. eine Rolle bei zerbrochenen provisorischen Kronen und Brücken, die durch Aufbewahrung der Abformung bis zum Einsetzen des endgültigen Ersatzes unkompliziert erneuert werden können. Elastomere werden für Funktions- und Unterfütterungsabformungen, Korrektur- und Doppelmischabformungen verwendet.

Kompositionsmassen (reversibel-thermoplastisch-starr)
Sie sind aus Harzen, Wachsen, Füll- und Farbstoffen zusammengesetzt (Komposition = Zusammengesetztes) und werden bei Erwärmung formbar. Bei Mundtemperatur erstarren sie. Sie sind reversibel, d. h., dass bereits formbar gemachtes Material nach Erstarrung erneut durch Erwärmung plastisch wird. Zu ihnen gehören Stents und Kerr, Materialien, die in Platten oder Stangen im Handel sind. Heute werden sie für den korrigierenden Aufbau von individuellen Löffeln bei einer Funktionsabformung und auch für die Herstellung des Ventilrandes verwendet.

Hydrokolloide (reversibel-thermoplastisch-elastisch)
Das hauptsächlich aus Agar-Agar bestehende Abformmaterial – ein Zweikomponentensystem durch einen zäh- und einen dünnfließenden Anteil – wird im Doppelmischverfahren angewendet. Beide Komponenten (heavy body in Tuben/light body in Spritzen) werden in einer Spezialvorrichtung mit drei Bädern (100 °C, 60 °C, 45 °C) plastisch gemacht und im letzten Bad einsatzbereit gehalten. Das schwerfließende Abformmaterial wird auf doppelwandige Speziallöffel, die an ein Kühlsystem zur Beschleunigung der Abbindung angeschlossen sind, aufgebracht. Das dünnfließende wird auf und um die abzuformenden Zähne gespritzt. Nach dem Abbinden des Materials hat es einen elastischen Zustand, schrumpft aber schnell und kontinuierlich wegen des hohen Wassergehalts. Deshalb ist eine sofortige Weiterverarbeitung erforderlich. Ein mehrmaliges Wiedererwärmen des noch nicht verarbeiteten Materials ist möglich. Aus diesem Grunde ist es das einzige reversible thermoplastisch-elastische Abformmittel.

Gips (irreversibel-starr)
Spezieller Abformgips, sahneartig angerührt, wird heute nur noch für unbezahnte Kiefer verwendet, in der Regel für Kiefer mit einem Schlotterkamm, da diese weiche mobile Schleimhaut eine drucklose Abformung erfordert.

Übersicht Abformungen – Abrechnung Bema/GOZ

Abformungen	Bema	GOZ
Abformung eines Kiefers zur Gewinnung eines Situationsmodells (z. B. als Unterlage zur Herstellung eines individuellen Abformlöffels)	keine Abrechnung nur: Laborkosten (Eigen- und/oder Fremdlabor) + Kosten für Abformmaterial	**GOZ-Nummer 0050** auch für Teilabformung einschl. Auswertung zur Diagnose oder Planung + Laborkosten (Eigen- und/oder Fremdlabor) + Kosten für Abformmaterial
Abformung **beider Kiefer** für Situationsmodelle von OK und UK zur diagnostischen Auswertung und Planung sowie schriftlicher Niederlegung	**Bema-Nummer 7b** einschl. schriftlicher Niederlegung (in der Regel nicht für Einzelkronen) + Laborkosten (Eigen- und/oder Fremdlabor) + Kosten für Abformmaterial	**GOZ-Nummer 0060** einschl. einfacher Bissfixierung + Laborkosten (Eigen- und/oder Fremdlabor) + Kosten für Abformmaterial
Anatomische Abformung eines Kiefers mit individuellem oder individualisiertem Löffel (Individueller Löffel: eigens für diesen Kiefer auf dem Situationsmodell angefertigter Abformlöffel)	**Bema-Nummer 98a** je Kiefer maximal zweimal auch bei Verwendung eines individualisierten Abformlöffels + Laborkosten (Eigen- und/oder Fremdlabor) + Kosten für Abformmaterial	**GOZ-Nummer 5170** je Kiefer bei ungünstigen Zahnbogen- und Kieferformen und/oder tief ansetzenden Bändern oder bei spezieller Abformung zur Remontage + Laborkosten (Eigen- und/oder Fremdlabor) + Kosten für Abformmaterial
Funktionsabformung des **OK** mit individuellem Abformlöffel bei zahnlosem Kiefer und bei stark reduziertem Restgebiss, in der Regel bis zu drei Zähnen	**Bema-Nummer 98b** + Laborkosten (Eigen- und/oder Fremdlabor) + Kosten für Abformmaterial	**GOZ-Nummer 5180** + Laborkosten (Eigen- und/oder Fremdlabor) + Kosten für Abformmaterial
Funktionsabformung des **UK** mit individuellem Abformlöffel bei zahnlosem Kiefer und stark reduziertem Restgebiss, in der Regel bis zu drei Zähnen	**Bema-Nummer 98c** + Laborkosten (Eigen- und/oder Fremdlabor) + Kosten für Abformmaterial	**GOZ-Nummer 5190** + Laborkosten (Eigen- und/oder Fremdlabor) + Kosten für Abformmaterial

!

MERKE: **Jede Funktionsabformung ist eine Abformung mit einem individuellem Löffel oder individualisiertem Löffel, aber nicht jede Abformung mit einem individuellen Löffel oder individualisiertem Löffel ist eine Funktionsabformung!**

PRAKTIKUM

1. Informieren Sie sich über die in Ihrer Ausbildungspraxis verwendeten Abformmaterialien.
2. Welche der in Ihrer Ausbildungspraxis verwendeten Abformmaterialien sind nach der Abbindung elastisch?
3. Erklären Sie die unterschiedlichen Abformlöffel, die in Ihrer Ausbildungspraxis verwendet werden.

2.2 Abrechnung von Abformungen nach dem Bema

Anatomische Abformungen mit individuellem Löffel werden unter der Bema-Nummer 98a abgerechnet. Für die Funktionsabformung des Oberkiefers mit individuellem Abformlöffel wird die Bema-Nummer 98b, für die Funktionsabformung des Unterkiefers mit individuellem Abformlöffel wird die Bema-Nummer 98c angesetzt.

Abrechnungsbestimmung: Bema-Nummer 98a

Bema-Nr.:	Leistungsbeschreibung	Bew.-Zahl
98a	Abformung mit individuellem oder individualisiertem Löffel, je Kiefer	29

abrechenbar

- je Kiefer
- gegebenenfalls zweimal je Kiefer bei kombiniertem Zahnersatz
- gegebenenfalls neben den Bema-Nummern 98b und 98c bei kombiniertem Zahnersatz für stark reduzierte Restgebisse (maximal drei Zähne je Kiefer)
- Materialkosten

nicht abrechenbar

- neben den Bema-Nummern 20a bis 20c (Einzelkronen) als alleinige Maßnahmen
- neben der Bema-Nummer 100 (Wiederherstellung bzw. Erweiterung von Prothesen)
- bei implantatgetragenen Prothesen

Abrechnungsbestimmungen: Bema-Nummern 98b und 98c

Bema-Nr.:	Leistungsbeschreibung	Bew.-Zahl
98b	Funktionsabdruck mit individuellem Löffel, Oberkiefer	57
98c	Funktionsabdruck mit individuellem Löffel, Unterkiefer	76

abrechenbar

- je Funktionsabformung mit individuellem Löffel
- bei zahnlosem Kiefer oder bei stark reduziertem Restgebiss (in der Regel bis zu drei Zähnen)
- gegebenenfalls neben der Bema-Nummer 98a bei kombiniertem Zahnersatz bei stark reduzierten Restgebissen
- auch bei Verwendung einer Prothese als individueller Abformlöffel
- Materialkosten

nicht abrechenbar

- neben der Bema-Nummer 100 (Wiederherstellung bzw. Erweiterung von Prothesen)

Übersicht: Die Abrechnung von Abformungen nach dem Bema

Abformung	Bema-Nr.:
Abformung für ein Situationsmodell	keine
Abformungen für Situationsmodelle **beider** Kiefer einschließlich Auswertung zur Diagnose und Planung	Bema-Nummer 7b
Abformung zur Herstellung eines individuellen Löffels	keine
Abformung mit individuellem Löffel	Bema-Nummer 98a
Abformung mit individualisiertem Löffel	Bema-Nummer 98a
Funktionsabformung des Oberkiefers (zahnlos oder mit maximal 3 Restzähnen je Kiefer)	Bema-Nummer 98b
Funktionsabformung des Unterkiefers (zahnlos oder mit maximal 3 Restzähnen je Kiefer)	Bema-Nummer 98c

Die Kosten für die verwendeten Materialien können immer berechnet werden!

2.3 Abrechnung von Abformungen nach der GOZ

Zu unterscheiden sind anatomische Abformungen mit individuellem Löffel für Ober- und Unterkiefer nach der GOZ-Nummer 5170 und die funktionellen Abformungen mit individuellem Löffel für den Oberkiefer nach der GOZ-Nummer 5180 und für den Unterkiefer nach der GOZ-Nummer 5190. Voraussetzung für die Abrechnung der GOZ-Nummern 5180 und 5190 ist die Anwendung von individuellen Abformlöffeln und die Berücksichtigung funktioneller Aspekte bei der Abformung. Nach gängiger Rechtssprechung ist der Leistungsinhalt der Gebührennummer auch dann erfüllt, wenn konfektionierte Abformlöffel individuell umgestaltet werden, z. B. durch Antragen von Kunststoff zur Verlängerung des Löffels. Im Unterschied zum Bema kann nach der GOZ die Funktionsabformung auch bei einem Befund von mehr als drei Restzähnen je Kiefer abgerechnet werden.

Abrechnungshinweise: GOZ-Nummer 5170

GOZ-Nummer	Leistungsbeschreibung	Punktzahl	Einfachsatz in EUR
5170	Anatomische Abformung des Kiefers mit individuellem Löffel bei ungünstigen Zahnbogen- und Kieferformen und/oder tief ansetzenden Bändern oder spezielle Abformung zur Remontage, je Kiefer	250	14,06

abrechenbar

- je Kiefer, auch mehrmals
- bei Verwendung eines individualisierten konfektionierten Abformlöffels
- Materialkosten

Abrechnungshinweise: GOZ-Nummern 5180 und 5190

GOZ-Nummer	Leistungsbeschreibung	Punktzahl	Einfachsatz in EUR
5180	Funktionelle Abformung des Oberkiefers mit individuellem Löffel	450	25,31
5190	Funktionelle Abformung des Unterkiefers mit individuellem Löffel	540	30,37

abrechenbar

- je funktionelle Abformung, auch mehrfach
- bei Verwendung eines individualisierten konfektionierten Abformlöffels
- Materialkosten

Übersicht: Die Abrechnung von Abformungen nach der GOZ

Abformung	GOZ-Nummer
Abformung für ein Situationsmodell	keine Abrechnung
Abformung **eines** Kiefers für ein Situationsmodell zur Diagnose oder Planung	GOZ-Nummer 0050
Abformung **beider** Kiefer für Situationsmodelle zur Diagnose oder Planung	GOZ-Nummer 0060
Abformung zur Herstellung eines individuellen Löffels	keine
Abformung mit individuellem Löffel	GOZ-Nummer 5170
Funktionelle Abformung des Oberkiefers	GOZ-Nummer 5180
Funktionelle Abformung des Unterkiefers	GOZ-Nummer 5190

27.01.2023

ÜBUNGSAUFGABEN

1. Entscheiden Sie, welche Bema-Nummern und welche GOZ-Nummern angesetzt werden.

Fall	Regio	Abformung	Bema	GOZ
1	OK/UK	Abformung beider Kiefer mit Alginat	–	–
2	UK	Abformung des Kiefers zur Herstellung eines Gipsmodells zur Auswertung und Planung	–	0050
3	OK/UK	Funktionelle Abformungen mit individuellen Abformlöffeln bei zahnlosen Kiefern	98c 98b	5190 5180
4	OK	Anatomische Abformung des Kiefers mit individuellem Abformlöffel	98a	5170
5	UK	Anatomische Abformung des Kiefers mit konfektioniertem Abformlöffel	–	–
6	OK/UK	Abformung beider Kiefer zur Herstellung von Planungsmodellen, einfache Bissfixierung einschließlich Auswertung zur Diagnose	7b	0060
7	OK/UK	Anatomische Abformung beider Kiefer mit konfektionierten Abformlöffeln für Modelle zur Diagnose und Planung	7b	0060
8	UK	Funktionsabformung mit individuellem Abformlöffel bei zahnlosem Kiefer	98c	5190
9	OK	Planungsmodellherstellung nach Abformung mit Alginat	–	0050
10	UK	Abformung mit individuellem Abformlöffel	98a	5170
11	UK	Abformung des Kiefers zur Herstellung eines individuellen Abformlöffels	–	–
12	OK	Funktionsabformung mit individuellem Löffel (3 Zähne im Kiefer vorhanden)	98b	5180
13	UK	Funktionsabformung mit individuellem Löffel (5 Zähne im Kiefer vorhanden)	? 98a – ?	5190
14	OK	Abformung mit individuellem Abformlöffel In einer weiteren Sitzung wird zusätzlich eine Funktionsabformung erforderlich (3 Restzähne vorhanden).	98a 98b	5170 5180

2. Lückentext: Abformungen

Setzen Sie die nachfolgenden Begriffe sinnvoll in den unten stehenden Lückentext ein:

individuelle, Silikon, Modellgussprothese, Situationsabformungen, Funktionsabformung, individuellen Löffels, Silikon, Alginat, Situationsmodelle, Korrekturabformung

Frau Anita Niesel soll mit einer neuen totalen Oberkieferprothese und einer partiellen Unterkieferprothese mit Metallgerüst prothetisch versorgt werden.

Ich bereite für die erste Sitzung den Behandlungstisch vor, denn zunächst erfolgen .... von Ober- und Unterkiefer, die in unserer Praxis mit .... durchgeführt werden. Das Labor erstellt ...., auf denen sowohl für den Oberkiefer als auch für den Unterkiefer .... Löffel angefertigt werden. Für die folgende Sitzung muss ich die individuellen Löffel und verschiedene Abformmaterialien bereitlegen, da beide Kiefer unterschiedlich abgeformt werden. Im Oberkiefer wird eine .... mit dem gummielastischen Material .... durchgeführt. Nach

Einschleifen der Auflagen für die Klammern der vorgesehenen partiellen . . . . erfolgt die Abformung des Unterkiefers mithilfe des angefertigten . . . . ebenfalls mit . . . . Nach dem Abbinden wird dieser Abdruck nochmals in den Mund eingebracht, nachdem in diesen Abdruck eine dünnfließende Silikonmasse eingegeben wurde, die sich untrennbar mit dem bereits abgebundenem Material verbindet. Dieses zweimalige Eingeben desselben Abformlöffels in den Mund mit verschiedenen Materialien nennt man . . . .

3. Führen Sie Ihre Lernkartei fort.

4. Bearbeiten Sie die folgenden Aufgaben.

a) Nennen Sie die verschiedenen Abformlöffel.
b) Welche Methoden der Abformung kennen Sie?
c) Erklären Sie den Unterschied zwischen einer Korrekturabformung und einer Doppelmisch-Abformung.
d) Erläutern Sie die Begriffe „reversibel“ und „irreversibel“. Nennen Sie jeweils ein entsprechendes Abformmaterial.
e) Erklären Sie den Unterschied zwischen einer Abformung mit individuellem Löffel und einer Funktionsabformung und nennen Sie die entsprechenden Abrechnungsbestimmungen nach dem Bema und der GOZ.
f) Unter welchen Voraussetzungen ist die Abrechnung einer Abformung mit einem individuellen Löffel möglich?
g) Nennen Sie die Bema-Nummer und die GOZ-Nummer für die Abformung mit einem individuellen Abformlöffel.
h) Nennen Sie die Bema-Nummern und GOZ-Nummern für Funktionsabformungen.
i) In welchem Fall kann die Funktionsabformung eines teilbezahnten Kiefers bei einem gesetzlich versicherten Patienten abgerechnet werden?
j) Beschreiben Sie eine Situation, in der bei einem Patienten eine Abformung mit individuellem Löffel und eine Funktionsabformung mit individuellem Löffel in verschiedenen Sitzungen für denselben Kiefer abgerechnet werden können.

3 Kronen

Yvonne ist erstaunt, welche Möglichkeiten es in der Zahnheilkunde gibt, einem völlig zerstörten Zahn, bei dem Füllungen keinen Halt mehr in der verbliebenen Kronensubstanz finden können, durch Überkronung seine ursprüngliche Form wiederzugeben. Die Kronen können aus Edelmetall, zahnfarbenen Werkstoffen oder aus einer Kombination beider Materialien hergestellt werden, indem die sichtbaren Anteile der Krone zahnfarben verblendet werden. Selbst eine völlig verlorene/zerstörte natürliche Zahnkrone kann durch eine Krone mit Stiftverankerung im Wurzelkanal ersetzt werden. Auch Teilkronen sind möglich, bei denen der sichtbare Teil der natürlichen Zahnkrone verbleibt.

© stock.adobe.com, Dublin (euthymia)

3.1 Sachdarstellung

Kronen dienen als Schutz, als Ersatz oder als Brückenanker zur Befestigung.

Als **Schutz** können Kronen u. a. im kariesanfälligen oder stark abriebgefährdeten (Abrasion) Gebiss dienen. Auch schützen sie den Zahn vor Substanzverlust durch Halteelemente, wie z. B. Klammern. Außerdem dienen Kronen dem **Ersatz** oder dem Aufbau verloren gegangener natürlicher Zahnkronensubstanz. Durch sie erfolgt die Rekonstruktion der Zahnkrone zu ihrer ursprünglichen anatomischen Form. Häufig lässt sich ein zusätzlicher kosmetischer Gewinn durch Form- und Farbverbesserung erreichen.
Bei der Brückenkonstruktion dienen Kronen zur **Befestigung** der durch die Brücke zu ersetzenden Zähne. Außerdem kann herausnehmbarer Ersatz durch Teleskop- oder Konuskronen (S. 142) am Restgebiss Halt finden. Auch auf Implantaten können Kronen und Brücken befestigt werden.
Einzelkronen werden im Bema unter „Prothetische Leistungen“ abgerechnet, obwohl sie als Maßnahme einer Zahnerhaltung der Wiederherstellung der natürlichen Zahnkrone dienen. In der GOZ aber werden Einzelkronen als zahnerhaltende Maßnahme abgerechnet. Kronen als Anker im Brückenverband werden in der GOZ jedoch als „Prothetische Leistung“ abgerechnet.

Kronenarten
- Metallische Vollkrone
- Vestibulär verblendete Verblendkrone
- Metallische Teilkrone

Metallische Vollkrone
Unter einer Vollkrone versteht man eine vollständig aus einer Metalllegierung bestehende, die gesamte Zahnkrone umfassende Krone.

Vestibulär verblendete Verblendkrone
Eine Verblendkrone ist eine Metallkrone, die nur im sichtbaren Bereich, also vestibulär, zahnfarben gestaltet ist. Die Verblendung kann aus Kunststoff oder Keramik bestehen.

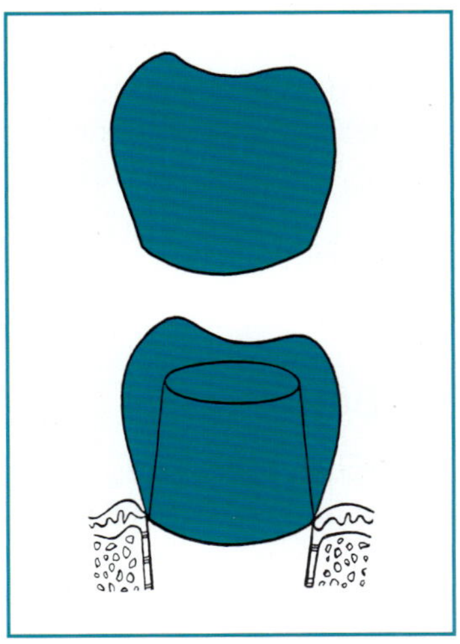

Metallische Vollkrone

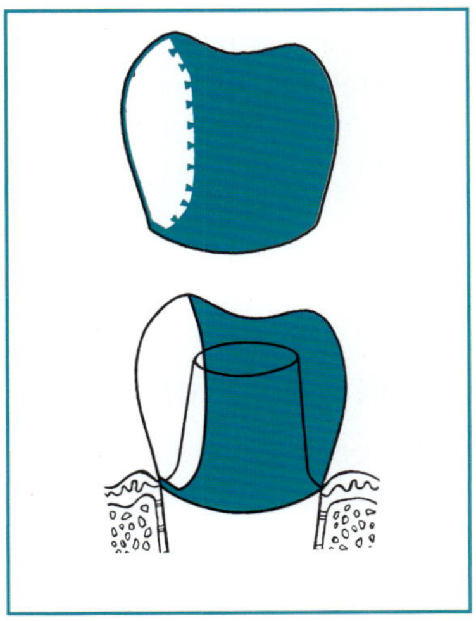

Verblendkrone, vestibulär verblendet

Zeichnungen: Dr. med. Dr. med. dent. Turck, Ingrid, Bonn

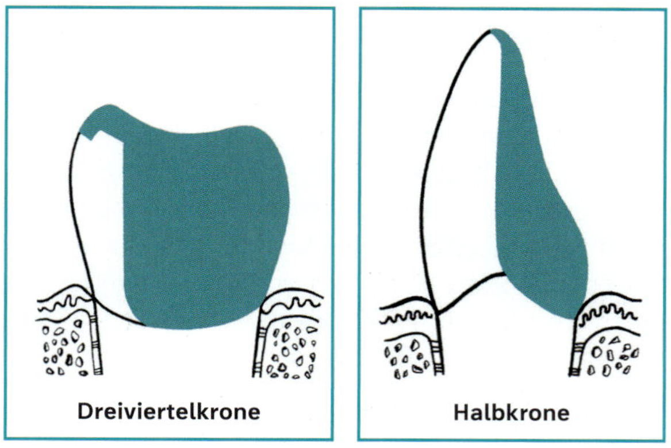

Teilkronen

Metallische Teilkrone
Eine metallische Teilkrone umfasst nur einen Teil der natürlichen Zahnkrone. Hierzu gehören die Halb- und die Dreiviertelkrone. Die Halbkrone findet Verwendung als Brückenanker im Brückenverband, wird jedoch kaum noch angefertigt. Die Dreiviertelkrone umfasst die okklusale, approximale und zum Mundinneren gelegene Kronenfläche. Die vestibuläre, sichtbare und natürliche Fläche des Zahnes bleibt erhalten. Diese Krone eignet sich für Prämolaren und Molaren.

Stiftaufbau
Soll ein wurzelbehandelter Zahn mit weitestgehender Zerstörung der natürlichen Kronensubstanz mit einer Krone versehen werden, so sind für diese Versorgung vorbereitende Maßnahmen erforderlich, um eine Überkronung zu ermöglichen. Es muss zunächst ein Aufbau mit Stift hergestellt werden, der im Wurzelkanal verankert wird.

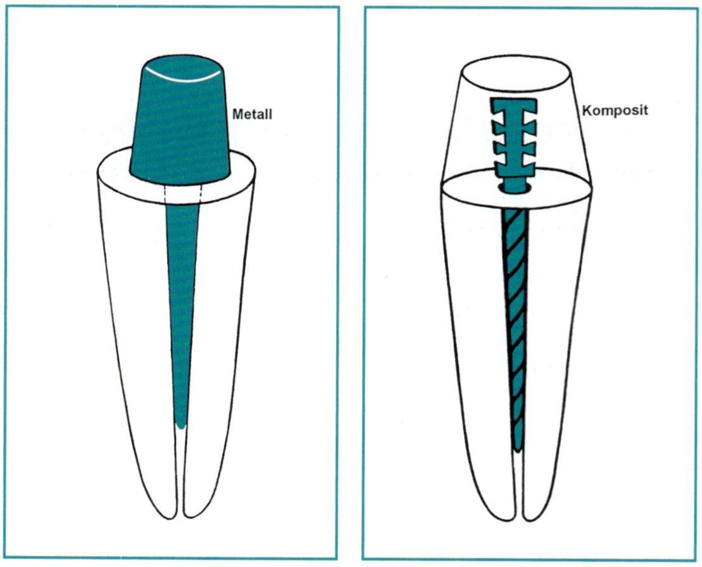

Gegossener Stiftaufbau
Schraubenstift (konfektioniert) mit Aufbau aus Komposit

Man unterscheidet zwei Arten von Stiften:
Konfektionierter Stift – einzeitig
Ein konfektionierter Stift, industriell hergestellt, ist in verschiedenen Größen auch in Schraubenform im Dentalhandel erhältlich. Er besteht in der Regel aus Nichtedelmetall (NEM), z. B. Titan, oder aus nichtmetallischem Material, bevorzugt aus Glasfaser. Er wird im Wurzelkanal einzementiert, eingeschraubt oder unter Anwendung der Adhäsivtechnik befestigt. Anschließend gestaltet der Arzt in derselben Sitzung – also einzeitig – einen Aufbau aus Komposit an dem über Wurzelniveau herausragenden Stiftteil, der – entsprechend beschliffen und anschließend abgeformt – mit einer im Dentallabor gefertigten Krone versehen wird.

Gegossener Stift – zweizeitig
Die Herstellung von individuellen, gegossenen Stiftaufbauten als Verankerungskonstruktion für die nachfolgend anzufertigende Krone ist auf zweierlei Arten möglich:
Direkte Methode: Der Zahnarzt selbst modelliert im Mund des Patienten den Aufbau aus Wachs auf dem im Wurzelkanal eingebrachten Stift aus Edelmetall. Der Stift mit Wachsaufbau wird nun ins Labor zur Herstellung aus Metall gegeben. Nach Einsetzen des Gussstückes (Stift mit Kronenaufbau) erfolgt in der Praxis eine Abformung und im Labor die Kronenherstellung.
Indirekte Methode: Der Zahnarzt nimmt eine Abformung des Zahnes mit zuvor in den Wurzelkanal eingelegtem Stift aus Edelmetall vor. Im Dentallabor erfolgt die Herstellung eines Modells, auf dem der Zahntechniker an dem Stift einen Kronenaufbau aus Wachs modelliert. Anschließend wird der Stift mit Aufbau in Metall gegossen. Dem Einsetzen des gegossenen Stiftes mit Aufbau in der Praxis folgt eine Abformung und im Labor die Herstellung der Krone.
Sowohl direkt als indirekt hergestellte Stifte mit Aufbauten können erst in einer weitere Sitzung eingesetzt werden, sodass man von einem zweizeitigen Verfahren spricht.

3.2 Abrechnung von Kronen nach dem Bema

Bei der Abrechnung unterscheidet man Einzelkronen und Kronen im Brückenverband. Einzelkronen werden unter den Bema-Nummern 20a–20c, Kronen im Brückenverband unter den Bema-Nummern 91a–91d abgerechnet. Verblockte, also fest miteinander verbundene Kronen werden als Einzelkronen ebenfalls unter den Bema-Nummern 20a–20c abgerechnet. Für die richtige Auswahl der Bema-Nummer ist die Kronenart (Vollkrone, Verblendkrone, Teilkrone) ausschlaggebend.

Zeichnungen: © Dr. med. Dr. med. dent. Turck, Ingrid, Bonn

Mit der Bema-Nummer 20 sind folgende zahnärztliche Leistungen erfasst:
- Präparation des Zahnes
- Relationsbestimmung oder Bissnahme
- Abformung
- Bestimmung der Zahnfarbe
- Einprobe
- Okklusions-, Artikulationskontrolle, Überprüfung von Randschluss und Approximationskontakt
- Definitives und provisorisches Einzementieren
- Einschleifen, auch des Antagonisten
- Nachkontrolle

Die **metallische Vollkrone** ist mit der Bema-Nummer **20a** abzurechnen.

Die **vestibuläre verblendete Verblendkrone** wird mit der Bema-Nummer **20b** abgerechnet. Ihre Abrechenbarkeit ist jedoch eingeschränkt und kann nur für die Versorgung der Zähne 15–25 im Oberkiefer und der Zähne 34–44 im Unterkiefer in Ansatz gebracht werden.

!

MERKE: Vestibuläre Verblendungen werden im **Oberkiefer** bis einschließlich **Zahn 5** sowie im **Unterkiefer** bis einschließlich **Zahn 4** von der gesetzlichen Krankenkasse bezuschusst.

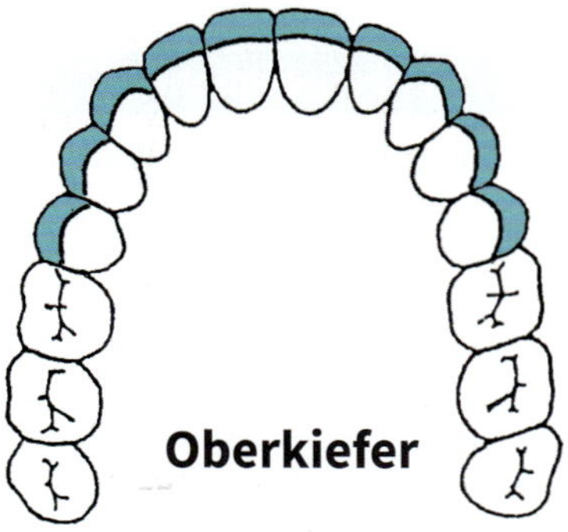

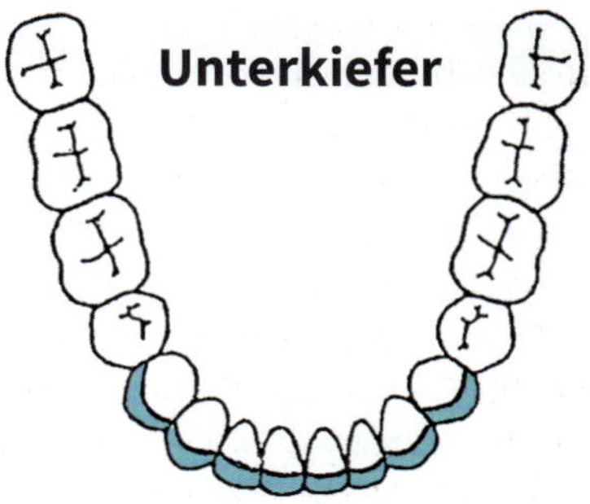

Die **metallische Teilkrone** wird mit der Bema-Nummer **20c** abgerechnet. Als Vertragsleistung muss sie bei erhaltener natürlicher vestibulärer Zahnfläche vollständig aus Metall bestehen und die gesamte Kaufläche bedecken.

Abrechnungsbestimmungen: Bema-Nummern 20a–c

Bema-Nr.:	Leistungsbeschreibung	Bew.-Zahl
	Versorgung eines Einzelzahns durch	
20a	eine metallische Vollkrone	148
20b	eine vestibulär verblendete Verblendkrone	158
20c	eine metallische Teilkrone	187

abrechenbar
- je Krone
- 20a für eine metallische Vollkrone
- 20b für eine vestibulär verblendete Verblendkrone nur für die Zähne 15–25 und 34–44
- 20c für eine metallische Teilkrone
- neben der Bema-Nummer 7b in Ausnahmefällen
- neben der Bema-Nummer 106 für Einschleifmaßnahmen, die über den Antagonisten hinausgehen

nicht abrechenbar
- für Kronen im Brückenverband

!

MERKE: Die Versorgung von Zähnen mit Keramikmantelkronen (Jacketkronen), Kunststoffmantelkronen, Glasfaserkronen, Zirkonkronen oder Veneers stellt keine Vertragsleistung der gesetzlichen Krankenversicherung dar und ist privat abzurechnen.

Bei der Vorbereitung eines endodontisch behandelten Zahnes durch Herstellung eines Aufbaus mit Stift wird zusätzlich zu der Bema-Nummer 20 der Aufbau mit konfektioniertem Stift mit der Bema-Nummer 18a abgerechnet. Für einen gegossenen Stiftaufbau ist die Bema-Nummer 18b anzusetzen. Außerdem sind die Material- und Laborkosten zu berechnen.

Die Bema-Nummer 18 kann an demselben Zahn nicht neben einer Wurzelstiftkappe berechnet werden. Sollte sich während der Behandlung die Herstellung eines Aufbaus mit Stift ergeben, so kann die Bema-Nummer 18 ohne vorherige Genehmigung der Krankenkasse über den Heil- und Kostenplan unter „Nachträgliche Befunde" abgerechnet werden.

Abrechnungsbestimmungen: Bema-Nummern 18a und 18b

Bema-Nr.:	Leistungsbeschreibung	Bew.-Zahl
	Vorbereitung eines zerstörten Zahns zur Aufnahme einer Krone, mit Verankerung im Wurzelkanal	
18a	durch einen konfektionierten Stift- oder Schraubenaufbau, einzeitig	50
18b	durch einen gegossenen Stiftaufbau, zweizeitig	80

abrechenbar

- je Zahn
- nur in Verbindung mit den Bema-Nummern 20 oder 91 (Kronen im Brückenverband)
- 18a neben den Leistungen nach den Bema-Nummern 13a oder 13b als Vorbereitung eines zerstörten Zahnes
- 18a zuzüglich Materialkosten für Stifte (auch mehrere an mehrwurzeligen Zähnen)
- 18b zuzüglich Material- und Laborkosten
- in Ausnahmefällen auch über „Nachträgliche Befunde" ohne vorherige Genehmigung der Krankenkasse

nicht abrechenbar

- neben einer Wurzelstiftkappe für denselben Zahn

3.3 Festzuschüsse der Befundklasse 1

Der Zahnarzt erhält für seine Leistungen ein Honorar nach dem Bema. Die gesetzliche Krankenkasse beteiligt sich durch **befundorientierte Zuschüsse**, unabhängig von der Versorgungsart. Diese Zuschüsse werden als **Festzuschüsse** bezeichnet.

Übersicht der Festzuschüsse Befundklasse 1:

Erhaltungswürdiger Zahn mit weitgehender Zerstörung

Festzuschuss	Befund	Versorgung	Abkürzung	Bema-Nr.
1.1	Erhaltungswürdiger Zahn mit weitgehender Zerstörung der klinischen Krone oder unzureichende Retention	Metallische Vollkrone	K	20a
1.2	Erhaltungswürdiger Zahn mit großen Substanzdefekten, aber erhaltener vestibulärer und/oder oraler Zahnsubstanz	Metallische Teilkrone	PK	20c
1.3	Erhaltungswürdiger Zahn im Verblendbereich (15–25 und 34–44), je Verblendung	Vestibuläre Verblendung im Verblendbereich zusätzlich zur Krone	V KV	 20b

Festzuschuss	Befund	Versorgung	Abkürzung	Bema-Nr.
1.4	Endodontisch behandelter Zahn mit Notwendigkeit eines konfektionierten Stiftaufbaus mit herkömmlichen Zementierungsverfahren	Konfektionierter Stiftaufbau	–	18a
1.5	Endodontisch behandelter Zahn mit Notwendigkeit eines gegossenen metallischen Stiftaufbaus mit herkömmlichen Zementierungsverfahren	Gegossener Stiftaufbau	–	18b

BEISPIEL

Als Befund liegt der erhaltungswürdige Zahn 14 mit weitgehender Zerstörung der Krone vor. Es besteht die Notwendigkeit der Versorgung mit einer Krone. Die Regelversorgung sieht eine vestibulär verblendete Verblendkrone vor. Dies sind im Festzuschuss-System die Befunde 1.1 für die Krone und 1.3 für die Verblendung.

R					KV											
B					ww											
	18	17	16	15	14	13	12	11	21	22	23	24	25	26	27	28

Die Regelversorgung der Befundklasse 1 umfasst folgende Leistungen:
20b Vestibulär verblendete Verblendkrone
19 Provisorische Krone
24c Abnahme und Wiederbefestigung des Provisoriums
Hinzu kommen Material- und Laborkosten nach der BEL-Liste (BEL = Bundeseinheitliches Leistungsverzeichnis).

Der Patient erhält bei diesem Befund - je nach Bonus – für die zahnärztlichen und zahntechnischen Leistungen folgenden Festzuschuss von der Krankenkasse:

	Festzuschuss	Anzahl	EUR	Summe in EUR
60 % (ohne Bonus)	1.1	1	199,25	199,25
	1.3	1	67,97	67,97
70 % (Bonus 1)	1.1	1	232,46	232,46
	1.3	1	79,30	79,30
75 % Bonus 2	1.1	1	249,07	249,07
	1.3	1	84,97	84,97
100 % (Härtefall)	1.1	1	332,09	332,09
	1.3	1	113,29	113,29

Wählen gesetzlich versicherte Patienten eine über die Regelversorgung hinausgehende gleichartige Versorgung (z. B. eine vollverblendete Krone), wird die gleichartige Leistung nach der GOZ ermittelt.

Beispiel zur gleichartigen Versorgung
Als Befund liegt der erhaltungswürdige Zahn 14 mit weitgehender Zerstörung der Krone vor. Es besteht die Notwendigkeit der Versorgung mit einer Krone. Die Regelversorgung sieht eine vestibulär verblendete Verblendkrone vor. Der Patient entscheidet sich für eine keramisch vollverblendete Krone.

TP					KM											
R					KV											
B					ww											
	18	17	16	15	14	13	12	11	21	22	23	24	25	26	27	28

Die vollverblendete Krone (KM) wird nun nach der GOZ-Nummer 2210 im Heil- und Kostenplan unter „III 3 Kostenplanung“ angesetzt. Die Bema-Nummer 20b wird nicht abgerechnet. Die Festzuschüsse für diese Krone werden jedoch unter „II Befunde für Festzuschüsse“ eingetragen und bleiben unverän-dert, weil sie befundorientiert sind. Der Patient erhält von seiner Krankenkasse also die Festzuschüs-se für die Regelversorgung. Der Zahnarzt berechnet nach dem Bema nur die Nummer 19 für das Provisorium und gegebenenfalls die 24c für die Abnahme und Wiederbefestigung des Provisoriums in der Kostenplanung des HKPs.

3.4 Abrechnung von Kronen nach der GOZ

In der GOZ werden Einzelkronen als zahnerhaltende Maßnahme unter den Gebührennummern 2200-2220 abgerechnet. Dies gilt jedoch nicht für Kronen als Anker zur Befestigung von Brücken und solcher Kronen, die Verbindungselemente tragen. Sie werden als prothetische Leistung unter den Gebührennummern 5000–5040 abgerechnet.
Es besteht in der GOZ-Abrechnung ein wesentlicher Unterschied zur Abrechnung nach dem Bema. Bei der Bema-Abrechnung bestimmt die Kronenart die anzusetzende Position. In der GOZ-Abrechnung ist die **Präparationsart** bei der Gestaltung des Kronenstumpfes zur Aufnahme einer Krone ausschlaggebend. Ausnahmen bilden Teilkronen und Veneers.
Es werden drei Arten der Präparationstechnik unterschieden:

- Tangentialpräparation
- Hohlkehlpräparation
- Stufenpräparation

Bei der **Tangentialpräparation** wird die Zahnkrone so beschliffen, dass sie an der Grenze Zahnkrone/Wurzel stufenlos in die Wurzel übergeht. Diese Präparationstechnik wird insbesondere bei metallischen Vollkronen angewandt. Wegen des stabilen Materials können die Ränder dieser Metallkronen entsprechend dünn gestaltet werden und verhindern dadurch die Reizung des Zahnfleischrandes.

Die **Hohlkehlpräparation** läuft an der Grenze Zahnkrone/Wurzel in einer leichten Mulde aus. Bei dieser Präparation wird mehr Substanz der Zahnkrone abgeschliffen. Dadurch wird Raum für die vorgesehene Krone gewonnen, z. B. für eine Verblendung. Der Vorteil liegt in der besseren Gestaltungsmöglichkeit dieser Verblendkrone, die über die Größe der natürlichen Zahnkrone nicht hinausgehen soll.

Die Stufenpräparation zeigt eine gleichbleibende breite zirkuläre Stufe des Zahnes im Bereich des Zahnfleischrandes. Diese Stufe gestattet die Herstellung einer dickwandigeren Krone, die aus Stabilitätsgründen für einige Materialien Voraussetzung ist. Dies gilt für Kunststoffmantel- und Keramikmantelkronen (Jacketkronen), da bei einer dünnen Kronenwand die Bruchgefahr (z. B. Materialabsplitterungen am Kronenrand) zunimmt.

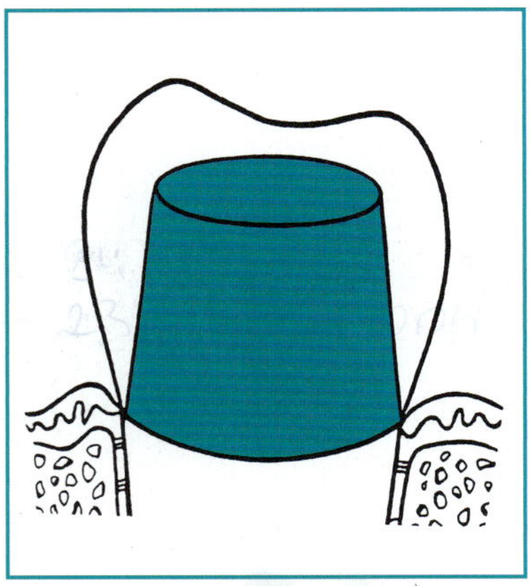

Tangentialpräparation

Vollmetalle ohne Verblendung

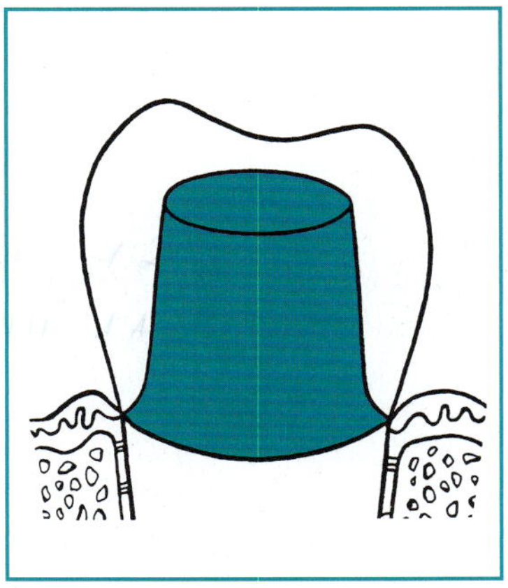

Hohlkehlpräparation

Vollguss

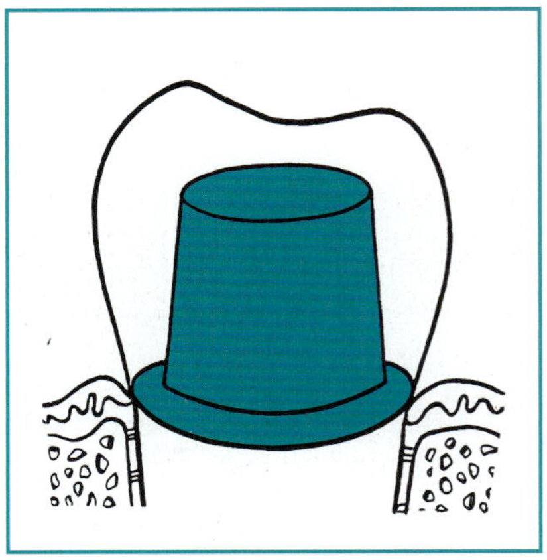

Stufenpräparation

Vollkeramik

Zeichnungen: © Dr. med. Dr. med. dent. Turck, Ingrid, Bonn

Für Einzelkronen auf Zähnen mit unterschiedlicher Präparationstechnik gelten in der GOZ folgende Abrechnungsnummern:

GOZ 2200: Tangentialpräparation
Hierzu zählen auch Kronen auf Implantaten.

GOZ 2210: Hohlkehl- oder Stufenpräparation
Hierzu gehören auch Verblend- und Mantelkronen.

GOZ 2220: Teilkronen oder Veneers

Ein **Veneer** ist eine im Dentallabor gefertigte dünne transparente Verblendfacette oder -schale aus Keramik, die mit Spezialkleber auf die sichtbare Zahnoberfläche, vor allem an Frontzähnen aufgebracht wird. Durch Form- und Farbgebung kann eine bessere Ästhetik erreicht werden.

Auch miteinander verblockte Kronen sind als Einzelkronen nach den Nummern 2200, 2210 und 2220 zu berechnen. Dies gilt ebenso für Kronen, die mit Brückenankern verblockt sind. Auch Kronen, die Halte- oder Stützvorrichtungen für Prothesen tragen, sind als Einzelkronen nach den Nummern 2200–2220 zu berechnen. Bei Versorgung eines Implantats mit einer Krone ist immer die GOZ-Nummer 2200 anzusetzen.

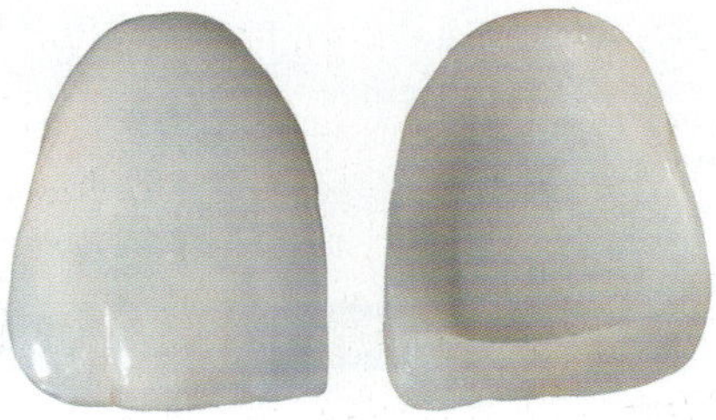
© dentalpictures24 ***Veneer***

Die GOZ schließt die Berechnung von Füllungen neben Einzelkronen aus. Hierfür steht nur die GOZ-Nummer 2180 zur Verfügung. Erfolgt aber zuerst die Füllung als Versorgung des Zahnes, dann ist sie nach den GOZ-Nummern 2050–2130 zu berechnen, auch wenn später eine Überkronung folgt.

Erhält ein Zahn einen gegossenen Aufbau mit Stiftverankerung, wird die GOZ-Nummer 2190 abgerechnet. Für die Vorbereitung des zerstörten Zahnes zur Aufnahme einer Krone zum Beispiel durch Schraubenaufbauten oder Glasfaserstifte wird die GOZ-Nummer 2195 angesetzt.

!

MERKE: **Alle Einzelkronen** werden mit den **GOZ-Nummern 2200, 2210 und 2220** abgerechnet, unabhängig von Material und zahntechnischer Ausführung (Voll- und Verblendkronen, Teilkronen und Veneers).

Durch die Gebühren nach den Nummern 2200 bis 2220 sind folgende zahnärztlichen Leistungen abgegolten:

- Präparieren des Zahns oder Implantats
- Relationsbestimmung
- Abformungen
- Einprobe
- Provisorisches Einsetzen
- Endgültiges Einsetzen
- Nachkontrolle und Korrektur

Abrechnungshinweise: GOZ-Nummern 2200, 2210, 2220

GOZ-Nummer	Leistungsbeschreibung	Punktzahl	Einfachsatz in EUR
2200	Versorgung eines Zahns oder Implantats durch eine Vollkrone (Tangentialpräparation)	1 322	74,35
2210	Versorgung eines Zahns durch eine Vollkrone (Hohlkehl- oder Stufenpräparation)	1 678	94,37
2220	Versorgung eines Zahns durch eine Teilkrone mit Retentionsrillen oder -kasten oder mit Pinledges einschließlich Rekonstruktion der gesamten Kaufläche, auch Versorgung eines Zahns durch ein Veneer	2 067	116,25

abrechenbar

- je Krone
- für verblockte Kronen
- für Kronen mit Halte- und Stützvorrichtungen für Prothesen
- 2200 für Kronen auf Implantaten
- 2220 auch für Veneers

nicht abrechenbar

- für Kronen als Brücken- und Prothesenanker
- für Kronen mit Verbindungselementen nach der GOZ-Nummer 5080
- neben den GOZ-Nummern 2050–2130
- 2210 im Zusammenhang mit Implantaten

Abrechnungshinweise: GOZ-Nummer 2190

GOZ-Nummer	Leistungsbeschreibung	Punktzahl	Einfachsatz in EUR
2190	Vorbereitung eines zerstörten Zahns durch gegossenen Aufbau mit Stiftverankerung zur Aufnahme einer Krone	450	25,31

abrechenbar

- je Zahn
- Material- und Laborkosten

nicht abrechenbar

- für die intrakanaläre Stiftverankerung einer Füllung
- neben einer Aufbaufüllung nach GOZ-Nummer 2180

Abrechnungshinweise: GOZ-Nummer 2195

GOZ-Nummer	Leistungsbeschreibung	Punktzahl	Einfachsatz in EUR
2195	Vorbereitung eines zerstörten Zahns durch einen Schraubenaufbau oder Glasfaserstift o. Ä. zur Aufnahme einer Krone	300	16,87

abrechenbar

- je Zahn
- neben einer Aufbaufüllung nach der GOZ-Nummer 2180
- Kosten für Verankerungselemente

nicht abrechenbar

Abrechnungshinweise: GOZ-Nummer 2197

GOZ-Nummer	Leistungsbeschreibung	Punktzahl	Einfachsatz in EUR
2197	Adhäsive Befestigung (plastischer Aufbau, Stift, Inlay, Krone, Teilkrone, Veneer usw.)	130	7,31

abrechenbar

- je Kavität
- neben Inlays nach den GOZ-Nummern 2150–2170
- neben Aufbaufüllungen nach der GOZ-Nummer 2180
- neben einem gegossenen Aufbau mit Stiftverankerung nach der GOZ-Nummer 2190
- neben einem Schraubenaufbau oder Glasfaserstift nach der GOZ-Nummer 2195
- neben Kronen nach den GOZ-Nummern 2200–2220, 2250 und 5000–5040
- neben der Wiedereingliederung einer Einlagefüllung, einer Teilkrone, eines Veneers, einer Krone oder einer Verblendschale an herausnehmbarem Zahnersatz

nicht abrechenbar

- keine einheitliche Regelung (unterschiedliche Bestimmungen in den einzelnen Kammerbereichen)

27.01.2023

ÜBUNGSAUFGABEN

1. Tragen Sie Befund und Behandlungsplan in das jeweilige Zahnschema ein.

Ermitteln Sie die Bema-Nummern und Festzuschüsse.

BEISPIEL

Befund:
Erhaltungswürdiger Zahn mit weitgehender Zerstörung: 16

Behandlungsplan:
16: Metallische Vollkrone

R			K														
B			ww														
	18	17	16	15	14	13	12	11		21	22	23	24	25	26	27	28

Lösung:

Zahn	Bema-Nummer	Festzuschuss
16	20a	1.1

Fall 1

Befund:
Erhaltungswürdiger Zahn mit weitgehender Zerstörung: 14

Behandlungsplan:
14: Vestibulär verblendete Verblendkrone

R					KV												
B					ww												
	18	17	16	15	14	13	12	11		21	22	23	24	25	26	27	28

Lösung:

Zahn	Bema-Nummer	Festzuschuss
14	20b	1.1 1.3

Fall 2

Befund:
Erhaltungswürdige Zähne mit weitgehender Zerstörung: 32, 45

Behandlungsplan:
32: Vestibulär verblendete Verblendkrone
45: Metallische Vollkrone

	48	47	46	45	44	43	42	41		31	32	33	34	35	36	37	38
B				ww							ww						
R				K							KV						

Lösung:

Zahn	Bema-Nummer	Festzuschuss
32	20b	1.1 1.3
45	20a	1.1

10.02.2023

Fall 3

Befund:

Erhaltungswürdige Zähne mit weitgehender Zerstörung: 33, 47

Erhaltungswürdiger Zahn mit partiellen Substanzdefekten: 44 pw

Behandlungsplan:

33: Vestibulär verblendete Verblendkrone 20b

47: Metallische Vollkrone

44: Metallische Teilkrone

	48	47	46	45	44	43	42	41	31	32	33	34	35	36	37	38
B		ww			pw						ww					
R		K			K						KV					

Lösung:

Zahn	Bema-Nummer	Festzuschuss
33	20b	1.1 1.3
47	20a	1.1
44	20c	1.2

Fall 4

Befund:

Erhaltungswürdige Zähne mit weitgehender Zerstörung: 16, 23, 24 ww

Erhaltungswürdiger Zahn mit partiellen Substanzdefekten: 15 pw

Behandlungsplan:

16: Metallische Vollkrone

15: Metallische Teilkrone

24: Erfordernis eines konfektionierten Stiftaufbaus 18a

23, 24: Vestibulär verblendete Verblendkronen

R			K	PK							KV	KV				
B			ww	pw							ww	ww				
	18	17	16	15	14	13	12	11	21	22	23	24	25	26	27	28

Lösung:

Zahn	Bema-Nummer	Festzuschuss
16	20a	1.1
15	20c	1.2
23	20b	1.1; 1.2
24	18a; 20b	1.4; 1.1; 1.3

Fall 5 a: Regelversorgung

Befund:

Erhaltungswürdige Zähne mit weitgehender Zerstörung: 31, 32, 41, 42, 45

Behandlungsplan:

31, 32, 41, 42: Vestibulär verblendete Verblendkronen

45: Metallische Vollkrone, Erfordernis eines gegossenen Stiftaufbaus 18b

	48	47	46	45	44	43	42	41	31	32	33	34	35	36	37	38
B				ww			ww	ww	ww	ww						
R				K			KV	KV	KV	KV						

10.02.2023

Lösung:

Zahn	Bema-Nummer	Festzuschuss
45	18b 20a	1.1 1.5
42	20b	1.1 1.3
41	20b	1.1 1.3
31	20b	1.1 1.3
32	20b	1.1 1.3

Fall 5 b: Gleichartige Versorgung
Befund:
Erhaltungswürdige Zähne mit weitgehender Zerstörung: 31, 32, 41, 42, 45

Behandlungsplan:
45: Metallische Vollkrone, Erfordernis eines gegossenen Stiftaufbaus
31, 32, 41, 42: Voll verblendete Metallkeramikkronen

	48	47	46	45	44	43	42	41	31	32	33	34	35	36	37	38
B				ww			ww	ww	ww	ww						
R				K			KV	KV	KV	KV						
TP							KM	KM	KM	KM						

Lösung:

Zahn	Bema-Nummer	Festzuschuss	GOZ-Nummer
31	20b	1.1 1.3	2210
32	20b	1.1 1.3	2210
41	20b	1.1 1.3	2210
42	20b	1.1 1.3	2210
45	18b 20a	1.1 1.5 (zusätzlich)	–

X **2.** **Entscheiden Sie, welche Gebührennummern in den nachfolgenden Fällen jeweils abzurechnen sind.**

Fall	Zahn	Prothetische Versorgung	Bema	Festzuschuss	GOZ
1	16	Metallische Vollkrone, Tangentialpräparation	20a	1.1	2200
2	35	Dreiviertelkrone (metallische Teilkrone)	20c	1.2	2220
3	27	Metallische Vollkrone, Stufenpräparation	20a	1.1	2210
4	35, 36	Metallische Vollkronen, verblockt, Hohlkehlpräparation	20a 20b	1.1 1.1	2210 2210
5	22	Vestibulär verblendete Krone, Hohlkehlpräparation	20b	1.1 1.3	2210
6	23	Krone, vestibulär verblendet, Stufenpräparation Erfordernis eines konfektionierten Stiftaufbaus	18a 20b	1.4 1.1 1.3	2195 2210
7	11	Krone mit vestibulärer Verblendung, Stufenpräparation	20b	1.1 1.3	2210
8	16	Metallische Vollkrone, Tangentialpräparation	20a	1.1	2200
9	15, 25	Voll verblendete Kronen, Hohlkehlpräparation	–	1.1 2x 1.3 2x	2210 2x

Fall	Zahn	Prothetische Versorgung	Bema	Festzuschuss	GOZ
10	37	Metallische Vollkrone, Tangentialpräparation Erfordernis eines gegossenen Stiftaufbaus			
11	12	Keramikmantelkrone, Stufenpräparation			
12	33	Kunststoffmantelkrone, zirkuläre Stufenpräparation			
13	34	Gegossener Stiftaufbau (zweizeitiges Verfahren) Vestibulär verblendete Krone, Hohlkehlpräparation			
14	31	Keramikmantelkrone (Jacketkrone), Stufenpräparation			
15	35, 45	Vestibulär verblendete Kronen, Hohlkehlpräparation			

3. Für welche Leistungen werden folgende Bema- bzw. GOZ-Positionen abgerechnet? Kennzeichnen Sie die Abrechnungsgrundlage und geben Sie die Leistung an.

Fall	Zahn/ Regio	Bema- oder GOZ-Nummer	Abrechnungsgrundlage		Leistung
			Bema	GOZ	
1	11	2220		x	Teilkrone
2	17	2200			
3	41	2190 2210			
4	34 36	20b 20a			
5	22	20c			
6	23	2210			
7	45 46	2210 2200			
8	36	18b			
9	33	20b			
10	11	2210			
11	14 24	20c 20b			
12	33 34	2220 2210			
13	42 44	20b 20c			
14	44 45	2210 2200			
15	35	20a			

4. Lösen Sie folgende Aufgaben.

a) Unterscheiden Sie Kronen nach der Präparationsart.
b) Nennen Sie die Leistungen bei der Versorgung eines Zahns mit einer Krone, die mit der Gebührennummer für Kronen bereits abgegolten sind.
c) Wonach wird die Abrechnung von Kronen nach dem Bema unterschieden?
d) Nennen Sie die Bema-Nummern, die für folgende Einzelkronen abzurechnen sind:
   - metallische Vollkrone,
   - vestibulär verblendete Verblendkrone,
   - Teilkrone.
e) Bis zu welchem Zahn wird eine Verblendung
   - im Oberkiefer,
   - im Unterkiefer

   nach den Richtlinien bezuschusst?
f) Unterscheiden Sie einen konfektionierten und einen gegossenen Stiftaufbau nach dem Bema.
g) Wonach wird die Abrechnung von Kronen in der GOZ unterschieden?
h) Wie wird die Versorgung eines Implantats mit einer Krone abgerechnet?

5. Führen Sie Ihre Lernkartei fort.

4 Provisorische Kronen

Werden Zähne zur Aufnahme von Kronen beschliffen, so müssen sie nicht nur wegen ihrer besonderen Empfindlichkeit gegenüber Kälte, Wärme und mechanischen Reizen geschützt werden. Es muss auch dem Anspruch des Patienten auf Ästhetik Rechnung getragen werden, indem kosmetische Nachteile weitgehend vermieden werden. Das geschieht durch Herstellung von provisorischen Kronen, die in der Regel aus zahnfarbenem Kunststoff bestehen und bis zur Eingliederung der endgültigen Kronen die Stümpfe schützen. Yvonne kennt den Ablauf einer solchen Behandlung und stellt unaufgefordert schon vor Beginn der Zahnpräparation dazu notwendiges Material und Instrumentarium bereit.

4.1 Sachdarstellung

Nach der Präparation eines Zahns zur Aufnahme einer Krone – auch im Brückenverband – verbleibt bis zum Einsetzen der neuen Krone häufig ein durch thermische und chemische Reize sehr schmerzempfindlicher Zahnkronenstumpf, sofern der Zahn vital ist. Dieser Stumpf hat wegen des okklusalen Substanzverlusts keinen Kontakt mehr zu seinem Antagonisten und damit die Kaufunktion verloren. In einer sonst geschlossenen Zahnreihe verliert er zusätzlich den nachbarlichen Kontakt. Zähne haben die Tendenz, nach mesial zu wandern und ohne Antagonisten auch in Richtung des Gegenkiefers. Letzteres nennt man „Elongation" (Verlängerung). Das Problem liegt nicht nur in den subjektiven Beschwerden des Patienten, sondern ergibt sich auch für den Zahnarzt beim Einsetzen der neuen Krone. Die Krone ist möglicherweise zu hoch oder die für sie vorgesehene Lücke zu eng, weil z. B. der hinter dem präparierten Zahn stehende Zahn nach mesial gewandert ist. Es gibt also zwingende Gründe, durch Provisorien für den Schutz von Zahnstumpf bzw. Zahnwurzel zu sorgen oder bei Brücken provisorische Anker mit Zwischengliedern anzufertigen. Als provisorische Versorgung eines Zahns stehen abnehmbare Hülsen, provisorische Kronen, provisorische Anker mit Zwischengliedern und provisorische Kronen mit Stiftverankerung zur Verfügung.

Die **abnehmbaren Hülsen** sind konfektioniert, d. h., dass sie nicht individuell angefertigt werden. Sie bestehen aus einem relativ weichen Metall (Zinn) oder Kunststoff. Sie werden der Zahngröße entsprechend aus einem Sortiment ausgewählt, zugeschnitten, mit speziellen Befestigungszementen gefüllt und auf den Stumpf gesetzt. Sie werden in Bereichen angewendet, in denen weitgehend auf Ästhetik und Abstützung verzichtet werden kann. Für abnehmbare Hülsen gibt es im Bema keine Abrechnungsnummer.

Die **provisorische Krone** wird individuell angefertigt und hat die gleiche Form wie der ursprüngliche Zahn vor der Präparation. Vor Beginn der Präparation wird eine Abformung durchgeführt. Nach Beendigung der Präparationsmaßnahme wird selbsthärtende Kunststoffmasse in diese Abformung im Bereich der betroffenen Zähne eingegeben und der Abformlöffel erneut eingesetzt. Die Kunststoffmasse füllt nun den durch Beschleifen entstandenen Raum aus und erhärtet. Nachdem außerhalb des Mundes die Ränder der so entstandenen Krone oder Brücke geglättet wurden, werden die Kronen mit Zement provisorisch befestigt. Die Entfernung ist problemlos.

Ist für einen Zahn wegen eines starken Verlusts von Kronensubstanz oder wegen einer vorangegangenen Wurzelbehandlung eine Stiftkrone vorgesehen, so wird als vorläufige Versorgung eine **provisorische Krone mit Stiftverankerung** im Wurzelkanal befestigt, da sie sonst keinen Halt hätte. Bevor die Abformung mit selbsthärtendem Kunststoff erneut in den Mund eingebracht wird, fixiert der Zahnarzt einen Stift im Wurzelkanal, der im Kronenbereich mit einer Halterung (Retention) versehen ist. Bei der Abnahme erhält man die provisorische Kunststoffkrone mit dem fest verbundenen Wurzelstift. Sie kann nun einzementiert werden.

4.2 Abrechnung provisorischer Kronen nach dem Bema

Für eine provisorische Krone oder ein provisorisches Brückenzwischenglied wird die Bema-Nummer 19 abgerechnet. Für die Versorgung eines Zahns mit einer provisorischen Krone mit Stiftverankerung ist die Bema-Nummer 21 anzusetzen.

Abrechnungsbestimmungen: Bema-Nummern 19 und 21

Bema-Nr.:	Leistungsbeschreibung	Bew.-Zahl
19	Schutz eines beschliffenen Zahns und Sicherung der Kaufunktion durch eine provisorische Krone oder provisorischen Ersatz eines fehlenden Zahns durch ein Brückenglied	19
21	Schutz eines beschliffenen Zahns und Sicherung der Kaufunktion durch eine provisorische Krone mit Stiftverankerung	28

abrechenbar

- Bema-Nummer 19 für eine individuell hergestellte provisorische Krone
- Bema-Nummer 21 für eine provisorische Krone mit Stiftverankerung
- maximal zweimal je Zahn (Krone)/je provisorischem Brückenglied:
  1 x im HKP Teil II
  1 x zusätzlich unter „nachträgliche Befunde“
- Materialkosten, auch in den Fällen, in denen Leistungen nach den Bema-Nummern 19 oder 21 mehr als zweimal je Zahn erbracht wurden
- Bema-Nummer 19 neben der Bema-Nummer 21 bei Herstellung eines gegossenen Stiftaufbaus im indirekten Verfahren nach der Bema-Nummer 18b

nicht abrechenbar

- neben der Bema-Nummer 23 (EKr) für das Entfernen einer provisorischen Krone

Das **Abnehmen und Wiederbefestigen** von provisorischen Kronen kommt z. B. bei zwischenzeitlichen Einproben von Kronen vor. Es wird unter der Bema-Nummer 24c für jede Krone abgerechnet. Die Leistung bei der Abrechnung der Bema-Nummer 24c umfasst die Abnahme **einschließlich** der Wiederbefestigung einer Krone.
Diese Bema-Nummer 24c kann nur unter „Nachträgliche Befunde“ abgerechnet werden.

Abrechnungsbestimmungen: Bema-Nummer 24c

Bema-Nr.:	Leistungsbeschreibung	Bew.-Zahl
24c	Abnahme und Wiederbefestigung einer provisorischen Krone nach den Nummern 19 oder 21	7

abrechenbar

- für die Abnahme **und** Wiederbefestigung einer provisorischen Krone
- höchstens dreimal je Zahn
- für die alleinige Wiederbefestigung durch einen anderen Zahnarzt (z. B. im Notdienst)
- ausschließlich unter „Nachträgliche Befunde“ im HKP

nicht abrechenbar

- nur für das Abnehmen einer provisorischen Krone
- nur für die Wiederbefestigung einer provisorischen Krone
- für die Erneuerung einer provisorischen Krone
- in der Kostenplanung des HKP

4.3 Abrechnung provisorischer Kronen nach der GOZ

In der GOZ werden Provisorien abrechnungstechnisch danach unterschieden, ob sie eine Einzelkrone oder einen Brückenanker ersetzen. Das Einsetzen einer provisorischen Krone wird als **konservierende Leistung** nach den Nummern 2260 bis 2270 abgerechnet. Die Eingliederung einer provisorischen Brücke wird als **prothetische Leistung** unter den Nummern 5120 bis 5140 abgerechnet (siehe S. 88).
Zu unterscheiden sind Provisorien im direkten Verfahren ohne Abformung (GOZ-Nummer 2260) und Provisorien im direkten Verfahren mit Abformung (GOZ-Nummer 2270). Bei der Verwendung eines konfektionierten Provisoriums sind die Kosten hierfür gesondert berechnungsfähig.
Eine Gebühr für ein Provisorium mit Stiftverankerung gibt es in der GOZ nicht, es ist analog nach § 6 Abs. 1 GOZ zu berechnen. Das Abnehmen und Wiederbefestigen von provisorischen Kronen ist in den Gebührennummern 2260 und 2270 bereits enthalten, also nicht gesondert abrechenbar. Der erhöhte Aufwand durch

das Abnehmen und Wiederbefestigen von provisorischen Kronen, z. B. durch mehrmalige Kroneneinproben, kann über einen erhöhten Steigerungssatz berücksichtigt werden.
Wird jedoch eine neue Hülse oder provisorische Krone erforderlich, kann die entsprechende Gebührennummer erneut abgerechnet werden.
Zusätzlich zu den Gebührennummern sind die anfallenden Materialkosten wie Hülsen, Kunststoff und Abformmaterial berechenbar. Dies gilt auch für zahntechnische Leistungen bei laborgefertigten provisorischen Kronen.

Abrechnungshinweise: GOZ-Nummern 2260–2270

GOZ-Nummer	Leistungsbeschreibung	Punktzahl	Einfachsatz in EUR
2260	Provisorium im direkten Verfahren ohne Abformung, je Zahn oder Implantat einschließlich Entfernung	100	5,62
2270	Provisorium im direkten Verfahren mit Abformung, je Zahn oder Implantat, einschließlich Entfernung	270	15,19

abrechenbar

- je provisorische Krone
- bei Erneuerung einer provisorischen Krone
- Materialkosten

nicht abrechenbar

- für ein Kronenprovisorium im Brückenverband

X 03.03.2023

ÜBUNGSAUFGABEN

1. Tragen Sie die abzurechnenden Bema- und GOZ-Nummern ein. Alle provisorischen Kronen werden im direkten Verfahren mit Abformung hergestellt. Dies gilt nicht für provisorische Hülsen.

Fall	Zahn	Leistung	Bema	GOZ
1	13	Provisorische Krone	19	2270
2	25	Provisorische Krone mit Stiftverankerung	21	analog
3	34, 35, 36	Provisorische Kronen	3x 19	3x 2270
4	44	Provisorische Krone	19	2270
		Abnahme und Wiederbefestigung der provisorischen Krone in der nächsten Sitzung	24c	–
5	15, 25	Provisorische Kronen	2x 19	2x 2270
		Abnahme und Wiederbefestigung der provisorischen Kronen in zwei verschiedenen Sitzungen	4x 24c	–
6	34, 35, 36	Provisorische Kronen	3x 19	3x 2270
		Abnahme und Wiederbefestigung der provisorischen Kronen in zwei verschiedenen Sitzungen	6x 24c	–
7	45	Provisorische Krone	19	2270
		Erneuerung der provisorischen Krone in einer folgenden Sitzung	19	2270

Fall	Zahn	Leistung	Bema	GOZ
8	26	Provisorische Krone	19	2270
		Erneuerung der provisorischen Krone in zwei folgenden Sitzungen	19	2x 2270
9	43	Provisorische Krone mit Stiftverankerung	21	analog
		Erneuerung der provisorischen Krone mit Stiftverankerung in folgender Sitzung	21	analog
		Abnahme und Wiederbefestigung in einer weiteren Sitzung	24c	–
10	25	Provisorische Krone	19	2270
	26	Provisorische Krone mit Stiftverankerung	21	analog
		Die provisorischen Kronen werden in folgenden Sitzungen viermal abgenommen und wiederbefestigt.	6x 24c	–
11	36	Schutz des Zahns durch eine provisorische Hülse	–	2260
12	12	Provisorische Krone	19	2270
		Abnahme der provisorischen Krone in der nächsten Sitzung, wobei diese zerstört wird	–	–
		Erneuerung der provisorischen Krone	19	2270

2. Welche Bema-Nummern und GOZ-Nummern sind in nachfolgenden Beispielen für Kronen und Provisorien mit Abformungen abzurechnen? Bestimmen Sie auch die entsprechenden Festzuschüsse.

K = Metallische Vollkrone, Tangentialpräparation
KV = Vestibulär verblendete Verblendkrone, Hohlkehlpräparation
PK = Metallische Teilkrone

Fall 1

											KV	KV	K		
18	17	16	15	14	13	12	11	21	22	23	24	25	26	27	28

Zahn	Leistung	Bema	Festzuschuss	GOZ
24-26	Provisorische Kronen	3x 19	–	3x 2270
24-26	Abnahme und Wiederbefestigung der provisorischen Kronen	3x 24c	–	–
24, 25	Vestibulär verblendete Verblendkronen	2x 20b	2x 1.1; 2x 1.3	2x 2210
26	Metallische Vollkrone	1x 20a	1.1	2200

Fall 2

					PK	KV									
18	17	16	15	14	13	12	11	21	22	23	24	25	26	27	28

Zahn	Leistung	Bema	Festzuschuss	GOZ
12	Provisorische Krone mit Stiftverankerung			
13	Provisorische Krone			
12	Gegossener Stiftaufbau			
12	Provisorische Krone			
12	Vestibulär verblendete Verblendkrone			
13	Metallische Teilkrone			

Fall 3

		K			KV	KV									
18	17	16	15	14	13	12	11	21	22	23	24	25	26	27	28

Zahn	Leistung	Bema	Festzuschuss	GOZ
12,13,16	Provisorische Kronen			
12,13,16	Erneuerung der provisorischen Kronen			
12,13,16	Abnahme und Wiederbefestigung der provisorischen Kronen			
12,13	Vestibulär verblendete Verblendkronen			
16	Metallische Vollkrone			

Fall 4

B						PK	KV							K		
	18	17	16	15	14	13	12	11	21	22	23	24	25	26	27	28
	48	47	46	45	44	43	42	41	31	32	33	34	35	36	37	38
B									KV							

Zahn	Leistung	Bema	Festzuschuss	GOZ
12, 13, 26, 31	Provisorische Kronen			
12, 13, 26, 31	Abnahme und Wiederbefestigung der provisorischen Kronen			
12, 31	Vestibulär verblendete Verblendkronen			
13	Metallische Teilkrone			
26	Metallische Vollkrone			

Fall 5

							KV	KV							
18	17	16	15	14	13	12	11	21	22	23	24	25	26	27	28

Zahn	Leistung	Bema	Festzuschuss	GOZ
11, 21	Provisorische Kronen mit Stiftverankerungen			
11, 21	Gegossene Stiftaufbauten			
11, 21	Provisorische Kronen			
11, 21	Abnahme und Wiederbefestigung der provisorischen Kronen			
11, 21	Vestibulär verblendete Verblendkronen			

3. Entscheiden Sie, für welche Maßnahmen die folgenden Gebührennummern für gesetzlich versicherte Patienten abgerechnet wurden. Beachten Sie die Verblendgrenzen.

Fall	Zahn	Bema-Nummern	Maßnahmen
1	14	19 18a 20b	
2	26	19 24c 20a	
3	23	19 19 24c 20b	
4	14	20b	
5	37	19 24c 24c 20a	
6	16	20c	
7	24	21 18b 24c 24c 20b	
8	14	2150	
9	11	19 24c 20b	
10	25	19 24c 24c 20b	

4. Tragen Sie ein:
A = Abkürzung im HKP für Kronen
B = Bema-Nummern für Kronen und Provisorien
C = Festzuschuss

Fall	Zahn	Leistung	A = Abkürzung	B = Bema-Nummern	C = Festzuschuss
1	37	Provisorium			
		Einsetzen der metallischen Vollkrone			
2	11	Provisorium			
		Einsetzen der vestibulär verblendeten Verblendkrone			
3	34	Provisorium			
		Erneuerung des Provisoriums in einer weiteren Sitzung			
		Einsetzen der metallischen Teilkrone			
4	35	Provisorium			
		Abnahme und Wiederbefestigung des Provisoriums in der folgenden Sitzung			
		Einsetzen der Mantelkrone			
5	45	Provisorium mit Stiftverankerung			
		Einsetzen des gegossenen Stiftaufbaus			
		Provisorium			
		Einsetzen der metallischen Vollkrone			
6	22	Provisorium			
		4 x Abnahme und Wiederbefestigung in folgenden Sitzungen			
		Einsetzen der voll verblendeten Krone			
7	14	Provisorium mit Stiftverankerung			
		Einsetzen des konfektionierten Stiftaufbaus			
		Provisorium			
		Erneuerung des Provisoriums in der nächsten Sitzung			
		Einsetzen der vestibulär verblendeten Verblendkrone			
8	46	Provisorium			
		2 x Erneuerung des Provisoriums in folgenden Sitzungen			
		Abnahme und Wiederbefestigung in drei weiteren Sitzungen			
		Einsetzen der metallischen Vollkrone			

Fall	Zahn	Leistung	A = Abkürzung	B = Bema-Nummern	C = Festzuschuss
9	14–15	Provisorien			
		Erneuerung beider Provisorien in der nächsten Sitzung			
		Abnahme und Wiederbefestigung beider Provisorien in drei folgenden Sitzungen			
		Einsetzen beider vestibulär verblendeten Verblendkronen			
10	23	Provisorium mit Stiftverankerung			
		Einsetzen des gegossenen Stiftaufbaus			
		Provisorium			
		2 x Abnahme und Wiederbefestigung in getrennten Sitzungen			
		Einsetzen der voll verblendeten Krone			
11	32–42	Provisorien			
		2 x Erneuerung aller Provisorien in zwei erneuten Sitzungen			
		Abnahme und Wiederbefestigung aller Provisorien in zwei nachfolgenden Sitzungen			
		Einsetzen der vier vestibulär verblendeten Verblendkronen			
12	45	Provisorium			
		Abnahme und Wiederbefestigung des Provisoriums in zwei nachfolgenden Sitzungen			
		Einsetzen der voll verblendeten Krone			

5. Führen Sie Ihre Lernkartei fort.

Rechnen Sie die Behandlungsfälle 1, 2, 3 und 4 für gesetzlich versicherte Patienten nach der Regelversorgung und für Privatpatienten ab.
Erfassen Sie anschließend die Behandlungsfälle mithilfe eines Abrechnungsprogramms.

Behandlungsfall 1: Einzelkronen

Name der Krankenkasse BARMER		
Name, Vorname des Versicherten Becker, Joachim Wasserstr. 4 59172 Bergkamen		
Kassen-Nr.	**Versicherten-Nr.**	**Status** 1
Vertragszahnarzt-Nr.	**VK gültig bis**	**Datum**

Status: Mitglied
Befund:
fehlend: 18, 28, 38, 48
erhaltungswürdig, weitgehend zerstört: 26, 47

Behandlung:
Prothetische Versorgung der Zähne 26 und 47 mit Kronen

I. Befund des gesamten Gebisses/Behandlungsplan
TP = Therapieplanung R = Regelversorgung B = Befund

TP																
R																
B																
	18	17	16	15	14	13	12	11	21	22	23	24	25	26	27	28
	48	47	46	45	44	43	42	41	31	32	33	34	35	36	37	38
B																
R																
TP																

Datum	Zahn/ Regio	Leistung	Bema	GOZ
12.06.		Erstellen eines schriftlichen Heil- und Kostenplans zur prothetischen Versorgung		
20.06.	OK/UK	Alginatabformungen zur Herstellung von Provisorien Materialkosten: je 2,80 EUR		
	26, 47	Tangentialpräparation zur Aufnahme von metallischen Vollkronen		
	OK/UK	Korrekturabformungen mit Silikon Materialkosten: je 9,00 EUR		
	26, 47	Versorgung der Zähne mit provisorischen Kronen Materialkosten: je 1,90 EUR		
28.06.	26, 47	Einsetzen der metallischen Vollkronen		

Geschätzte Material- und Laborkosten: 400,00 EUR
Tatsächliche Material- und Laborkosten: 398,00 EUR

Festzuschüsse	

Behandlungsfall 2: Einzelkronen

Name der Krankenkasse		
BARMER		
Name, Vorname des Versicherten Stühmer, Monika Badenberger Str. 45 59174 Kamen		
Kassen-Nr.	**Versicherten-Nr.**	**Status** 3
Vertragszahnarzt-Nr.	**VK gültig bis**	**Datum**

Status: Familienmitglied
Befund:
fehlend: 18, 28, 38, 48
erhaltungswürdig, mit weitgehender Zerstörung: 16, 22, 43, 36

Behandlung:
Versorgung der Zähne 16, 22, 43 und 36 mit Kronen

I. Befund des gesamten Gebisses/Behandlungsplan
TP = Therapieplanung R = Regelversorgung B = Befund

TP																
R																
B																
	18	17	16	15	14	13	12	11	21	22	23	24	25	26	27	28
	48	47	46	45	44	43	42	41	31	32	33	34	35	36	37	38
B																
R																
TP																

Datum	Zahn/ Regio	Leistung	Bema	GOZ
11.01.		Erstellen eines schriftlichen Heil- und Kostenplans zur prothetischen Versorgung		
17.01.	OK/UK	Alginatabformungen zur Herstellung von Provisorien Materialkosten: je 2,80 EUR		
	16, 36	Tangentialpräparation zur Aufnahme von metallischen Vollkronen		
	22, 43	Hohlkehlpräparation zur Aufnahme von vestibulär verblendeten Verblendkronen (Kunststoff)		
	OK/UK	Korrekturabformungen mit Silikon Materialkosten: je 9,00 EUR		
	16, 22, 43, 36	Herstellung und Einsetzen der provisorischen Kronen Materialkosten: je 1,90 EUR		
24.01.	16, 36	Einsetzen der metallischen Vollkronen		
	22, 43	Einsetzen der vestibulär verblendeten Verblendkronen		

Geschätzte Material- und Laborkosten: 800,00 EUR
Tatsächliche Material- und Laborkosten: 810,00 EUR

Festzuschüsse	

Behandlungsfall 3: Einzelkronen

Name der Krankenkasse		
BARMER		
Name, Vorname des Versicherten Beermann, Holger Blumenweg 34 51067 Köln		
Kassen-Nr.	**Versicherten-Nr.**	**Status** 3
Vertragszahnarzt-Nr.	**VK gültig bis**	**Datum**

Status: Familienmitglied
Befund:
fehlend: 18, 28, 38, 48
erhaltungswürdig, mit weitgehender Zerstörung: 13, 12, 44, 43, 36
partieller Substanzverlust: 26

Behandlung:
Versorgung der Zähne 13, 12, 44, 43 und 36 mit Kronen, 26 mit einer Teilkrone

I. Befund des gesamten Gebisses/Behandlungsplan
TP = Therapieplanung R = Regelversorgung B = Befund

TP																
R																
B																
	18	17	16	15	14	13	12	11	21	22	23	24	25	26	27	28
	48	47	46	45	44	43	42	41	31	32	33	34	35	36	37	38
B																
R																
TP																

Datum	Zahn/ Regio	Leistung	Bema	GOZ
02.02.		Erstellen eines schriftlichen Heil- und Kostenplans zur prothetischen Versorgung		
18.02.	OK	Silikonabformung zur Herstellung von Provisorien Materialkosten: 9,00 EUR		
	36	Tangentialpräparation zur Aufnahme einer metallischen Vollkrone		
	26	Präparation zur Aufnahme einer metallischen Teilkrone		
	13, 12	Stufenpräparation zur Aufnahme von vestibulär verblendeten Verblendkronen		
	OK	Korrekturabformung (Silikon). Materialkosten: 9,00 EUR		
	13, 12, 26, 36	Herstellen und Einsetzen der provisorischen Kronen Materialkosten: je 1,90 EUR		
20.02.	UK	Alginatabformung zur Herstellung von Provisorien Materialkosten: 2,80 EUR		
	44, 43	Hohlkehlpräparation zur Aufnahme von vestibulär verblendeten Verblendkronen		
	UK	Korrekturabformung mit Silikon. Materialkosten: 9,00 EUR		
	44, 43	Herstellen und Einsetzen der provisorischen Kronen Materialkosten: je 1,90 EUR		
	13, 12, 26	Erneuerung der provisorischen Kronen. Materialkosten: je 1,90 EUR		

Datum	Zahn/ Regio	Leistung	Bema	GOZ
25.02.		Abnahme aller provisorischen Kronen		
		Einprobe der Kronen		
		Wiederbefestigung der provisorischen Kronen		
03.03.	36	Einsetzen der metallischen Vollkrone		
	26	Einsetzen der Teilkrone		
	13, 12	Einsetzen der vestibulär verblendeten Verblendkronen		
	44, 43	Einsetzen der vestibulär verblendeten Verblendkronen		

Geschätzte Material- und Laborkosten: 1 200,00 EUR
Tatsächliche Material- und Laborkosten: 1 134,50 EUR

Festzuschüsse	

Behandlungsfall 4: Einzelkronen

Name der Krankenkasse BARMER		
Name, Vorname des Versicherten Schmidt, Ingrid Neuhoffstraße 4 53721 Siegburg		
Kassen-Nr.	**Versicherten-Nr.**	**Status** 1
Vertragszahnarzt-Nr.	**VK gültig bis**	**Datum**

Status: Mitglied
Befund:
fehlend: 18, 28, 38, 48
erhaltungswürdig, mit weitgehender Zerstörung:
31, 32, 41, 42, 45
partieller Substanzverlust: 24

Behandlung:
Versorgung der Zähne 31, 32, 41 und 42 mit Keramikmantelkronen,
45 mit einer metallischen Vollkrone und 24 mit einer metallischen Teilkrone

I. Befund des gesamten Gebisses/Behandlungsplan
TP = Therapieplanung R = Regelversorgung B = Befund

TP																
R																
B																
	18	17	16	15	14	13	12	11	21	22	23	24	25	26	27	28
	48	47	46	45	44	43	42	41	31	32	33	34	35	36	37	38
B																
R																
TP																

Datum	Zahn/ Regio	Leistung	Bema	GOZ
02.02.		Erstellen eines schriftlichen Heil- und Kostenplanes zur prothetischen Versorgung		
13.02.	OK,UK	Silikonabformungen zur Herstellung von Provisorien Materialkosten: je 9,00 EUR		
	45	Tangentialpräparation zur Aufnahme einer metallischen Vollkrone		
	24	Präparation zur Aufnahme einer Teilkrone		
	42, 41, 31, 32	Stufenpräparation zur Aufnahme von Keramikmantelkronen		
	OK, UK	Korrekturabformung (Silikon) Materialkosten: je 9,00 EUR		
	24, 31, 32, 41, 42, 45	Herstellen und Einsetzen der provisorischen Kronen, Materialkosten: je 1,90 EUR		
25.02.		Abnahme aller provisorischen Kronen		
		Einprobe der Kronen		
		Wiederbefestigung der provisorischen Kronen		
	45	Einsetzen der metallischen Vollkrone		
	24	Einsetzen der Teilkrone		
	31, 32, 41, 42	Einsetzen der Keramikmantelkronen		

Geschätzte Material- und Laborkosten: 1 850,00 EUR
Tatsächliche Material- und Laborkosten: 1 745,80 EUR

Festzuschüsse	

5 Brücken

Immer wieder spürt Yvonne die Erleichterung der Patienten, wenn sie in der Praxis erfahren, dass Zahnlücken durch Brücken geschlossen werden können, weil ihnen durch diesen festsitzenden Ersatz herausnehmbare Prothesen erspart bleiben. Mit großem Geschick berechnet Yvonne die Anzahl der notwendigen Behandlungstage, kalkuliert je nach Anzahl der Brückenpfeiler die Behandlungszeit und vergibt die mehrfachen Behandlungstermine unter Berücksichtigung der Arbeitszeit des Dentallabors.

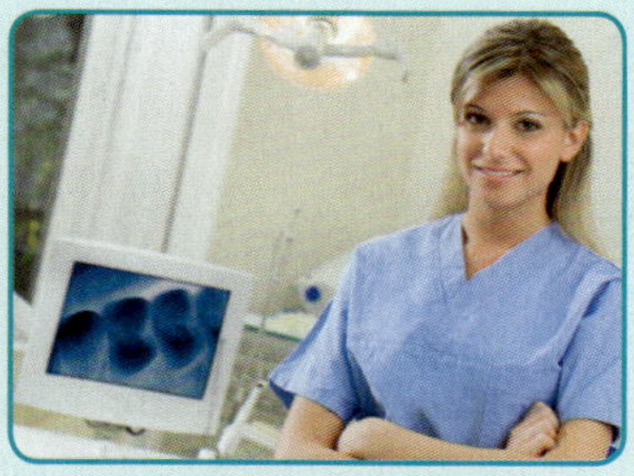

5.1 Sachdarstellung

Brücken schließen Lücken und stellen einen Zahnersatz dar, der mithilfe von Kronen, Inlays oder Onlays auf den Zähnen befestigt wird, die die Lücke begrenzen. Brücken nehmen in der prothetischen Lückenversorgung den höchsten Stellenwert ein. Sie stellen die vollständige Zahnreihe und die Kaufunktion wieder her. Auch vermeiden sie das Kippen der lückenbegrenzenden Zähne und verhindern die Verlängerung der antagonistenlosen Zähne des Gegenkiefers. Sie sichern die gleichmäßige Kaudruckverteilung und schützen den zahnlosen Kieferkammbereich vor mechanischer Verletzung durch das Kauen. Da sie nicht über den Bereich der natürlichen Zähne hinausgehen und optimal die Anforderungen an die Ästhetik erfüllen, sind sie für Patienten als Lückenversorgung der bevorzugte Zahnersatz.

An einer Brücke unterscheidet man

- Brückenpfeiler: Zähne oder Wurzeln
- Brückenanker: Kronen, Inlays oder Onlays
- Brückenspanne: Abstand von Pfeiler zu Pfeiler oder Freiendglied (Anhänger)
- Brückenzwischenglied: ersetzter Zahn
- Brückenglied: jede Krone, jedes Inlay oder Onlay und jeder ersetzte Zahn im Brückenverband

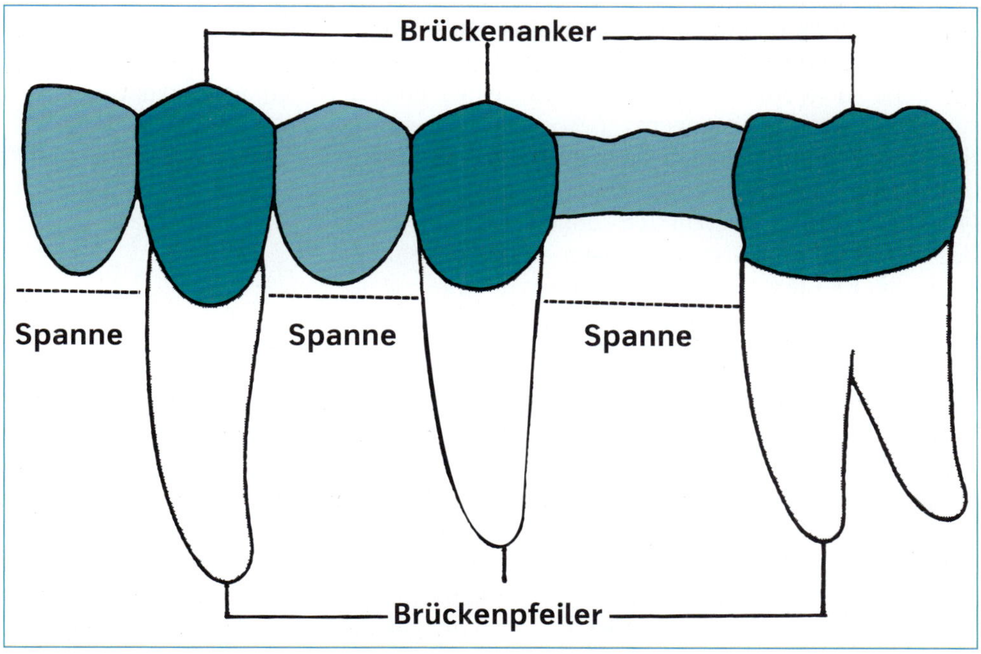

Sechsgliedrige Brücke im Unterkiefer links

Man unterscheidet nach Ankern, nach Anzahl der Brückenspannen, nach Zwischengliedgestaltung, nach Verblendung, nach Art der Befestigung oder nach Gesamtkonstruktion folgende Brückenarten:

- Kronen-, Teilkronen- und Inlaybrücken
- Ein- und mehrspannige Brücken
- Schwebebrücken
- Verblendbrücken

Zeichnungen: © Dr. med. Dr. med. dent. Turck, Ingrid, Bonn

- Adhäsiv-/Klebe- oder Marylandbrücken
- Freiend- oder Anhängerbrücken
- Verbundbrücke (Brückenverbindung zwischen natürlichem Zahnpfeiler und einem Implantat als Pfeiler oder Pfosten)

5.2 Abrechnung von Brücken nach dem Bema

Brücken können bei gesetzlich versicherten Patienten nach dem Gebot der Wirtschaftlichkeit nur dann abgerechnet werden, wenn dadurch in einem Kiefer die geschlossene Zahnreihe wieder hergestellt wird. Bei umfangreichen Brücken ist die Leistungspflicht der Krankenkasse auf den Ersatz von höchstens vier fehlenden Zähnen je Kiefer im Frontzahnbereich und von höchstens drei fehlenden Zähnen je Seitenzahngebiet begrenzt. Mehrere Brücken je Kiefer sind zulässig, sofern sie medizinisch indiziert sind und eine wirtschaftlichere, dasselbe Therapieziel erreichende Versorgung nicht möglich ist. Muss eine Brücke wegen nicht paralleler Brückenpfeiler durch einen Brückenteiler, z. B. durch ein Geschiebe, zweigeteilt konstruiert werden, gilt sie dennoch als eine Brückeneinheit.
Brückenanker (Bema-Nummern 91a bis 91d) werden grundsätzlich bei der Abrechnung wie Einzelkronen nach der **Kronenart** unterschieden. Es gibt vier Arten:

- Metallische Vollkrone
- Vestibulär verblendete Verblendkrone
- Metallische Teilkrone
- Teleskop- oder Konuskrone

Bei Verblendungen von Brücken gelten dieselben Bestimmungen hinsichtlich der Bezuschussung durch die gesetzliche Krankenkasse wie bei Einzelkronen.

Brückenanker als **metallische Vollkronen** werden unter der Bema-Nummer 91a, **vestibulär verblendete Brückenanker** unter der Bema-Nummer 91b und metallische **Teilkronen** als Brückenanker unter der Bema-Nummer 91c abgerechnet.

Brückenanker als **Teleskop- oder Konuskronen** werden mit der Bema-Nummer 91d angesetzt (siehe S. 142). Grundsätzlich fallen mehr als zwei Teleskopkronen je Kiefer bei einer Kombinationsversorgung **nicht** in die Leistungspflicht der Krankenkasse. Bei Versicherten mit einem Restzahnbestand von höchstens drei Zähnen je Kiefer bezuschusst die Krankenkasse auch das dritte Verbindungselement.
Die durch ein Brückenzwischenglied zu schließende Lücke zwischen zwei Brückenpfeilern wird mit der Bema-Nummer 92 einmal je Brückenspanne abgerechnet, unabhängig von der Anzahl der zu ersetzenden Zähne. Ebenso wird ein Freiendteil einer Brücke unter dieser Bema-Nummer 92 abgerechnet. Die Leistungspflicht der Krankenkassen für Brückenfreiendglieder besteht jedoch nur, wenn das Freiendglied mesial von Brücken oder Kronen angebracht ist und dem Ersatz eines fehlenden Prämolaren dient.
Voraussetzungen für Vertragsleistungen:
Brücken können zur Wiederherstellung einer geschlossenen Zahnreihe als Vertragsleistung für Kassenpatienten also nur in folgenden Fällen abgerechnet werden:

- zum Ersatz von maximal vier fehlenden Zähnen je Kiefer
- zum Ersatz von maximal drei fehlenden Zähnen je Kieferquadrant
- in Verbindung mit maximal zwei Teleskopkronen je Kiefer
- mit einem Freiendglied nur mesial eines Brückenankers zum Ersatz eines Prämolaren

Geteilte Brücke

Voraussetzung für die Eingliederung einer Brücke ist die Parallelität der Kronenstümpfe der Pfeilerzähne, die die Anker (Kronen) der Brücke tragen sollen. Da es sich bei einer Brücke um eine starre Konstruktion handelt, ist sie nur in einer Einschubrichtung einzusetzen.
Ist jedoch ein lückenbegrenzender Zahn in eine – meistens länger bestehende – Lücke gekippt, so ist die Versorgung mit einer einteiligen starren Brücke nicht möglich, weil die Achsen der Pfeiler nicht übereinstimmen. Wenn eine Korrektur durch parallelisierendes Beschleifen der gekippten natürlichen Zahnkrone nicht möglich ist, muss die Brücke zweiteilig durch Einarbeiten eines Geschiebes als Brückenteiler gestaltet werden.
Das Einsetzen der Brücke erfolgt zweizeitig: Zunächst wird der Brückenanker für den gekippten Zahn einzementiert. Im Anschluss daran erfolgt die Eingliederung des zweiten Brückenteils, dessen Geschiebestift von der Hülse an oder in der bereits eingesetzten Krone auf-

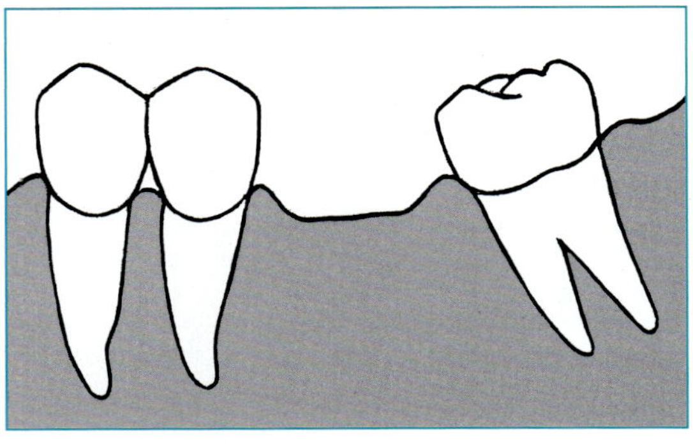

Zeichnung: © Dr. med. Dr. med. dent. Turck, Ingrid, Bonn

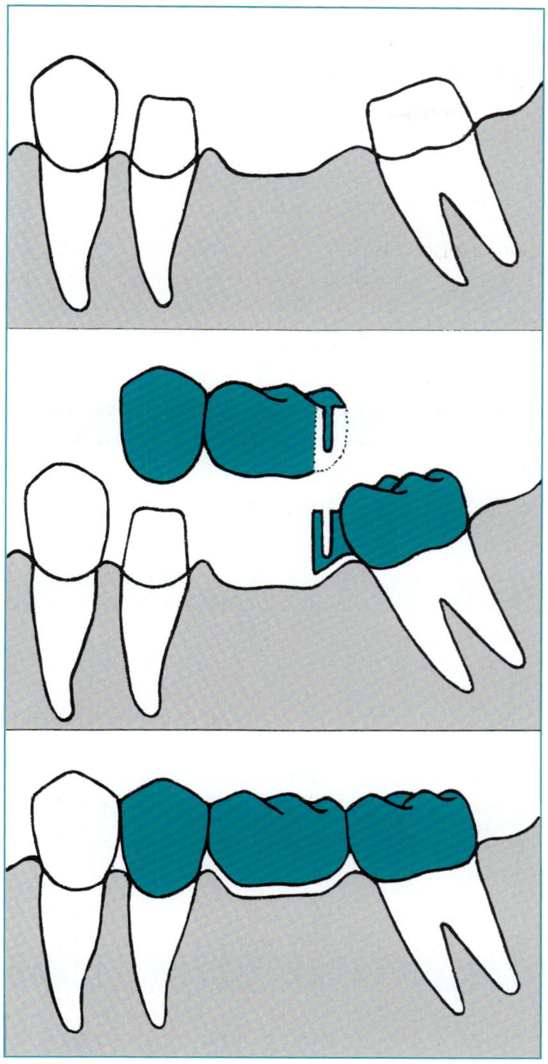

Geteilte Brücke bei disparallelen Achsen der Pfeilerzähne mit extrakoronalem Geschiebe mesial an Krone 37

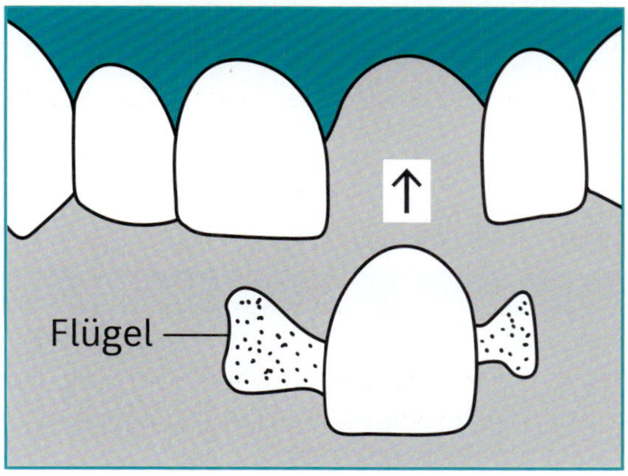

Adhäsivbrücke

genommen wird. In gleicher Weise wird verfahren, wenn die Brücke durch eine Verschraubung zusammengefügt wird. Das Schraubeninnengewinde befindet sich an der Krone des gekippten Zahns. Es nimmt die Schraube auf, die durch einen Schraubenkanal am mesialen und/oder distalen Ende des Brückenzwischenglieds geführt wird. Das Geschiebe für eine geteilte Brücke als zusammengesetzt-festsitzender Ersatz wird unter der Bema-Nummer 91e abgerechnet.

Adhäsivbrücke

Unter einer **Adhäsivbrücke**, auch **Maryland**- oder **Klebebrücke** genannt, versteht man einen festsitzenden, in der Regel mit einem speziellen Metallgerüst versehenen Zahnersatz. Sie wird mit einem Komposit an die präparierte und säuregeätzte Schmelzoberfläche im nicht sichtbaren palatinalen Bereich der die Lücke begrenzenden Pfeilerzähne befestigt bzw. geklebt. Dazu dienen seitliche Auflagen des Brückengerüstes, die als Flügel bezeichnet werden. Das Gerüst kann einflügelig (Bema-Nr. 93a) oder zweiflügelig (Bema-Nr. 93b) gestaltet sein.

Die Versorgung einer Lücke mit dieser Brückenkonstruktion ist eingeschränkt, da sie durch die Klebebefestigung nicht die gleiche Stabilität gegenüber Kaukräften erreicht wie Brücken mit Kronenankern, sodass sie häufig als zeitlich begrenzte Lösung angesehen wird. Aus diesem Grund findet sie hauptsächlich Verwendung zur Versorgung kleiner Lücken im Frontzahnbereich, z. B. bei Fehlen eines Schneidezahns, seltener bei einer Zahnlücke von zwei zu ersetzenden nebeneinander stehenden Schneidezähnen.

Nach dem Bema können Adhäsivbrücken nur zur Versorgung von Lücken im Frontzahnbereich, d. h. bei Fehlen von Schneidezähnen abgerechnet werden. Für die Regelversorgung müssen als Grundvoraussetzung die lückenbegrenzenden Zähne intakt sein, also nicht überkronungsbedürftig oder mit einer erneuerungsbedürftigen Krone (also nicht kw oder ww) versorgt sein. Ebenso ist ein Metallgerüst Voraussetzung.

Für jeden gesetzlich Versicherten ist die Adhäsivbrücke zur Versorgung einer Lücke durch einen einzelnen Schneidezahn – einflügelig oder zweiflügelig befestigt – abrechenbar.

Die zweiflügelige Adhäsivbrücke zum **Ersatz von zwei nebeneinander stehenden Schneidezähnen ist jedoch nur für Versicherte im Alter von 14 bis 20 Jahren** abzurechnen. Diese Lücke kann für diese Altersgruppe mit einer einspannigen doppelflügeligen Adhäsivbrücke oder mit zwei einflügeligen Adhäsivbrücken mit Metallgerüst als Regelversorgung geschlossen werden.

Durch die Bema-Nummern 91a–d sind folgende zahnärztliche Leistungen abgegolten:

- Beschleifen des Zahns
- Bissnahme (Relationsbestimmung)
- Abformung
- Farbbestimmung
- Einprobe
- Einfügen (Einzementieren)
- Adjustierung der Okklusion und Artikulation
- Nachkontrolle

Zeichnungen: © Dr. med. Dr. med. dent. Turck, Ingrid, Bonn

Abrechnungsbestimmungen: Bema-Nummern 91a–d

Bema-Nr.:	Leistungsbeschreibung	Bew.-Zahl
	Versorgung eines Lückengebisses durch eine Brücke, bei Verwendung von Teleskopkronen im Zusammenhang mit einer herausnehmbaren Prothese, je Pfeilerzahn	
91a	Metallische Vollkrone	118
91b	Vestibulär verblendete Verblendkrone	128
91c	Metallische Teilkrone	136
91d	Teleskop-/Konuskrone	190

abrechenbar

- je Pfeilerzahn (Einzelheiten zur Bema-Nummer 91d siehe Seite 143)

Abrechnungsbestimmungen: Bema-Nummer 91e

Bema-Nr.	Leistungsbeschreibung	Bew.-Zahl
91e	Verwendung eines Geschiebes bei geteilten Brücken mit disparallelen Pfeilern zusätzlich zu den Nummern 91a bis c	43

abrechenbar

- je Geschiebe zusätzlich zu den Bema-Nummern 91a–91c

nicht abrechenbar

- für Verbindungsvorrichtungen zwischen festsitzendem und herausnehmbarem Zahnersatz (Kombinationsversorgung)

Abrechnungsbestimmungen: Bema-Nummer 92

Bema-Nr.:	Leistungsbeschreibung	Bew.-Zahl
92	Versorgung eines Lückengebisses durch eine Brücke, je Spanne	62

abrechenbar

- je Spanne
- je Spanne bzw. Lücke eines fehlenden Prämolaren, die durch ein Freiendglied geschlossen wird, das mesial der Brücke/Krone angebracht ist
- auch für abnehmbare Brücken

nicht abrechenbar

- für Freiendteile zum Ersatz anderer Zähne als Prämolaren

Abrechnungsbestimmungen: Bema-Nummern 93a und 93b

Bema-Nr.:	Leistungsbeschreibung	Bew.-Zahl
93a	Adhäsivbrücke mit Metallgerüst im Frontzahnbereich mit einem Flügel einschließlich der Präparation von Retentionen an dem Pfeilerzahn, Abformung, Farbbestimmung, Bissnahme, Einprobe und adhäsive Befestigung, Kontrolle und ggf. Korrekturen der Okklusion und Artikulation	240
93b	Adhäsivbrücke mit Metallgerüst im Frontzahnbereich mit zwei Flügeln einschließlich der Präparation von Retentionen an den Pfeilerzähnen, Abformung, Farbbestimmung, Bissnahme, Einprobe und adhäsive Befestigung, Kontrolle und ggf. Korrekturen der Okklusion und Artikulation	335

abrechenbar

- 93a, 93b nur zum Ersatz von Schneidezähnen
- 93a für Adhäsivbrücke mit einflügeliger Befestigung zum Ersatz eines einzelnen Schneidezahns („Einzahnlücke") – unabhängig vom Alter des Patienten

nicht abrechenbar

- zum Ersatz von Eckzähnen
- für Adhäsivbrücken zum Ersatz von zwei nebeneinander fehlenden Schneidezähnen bei Versicherten vor Vollendung des 14. und nach Vollendung des 21. Lebensjahres

- 93b für Adhäsivbrücke mit zweiflügeliger Befestigung zum Ersatz eines einzelnen Schneidezahns („Einzahnlücke“) – unabhängig vom Alter des Patienten
- 93a zweimal bei Ersatz von zwei neben- einander fehlenden Schneidezähnen durch zwei einflügelige Adhäsivbrücken nur bei Versicherten, die das 14., aber noch nicht das 21. Lebensjahr vollendet haben
- 93b für eine zweiflügelige einspannige Adhäsivbrücke zum Ersatz von zwei nebeneinander fehlenden Schneidezähnen nur bei Versicherten, die das 14., aber noch nicht das 21. Lebensjahr vollendet haben

5.3 Festzuschüsse der Befundklasse 2

Zahnbegrenzte Lücken von **höchstens vier fehlenden Zähnen** je Kiefer bei ansonsten geschlossener Zahnreihe unter der Voraussetzung, dass keine Freiendsituation vorliegt, werden mit Festzuschüssen der Befundklasse 2 abgerechnet.

Festzuschuss	Befund	Beispiel
2.1	Zahnbegrenzte Lücke mit **einem** fehlenden Zahn, je Lücke	K**B**K
2.2	Zahnbegrenzte Lücke mit **zwei** nebeneinander fehlenden Zähnen, je Lücke	K**BB**K
2.3	Zahnbegrenzte Lücke mit **drei** nebeneinander fehlenden Zähnen, je Kiefer	K**BBB**K
2.4	Frontzahnlücke mit **vier** nebeneinander fehlenden Zähnen, je Kiefer	K**BBBB**K
2.5	An eine Lücke unmittelbar angrenzende **weitere zahnbegrenzte** Lücke mit **einem** fehlenden Zahn	K**B**KBK KBBK**B**K
2.6	**Disparallele** Pfeilerzähne zur festsitzenden Zahnersatzversorgung, Zuschlag je Lücke	K**o**BK
2.7	**Verblendung** für einen fehlenden Zahn oder Brückenanker im Verblendbereich (15–25, 34–44), je Verblendung	K**V**B**V**K**V** K**V**B**V**B**V**B**V**K**V**

BEISPIEL

Als Befund liegt eine zahnbegrenzte Lücke durch den fehlenden Zahn 14 vor. Es besteht die Notwendigkeit der Versorgung mit einer Brücke von Zahn 13 nach Zahn 15. Die Regelversorgung sieht je eine vestibulär verblendete Verblendkrone als Brückenanker auf den Zähnen 13 und 15 vor sowie die Lückenversorgung mit einem vestibulär verblendeten Brückenzwischenglied. Dies ist im Festzuschuss-System der Befund 2.1 für die einspannige Brücke zum Ersatz eines fehlenden Zahns. Zusätzlich ist für die Verblendung je Brückenanker und Brückenzwischenglied der Festzuschuss 2.7 festgelegt.

R				KV	BV	KV										
B					f											
	18	17	16	15	14	13	12	11		21	22	23	24	25	26	27	28

Die Regelversorgung der Befundklasse 2 umfasst folgende zahnärztliche Leistungen:

91b x 2	Vestibulär verblendete Verblendkronen als Brückenanker
92	Brückenspanne
19 x 3	Provisorische Brückenglieder
95d	Abnahme und Wiederbefestigung einer provisorischen Brücke
7b	Planungsmodelle
89	Beseitigung grober Artikulationsstörungen
98a	Abformung mit individuellem Löffel

Ein Patient erhält bei diesem Befund – je nach Bonus – für die zahnärztlichen und zahntechnischen Leistungen folgenden Festzuschuss von der Krankenkasse:

	Festzuschuss	Anzahl	EUR	Summe in EUR
60 % (ohne Bonus)	2.1	1	460,60	460,60
	2.7	3	66,98	200,94
70 % (Bonus 1)	2.1	1	537,37	537,37
	2.7	3	78,15	234,45
75 % (Bonus 2)	2.1	1	575,75	575,75
	2.7	3	83,73	251,19
100 % (Härtefall)	2.1	1	767,67	767,67
	2.7	3	111,64	334,92

Wählen gesetzlich versicherte Patienten einen über die Regelversorgung hinausgehenden gleichartigen Zahnersatz (z. B. eine vollverblendete Brücke), werden die gleichartigen Leistungen nach der GOZ ermittelt. Vorbereitende Maßnahmen werden dagegen nach dem Bema abgerechnet. **Der Festzuschuss bleibt unverändert.**

5.4 Abrechnung von Brücken nach der GOZ

Für die richtige Auswahl der GOZ-Nummer ist die Präparationsart entscheidend. Brückenanker werden nach den GOZ-Nummern 5000 bis 5040 abgerechnet. Als Brückenanker sind nur solche Kronen zu berechnen, die mit einem Brückenzwischenglied verbunden sind. Als Anker sind auch die Kronen zu berechnen, die ein Verbindungselement nach der GOZ-Nummer 5080 tragen. Eine Krone neben einem Brückenanker – auch mit diesem verblockt – ist als Einzelkrone abzurechnen.
Kronen als Brückenanker auf Zähnen mit Tangentialpräparation werden unter der GOZ-Nummer 5000 abgerechnet, Kronen als Brückenanker auf Zähnen mit Hohlkehl- oder Stufenpräparation werden unter der GOZ-Nummer 5010 abgerechnet. Dies gilt auch für alle Verblend- und Mantelkronen. Einlagefüllungen als Brückenanker werden ebenfalls unter der GOZ-Nummer 5010 abgerechnet. Brückenanker als Teilkronen werden unter der GOZ-Nummer 5020 abgerechnet. Eine Wurzelkappe mit Stift ist nach der GOZ-Nummer 5030 abzurechnen. Teleskop- und Konuskronen werden mit der GOZ-Nummer 5040 abgerechnet. Sind diese Kronen mit einem Verbindungselement versehen, kann die GOZ-Nummer 5080 zusätzlich neben der GOZ-Nummer 5040 berechnet werden.
Durch die Leistungen nach den GOZ- Nummern 5000 bis 5040 sind folgende zahnärztliche Leistungen abgegolten:

- Präparation der Zähne oder Implantate
- Bestimmung der Kieferrelation
- Abformungen
- Einproben
- Provisorisches Eingliedern
- Endgültiges Einsetzen der Kronen oder Einlagefüllungen
- Nachkontrolle und Korrektur

Abrechnungshinweise: GOZ-Nummern 5000, 5010, 5020, 5030, 5040 und 5080

GOZ-Nummer	Leistungsbeschreibung	Punktzahl	Einfachsatz in EUR
5000	Versorgung eines Lückengebisses durch eine Brücke oder Prothese: je Pfeilerzahn oder Implantat als Brücken- oder Prothesenanker mit einer Vollkrone (Tangentialpräparation)	1 016	57,14
5010	Versorgung eines Lückengebisses durch eine Brücke oder Prothese: je Pfeilerzahn als Brücken- oder Prothesenanker mit einer Vollkrone (Hohlkehl- oder Stufenpräparation) oder Einlagefüllung	1 483	83,41

GOZ-Nummer	Leistungsbeschreibung	Punktzahl	Einfachsatz in EUR
5020	Versorgung eines Lückengebisses durch eine Brücke oder Prothese: je Pfeilerzahn als Brücken- oder Prothesenanker mit einer Teilkrone mit Retentionsrillen oder -kasten oder mit Pinledges einschließlich Rekonstruktion der Kaufläche	1 997	112,32
5030	Versorgung eines Lückengebisses durch eine Brücke oder Prothese: je Pfeilerzahn oder Implantat als Brücken- oder Prothesenanker mit einer Wurzelkappe mit Stift, gegebenenfalls zur Aufnahme einer Verbindungsvorrichtung oder anderer Verbindungselemente	1 483	83,41
5040	Versorgung eines Lückengebisses durch eine Brücke oder Prothese: je Pfeilerzahn oder Implantat als Brücken- oder Prothesenanker mit einer Teleskopkrone, auch Konuskrone	2 605	146,51
5080	Versorgung eines Lückengebisses durch eine zusammengesetzte Brücke oder Prothese, je Verbindungselement; Matrize und Patrize gelten als ein Verbindungselement	230	12,94

abrechenbar

- GOZ-Nummer 5000 je Pfeilerzahn bei Tangentialpräparation oder Implantat
- GOZ-Nummer 5010 je Pfeilerzahn bei Hohlkehl- oder Stufenpräparation oder Inlay
- GOZ-Nummer 5020 für eine Teilkrone als Brückenanker
- GOZ-Nummer 5030 für eine Wurzelstiftkappe
- GOZ-Nummer 5030 neben GOZ-Nummer 5080
- GOZ-Nummer 5040 für eine Teleskop- oder Konuskrone
- GOZ-Nummer 5080 für ein Verbindungselement

nicht abrechenbar

- GOZ-Nummer 5080 neben GOZ-Nummer 5040
- GOZ-Nummer 5080 für gebogene oder gegossene Klammern oder für Auflagen

Die durch ein Brückenzwischenglied zu schließende Lücke zwischen zwei Brückenpfeilern wird mit der GOZ-Nummer **5070 einmal je Brückenspanne** abgerechnet, unabhängig von der Anzahl der zu ersetzenden Zähne. Ebenso wird ein Freiendteil einer Brücke unter dieser GOZ-Nummer abgerechnet. Der Mehraufwand für den Zahnarzt bei mehreren Brückenzwischengliedern kann über einen erhöhten Steigerungssatz geltend gemacht werden.

Abrechnungshinweise: GOZ-Nummer 5070

GOZ-Nummer	Leistungsbeschreibung	Punktzahl	Einfachsatz in EUR
5070	Versorgung eines Lückengebisses durch eine Brücke oder Prothese: Verbindung von Kronen oder Einlagefüllungen durch Brückenglieder oder Stege, je zu überbrückende Spanne oder Freiendsattel	400	22,50

abrechenbar

- je Spanne bei Brücken
- je Schalt- oder Freiendsattel
- je Steg

Für die Versorgung eines Lückengebisses mit einer Adhäsivbrücke stehen in der GOZ die Nummern 5150 und 5160 zur Verfügung. Die GOZ-Nummer 5150 wird abgerechnet für eine durch Adhäsivtechnik befestigte Brücke einschließlich der ersten zu überbrückenden Spanne. Die GOZ-Nummer 5160 wird für jede weitere zu überbrückende Spanne abgerechnet. Diese Positionen sind unabhängig von der Anzahl der zu ersetzenden Zähne. Eine Spanne nach der GOZ-Nummer 5070 ist neben der GOZ-Nummer 5150 nicht berechnungsfähig. Die Vorbereitung der Pfeilerzähne zur Aufnahme der Retentionsflügel (Brückenanker) ist mit der Bewertung nach den GOZ-Nummern 5150 und 5160 abgegolten.

Abrechnungshinweise: GOZ-Nummern 5150 und 5160

GOZ-Nummer	Leistungsbeschreibung	Punktzahl	Einfachsatz in EUR
5150	Versorgung eines Lückengebisses mit Hilfe einer durch Adhäsivtechnik befestigten Brücke, für die erste zu überbrückende Spanne	730	41,06
5160	Versorgung eines Lückengebisses nach der Nummer 5150, für jede weitere zu überbrückende Spanne	360	20,25

abrechenbar

- GOZ-Nummer 5150 für die erste zu überbrückende Spanne
- GOZ-Nummer 5160 für jede weitere zu überbrückende Spanne
- GOZ-Nummern 5150 und 5160 neben der GOZ-Nummer 2197

nicht abrechenbar

- GOZ-Nummern 5150 und 5160 neben der GOZ-Nummer 5070

ÜBUNGSAUFGABEN

1. Tragen Sie bei den folgenden Fällen den Befund und Behandlungsplan ein und ermitteln Sie die Bema-Nummern und Festzuschüsse.

BEISPIEL

Befund:
Fehlender Zahn: 46

Behandlungsplan:
45–47 Brücke

	48	47	46	45	44	43	42	41	31	32	33	34	35	36	37	38
B			f													
R		K	B	K												

Lösung:

Zahn	Bema-Nummer	Festzuschuss
45	91a	2.1
46	92	
47	91a	

Fall 1

Befund:
Fehlender Zahn: 15
Erhaltungswürdige Zähne mit weitgehender Zerstörung: 16,14

Behandlungsplan:
14–16: Brücke, nach den Richtlinien verblendet

R			K	BV	KV											
B			ww	f	ww											
	18	17	16	15	14	13	12	11	21	22	23	24	25	26	27	28

Lösung:

Zahn	Bema-Nummer	Festzuschuss
14	91b	2.1
15	92	
16	91a	

Fall 2
Befund:
Fehlende Zähne: 16,15
Erhaltungswürdiger Zahn mit weitgehender Zerstörung: 14

Behandlungsplan:
14–17: Brücke, nach den Richtlinien verblendet

R		K	B	BV	KV											
B			f	f	ww											
	18	17	16	15	14	13	12	11	21	22	23	24	25	26	27	28

Lösung:

Zahn	Bema-Nummer	Festzuschuss
14	91b	2.2
15	92	
16	92	
17	91a	

Fall 3
Befund:
Fehlende Zähne: 42–31

Behandlungsplan:
32–43: Brücke, nach den Richtlinien verblendet

	48	47	46	45	44	43	42	41	31	32	33	34	35	36	37	38
B							f	f	f							
R						KV	BV	BV	BV	KV						

Lösung:

Zahn	Bema-Nummer	Festzuschuss
32	91b	1x 2.3 u 5x 2.7
31	92	
41	92	
42	92	
43	91b	

01.03.23

Fall 4
Befund:
Nicht erhaltungswürdige Zähne: 12–22

Behandlungsplan:
13–23: Brücke, nach den Richtlinien verblendet

R						KV	BV	BV	BV	BV	KV					
B							X	X	X	X						
	18	17	16	15	14	13	12	11	21	22	23	24	25	26	27	28

Lösung:

Zahn	Bema-Nummer	Festzuschuss
13	91b	
12	92	
11	92	1x 2.4
21	92	5x 2.7
22	92	
23	91b	

Fall 5
Befund:
Nicht erhaltungswürdige Zähne: 16, 14

Behandlungsplan:
17-15-13: Zweispannige Brücke, nach den Richtlinien verblendet

R		K	B	KV	BV	KV										
B			X		X											
	18	17	16	15	14	13	12	11	21	22	23	24	25	26	27	28

Lösung:

Zahn	Bema-Nummer	Festzuschuss
13	91b	2.1
14	92	
15	91b	2.5
16	92	3x 2.7
17	91b	

Fall 6
Befund:
Fehlende Zähne: 32, 42, 43
Erhaltungswürdige Zähne mit weitgehender Zerstörung: 31, 33, 41, 44, 45

Behandlungsplan:
31–33: Brücke, nach den Richtlinien verblendet
41–44: Brücke, nach den Richtlinien verblendet
45: Metallische Vollkrone, Erfordernis eines gegossenen Stiftaufbaus

	48	47	46	45	44	43	42	41	31	32	33	34	35	36	37	38
B				ww	ww	f	f	ww	ww	f	ww					
R				K	KV	BV	BV	KV	KV	BV	KV					

Lösung:

Zahn	Bema-Nummer	Festzuschuss
31	91b	
32	92	
33	91b	
41	91b	
42	92	
43	92	
44	91b	
45	91a	
45	90	

Fall 7

Befund:

Fehlende Zähne: 16, 14, 13, 35
Erhaltungswürdige Zähne mit weitgehender Zerstörung: 11, 21, 33, 36
Zahn mit partiellem Substanzverlust: 34
Disparalleler Pfeilerzahn: 17

Behandlungsplan:

11, 21, 33: Vestibulär verblendete Verblendkronen
12–15–17 Brücke, nach den Richtlinien verblendet
17: Geschiebe bei geteilter Brücke
34–36: Brücke
34: Metallische Teilkrone als Brückenanker

R		-K	GB	KV	BV	BV	KV-	KV	KV							
B			f		f	f		ww	ww							
	18	17	16	15	14	13	12	11	21	22	23	24	25	26	27	28
	48	47	46	45	44	43	42	41	31	32	33	34	35	36	37	38
B											ww	pw	f	ww		
R											KV	PK	B	K		

Lösung:

Zahn	Bema-Nummer	Festzuschuss
11	91b	
21	91b	
12	91b	
13	92	
14	92	
15	91b	
16	92	
17	91a	
17		
33	91b	
34	91a	
35	92	
36	91a	

01.03.23

Fall 8: Gleichartige Versorgung
Befund:
Fehlende Zähne: 31, 41, 46
Erhaltungswürdige Zähne mit weitgehender Zerstörung: 32, 42

Behandlungsplan:
32–42: Vollverblendete metallkeramische Brücke, Hohlkehlpräparation
45–47: Brücke (Regelversorgung)

	48	47	46	45	44	43	42	41	31	32	33	34	35	36	37	38
B			f				ww	f	f	ww						
R																
TP																

Lösung:

Zahn	Bema-Nummer	Festzuschuss	GOZ-Nummer
32			
31			
41			
42			
45			
46			
47			

Fall 9: Andersartige Versorgung
Befund:
Fehlende Zähne: 12, 11, 21, 22, 25

Behandlungsplan:
Regelversorgung: Modellgussprothese mit komplizierter Halte- und Stützvorrichtung auf den Zähnen 13, 23, 24 und 26
Andersartige Versorgung: Vestibulär verblendete Brücken von 13–23 und von 24–26, Hohlkehlpräparation (nach der GOZ abzurechnen)

TP																
R																
B							f	f	f	f			f			
	18	17	16	15	14	13	12	11	21	22	23	24	25	26	27	28

Lösung:

Zahn	Bema-Nummer	Festzuschuss	GOZ-Nummer
13, 23, 24, 26		3.1	
12–22, 25			

Tragen Sie in den folgenden Fällen Befund und Behandlungsplan nach der Regelversorgung in das Zahnschema ein. Die lückenbegrenzenden Zähne sind intakt. Die zu ersetzenden Zähne werden verblendet. Die Flügelbefestigung (Anker) wird mit „A“ eingetragen. Ermitteln Sie die Bema-Nummern und Festzuschüsse.

Fall 10

Bei der 33-jährigen Patientin soll die Lücke durch den fehlenden Zahn 22 geschlossen werden. Hierfür ist eine einflügelige Adhäsivbrücke mit Metallgerüst und Flügelauflage auf Zahn 23 vorgesehen.

R																
B																
	18	17	16	15	14	13	12	11	21	22	23	24	25	26	27	28

Lösung:

Zahn	Bema-Nummer	Festzuschuss
22, 23		
22		

Fall 11

Der 13-jährige Junge verlor durch einen Fahrradunfall Zahn 11. Dieser soll durch eine zweiflügelige Adhäsivbrücke mit Metallbasis und Flügelbefestigung auf Zahn 12 und 21 ersetzt werden.

R																
B																
	18	17	16	15	14	13	12	11	21	22	23	24	25	26	27	28

Lösung:

Zahn	Bema-Nummer	Festzuschuss
12–21		
11		

Fall 12

Ein 17-Jähriger soll eine einspannige zweiflügelige Adhäsivbrücke mit Metallbasis zum Ersatz der fehlenden Zähne 21 und 22 erhalten. Zur Befestigung der Flügel dienen die Zähne 11 und 23.

R																
B																
	18	17	16	15	14	13	12	11	21	22	23	24	25	26	27	28

Lösung:

Zahn	Bema-Nummer	Festzuschuss
11–23		
21, 22		

2. Rechnen Sie die folgenden Fälle nach dem Bema und nach der GOZ ab.

H = Hohlkehlpräparation
ST = Stufenpräparation
T = Tangentialpräparation

OBERKIEFER

Brücke 1

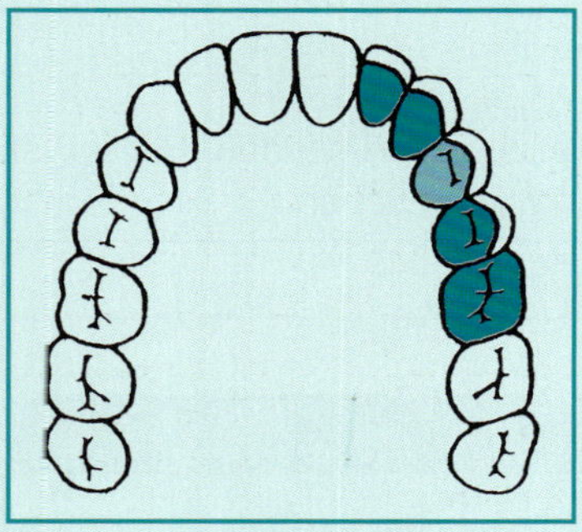

Zahn/ Regio	Leistung	Bema	GOZ
22	Krone, vestibulär verblendet (H)		
23	Krone, vestibulär verblendet (ST)		
24	Zwischenglied, vestibulär verblendet		
25	Krone, vestibulär verblendet (H)		
26	metallische Vollkrone (H)		

Brücke 2

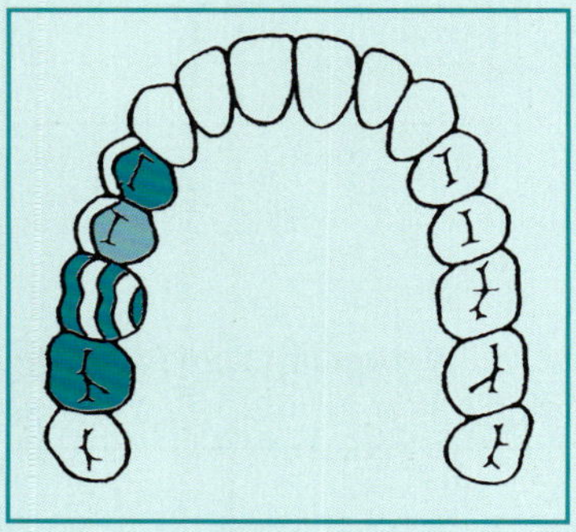

Zahn/ Regio	Leistung	Bema	GOZ
14	Krone, vestibulär verblendet (H)		
15	Zwischenglied, vestibulär verblendet		
16	metallische Teilkrone		
17	metallische Vollkrone (H)		

Brücke 3

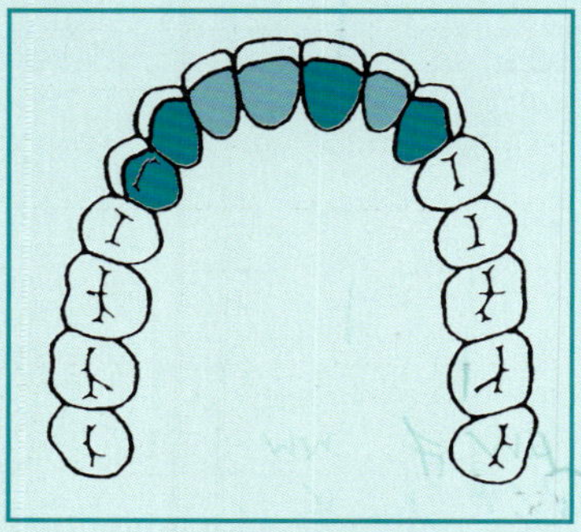

Zahn/ Regio	Leistung	Bema	GOZ
14	Krone, vestibulär verblendet (H)		
13	Krone, vestibulär verblendet und gegossener Stiftaufbau (ST)		
12	Zwischenglied, vestibulär verblendet		
11	Zwischenglied, vestibulär verblendet		
21	Krone, vestibulär verblendet (ST)		
22	Zwischenglied, vestibulär verblendet		
23	Krone, vestibulär verblendet (ST)		

Kronen 4 und Brücke 5

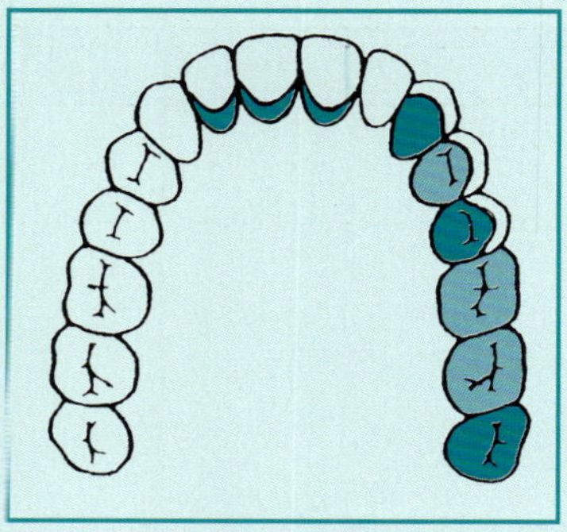

Zahn/ Regio	Leistung	Bema	GOZ
12	Krone, vollverblendet (ST)		
11	Krone, vollverblendet (ST)		
21	Krone, vollverblendet (ST) (Verblockung aller Kronen)		

23	Krone, vestibulär verblendet (ST)		
24	Zwischenglied, vestibulär verblendet		
25	Krone, vestibulär verblendet (H)		
26	Zwischenglied, unverblendet		
27	Zwischenglied, unverblendet		
28	metallische Vollkrone (T)		

Zeichnungen: © Dr. med. Dr. med. dent. Turck, Ingrid, Bonn

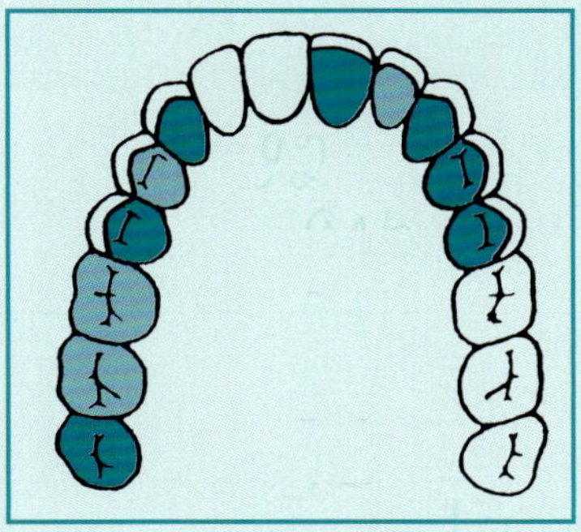

Brücke 6 und 7

Zahn/Regio	Leistung	Bema	GOZ
13	Krone, vestibulär verblendet (ST)		
14	Zwischenglied, vestibulär verblendet		
15	Krone, vestibulär verblendet (H)		
16	Zwischenglied, unverblendet		
17	Zwischenglied, unverblendet		
18	metallische Vollkrone (H)		
21	Krone, vestibulär verblendet (ST)		
22	Zwischenglied, vestibulär verblendet		
23	Krone, vestibulär verblendet (ST)		
24	Krone, vestibulär verblendet (H)		
25	Krone, vestibulär verblendet (H)		

UNTERKIEFER

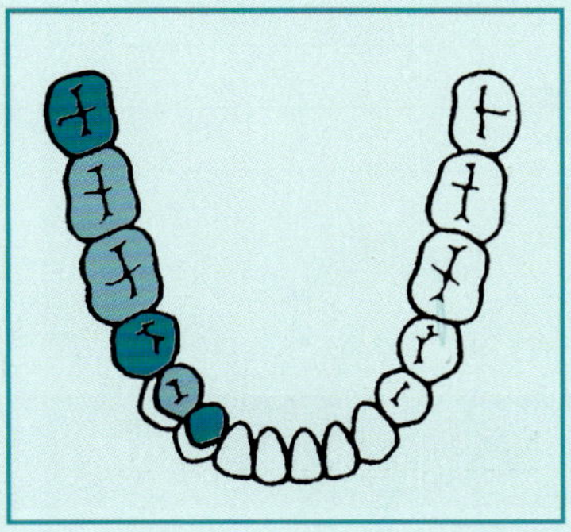

Brücke 1

Zahn/Regio	Leistung	Bema	GOZ
43	Krone, vestibulär verblendet (ST)		
44	Zwischenglied, vestibulär verblendet		
45	metallische Vollkrone (H)		
46	Zwischenglied, unverblendet		
47	Zwischenglied, unverblendet		
48	metallische Vollkrone (H)		

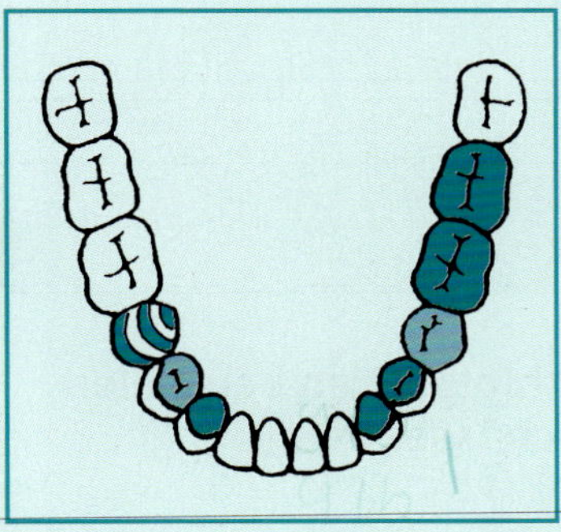

Brücke 2 und 3

Zahn/Regio	Leistung	Bema	GOZ
33	Krone, vestibulär verblendet (ST)		
34	Krone, vestibulär verblendet (H)		
35	Zwischenglied, unverblendet		
36	metallische Vollkrone (H)		
37	metallische Vollkrone (H)		
43	Krone, vestibulär verblendet (H)		
44	Zwischenglied, vestibulär verblendet		
45	metallische Teilkrone		

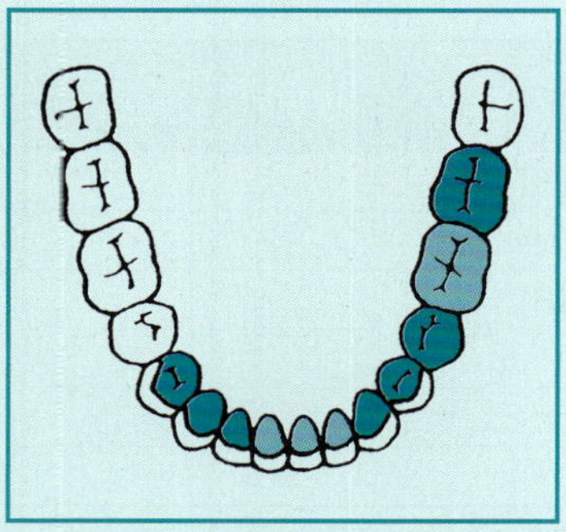

Brücke 4

Zahn/ Regio	Leistung	Bema	GOZ
37	metallische Vollkrone (H)		
36	Zwischenglied, unverblendet		
35	metallische Vollkrone (H)		
34	Krone, vestibulär verblendet (H)		
33	Krone, vestibulär verblendet (H)		
32	Zwischenglied, vestibulär verblendet		
31	Zwischenglied, vestibulär verblendet		
41	Zwischenglied, vestibulär verblendet		
42	Krone, vestibulär verblendet		
43	Krone, vestibulär verblendet (ST)		
44	Krone, vestibulär verblendet (H)		

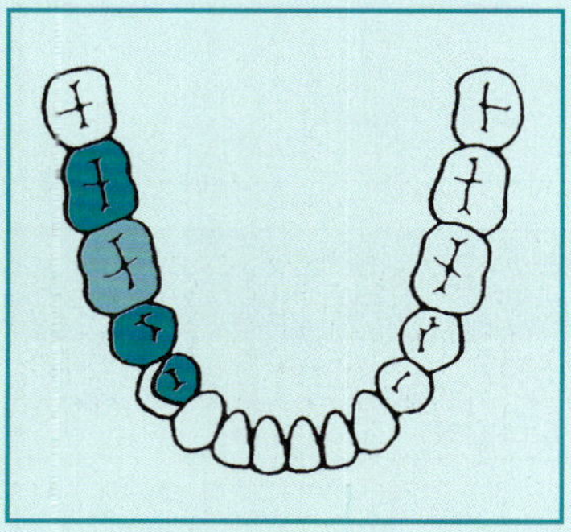

Brücke 5

Zahn/ Regio	Leistung	Bema	GOZ
44	Krone, vestibulär verblendet (H)		
45	metallische Vollkrone (ST)		
46	Zwischenglied, unverblendet		
47	metallische Vollkrone (H)		

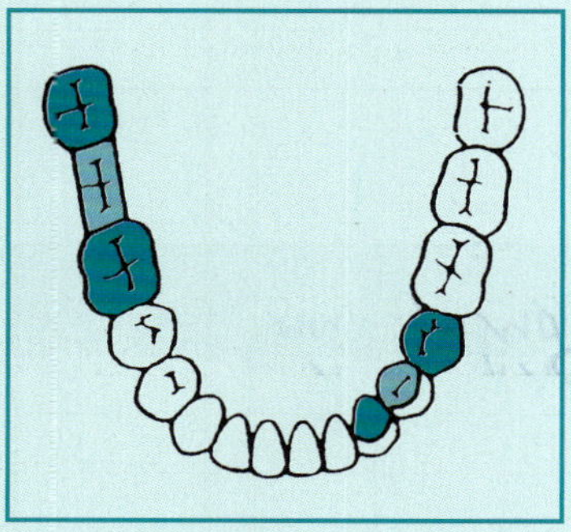

Brücke 6 und 7

Zahn/ Regio	Leistung	Bema	GOZ
33	Krone, vestibulär verblendet (ST)		
34	Zwischenglied, vestibulär verblendet		
35	metallische Vollkrone (H)		
46	metallische Vollkrone (H)		
47	Zwischenglied (Schwebeglied)		
48	metallische Vollkrone (T)		

3. Welche Bema-Nummern bzw. GOZ-Nummern sind in den nachfolgenden Beispielen für die Brücken abzurechnen? Ermitteln Sie außerdem die Festzuschüsse.

PK = Metallische Teilkrone
KV = Vestibulär verblendete Verblendkrone, Hohlkehlpräparation
K = Metallische Vollkrone, Tangentialpräparation

BEISPIEL

a) Prothetische Versorgung (Beispiel)

Beh.												KV	BV	B	K	
	18	17	16	15	14	13	12	11	21	22	23	24	25	26	27	28

Bema: Zahn 24: 91b, Zahn 27: 91a, Regio 25–26: 92

GOZ: Zahn 24: 5010, Zahn 27: 5010, Regio 25–26: 5070

Festzuschüsse: 2.2, 2.7 × 2

b) Prothetische Versorgung

Beh.						PK	KV	BV	BV	BV	KV					
	18	17	16	15	14	13	12	11	21	22	23	24	25	26	27	28

Bema: ______

GOZ: ______

Festzuschüsse: ______

c) Prothetische Versorgung

Beh.		K	B	KV	BV	KV										
	18	17	16	15	14	13	12	11	21	22	23	24	25	26	27	28

Bema: ______

GOZ: ______

Festzuschüsse: ______

d) Prothetische Versorgung

Beh.						PK										
	18	17	16	15	14	13	12	11	21	22	23	24	25	26	27	28
	48	47	46	45	44	43	42	41	31	32	33	34	35	36	37	38
Beh.									KV	KV	BV	KV	B	B	K	

Bema: ______

GOZ: ______

Festzuschüsse: ______

e) Prothetische Versorgung

Beh.		K	B	KV	BV	BV	KV	KV			KV	BV	KV			
	18	17	16	15	14	13	12	11	21	22	23	24	25	26	27	28

Bema: ______

GOZ: ______

Festzuschüsse: ______

f) Prothetische Versorgung

Beh.		K	B	BV	BV	KV			KV							
	18	17	16	15	14	13	12	11	21	22	23	24	25	26	27	28
	48	47	46	45	44	43	42	41	31	32	33	34	35	36	37	38
Beh.												KV	B	B	K	

Bema: ______

GOZ: ______

Festzuschüsse: ______

g) Prothetische Versorgung

Beh.	K	K	B	KV	BV	KV										
	18	17	16	15	14	13	12	11	21	22	23	24	25	26	27	28
	48	47	46	45	44	43	42	41	31	32	33	34	35	36	37	38
Beh.				PK	KV	BV	KV	KV								

Bema: ______________________________

GOZ: ______________________________

Festzuschüsse: ______________________________

h) Prothetische Versorgung

Beh.		K	B	KV	BV	KV										
	18	17	16	15	14	13	12	11	21	22	23	24	25	26	27	28
	48	47	46	45	44	43	42	41	31	32	33	34	35	36	37	38
Beh.										KV	BV	KV	B	B	K	

Bema: ______________________________

GOZ: ______________________________

Festzuschüsse: ______________________________

i) Prothetische Versorgung

Beh.		K	B	KV	KV	KV	BV	KV								
	18	17	16	15	14	13	12	11	21	22	23	24	25	26	27	28
	48	47	46	45	44	43	42	41	31	32	33	34	35	36	37	38
Beh.							KV	BV	BV	KV	KV	BV	K			

Bema: ______________________________

GOZ: ______________________________

Festzuschüsse: ______________________________

4. Bearbeiten Sie die folgenden Aufgaben.

a) Nennen Sie die Gebührennummer für die durch ein Brückenzwischenglied zu schließende Lücke zwischen zwei Brückenpfeilern
- nach dem Bema,
- nach der GOZ.

b) Nennen Sie die Richtlinien der gesetzlichen Krankenkassen hinsichtlich der Verblendungsgrenzen bei Brücken.

c) Erklären Sie die Leistungspflicht der Krankenkassen für Brückenfreiendglieder bei einem gesetzlich versicherten Patienten.

d) Bei umfangreichen Brücken ist die Leistungspflicht der gesetzlichen Krankenkasse beschränkt. Nennen Sie die Bestimmungen.

e) Erklären Sie die Abrechnungsvorschrift für eine geteilte Brücke nach dem Bema.

f) Für welche Patienten darf eine Adhäsivbrücke zum Ersatz von zwei nebeneinander stehenden Zähnen bei gesetzlich Versicherten abgerechnet werden?

g) Nennen Sie die einzelnen Leistungen bei der Versorgung eines Zahns mit einer Brücke, die in den Gebührennummern für Brücken bereits enthalten sind.

h) Wie wird eine metallische Vollkrone mit Hohlkehlpräparation als Brückenanker
- nach dem Bema,
- nach der GOZ

abgerechnet?

i) Nennen Sie alle Symbole, die im Heil- und Kostenplan bei der Regelversorgung mit einer Brücke eingetragen werden.

5. Führen Sie Ihre Lernkartei fort.

6 Provisorische Brücken

Ebenso wie bei der Einzelkronenversorgung müssen die beschliffenen Zähne, die als Brückenpfeiler der Verankerung der Brücke dienen, mit provisorischen Kronen geschützt werden. Bei günstigen Verhältnissen ist es sogar möglich, ebenfalls die Lücke in Verbindung mit den Kronenprovisorien auszufüllen. Für Patienten hat ein derartiger provisorischer Brückenersatz besondere Bedeutung, wenn der Frontzahnbereich betroffen ist. Yvonne ist stolz, wenn sie den besorgten Patienten versichern kann, dass sie nach der Präparation und während des gesamten Verlaufs der Behandlung die Praxis ohne auffallende kosmetische Einbußen verlassen werden.

6.1 Sachdarstellung

Die Herstellung provisorischer Brücken erfolgt in gleicher Weise wie die Anfertigung provisorischer Kronen. Durch sie wird der Anspruch auf Schutz der beschliffenen Zähne, auf Erhalt der Kaufunktion und auf Verhinderung von Zahnwanderungen bis zur Eingliederung der endgültigen Brücke erfüllt. Insbesondere für den sichtbaren Bereich wird durch die provisorische Versorgung von Zahnlücken mit Ersatz dem kosmetischen Anliegen von Patienten entsprochen.

6.2 Abrechnung provisorischer Brücken nach dem Bema

Die provisorischen Brückenanker und Brückenzwischenglieder werden ebenso wie provisorische Kronen unter der Bema-Nummer 19 abgerechnet. Hierbei kann die Bema-Nummer 19 für jeden provisorisch ersetzten Zahn abgerechnet werden.

Abrechnungsbestimmungen: Bema-Nummer 19

Bema-Nr.	Leistungsbeschreibung	Bew.-Zahl
19	Schutz eines beschliffenen Zahns und Sicherung der Kaufunktion durch eine provisorische Krone oder provisorischen Ersatz eines fehlenden Zahns durch ein Brückenglied	19

abrechenbar

- für eine individuell hergestellte provisorische Krone
- maximal zweimal je Zahn (Krone)/je provisorischem Brückenglied
- Materialkosten, auch in Fällen, in denen Leistungen nach der Bema-Nummer 19 mehr als zweimal je Zahn erbracht wurden

nicht abrechenbar

- neben der Bema-Nummer 23 für das Entfernen des provisorischen Schutzes

Für die Abnahme und Wiederbefestigung von provisorischen Brücken wird die Bema-Nummer 95d abgerechnet. Voraussetzung für die Abrechnung der Bema-Nummer 95d ist die **Abnahme und Wiederbefestigung** der Brücke. Die Bema-Nummer 95d kann nicht für die Wiederbefestigung einer provisorischen Brücke abgerechnet werden, die sich gelöst hatte, oder für das Einsetzen eines neuen Brückenprovisoriums. Das alleinige Wiederbefestigen eines Brückenprovisoriums ist nur durch einen anderen Zahnarzt, z. B. im Notdienst, abrechenbar. Die Bema-Nummer 95d kann nur unter „Nachträgliche Befunde" im HKP eingetragen werden. Eine Kostenplanung im Voraus ist nicht möglich.

Abrechnungsbestimmungen: Bema-Nummer 95d

Bema-Nr.	Leistungsbeschreibung	Bew.-Zahl
95d	Abnahme und Wiederbefestigung einer provisorischen Brücke	18

Zeichnung: © Dr. med. Dr. med. dent. Turck, Ingrid, Bonn

abrechenbar

- für das Abnehmen **und** Wiederbefestigen der gesamten provisorischen Brücke
- höchstens dreimal je Brücke
- für das alleinige Wiederbefestigen durch einen anderen Zahnarzt (z. B. im Notdienst)
- nur unter „Nachträgliche Befunde“

nicht abrechenbar

- nur für das Abnehmen einer provisorischen Brücke
- nur für die Wiederbefestigung einer provisorischen Brücke
- für das Einsetzen einer erneut hergestellten provisorischen Brücke
- in der Kostenplanung

6.3 Abrechnung provisorischer Brücken nach der GOZ

In der GOZ gibt es für die provisorische Versorgung einer Brücke gesonderte Abrechnungspositionen. Eine provisorische Brücke im direkten Verfahren mit Abformung wird je Pfeilerzahn oder Implantat nach der GOZ-Nummer 5120 abgerechnet. Die einzelnen Brückenzwischenglieder können nicht separat berechnet werden. Ihre Abrechnung erfolgt nach der Gebührennummer 5140 unabhängig von der Anzahl der von ihr zu ersetzenden Zähne je Spanne. Das Abnehmen und Wiedereingliedern derselben provisorischen Brücke kann nicht gesondert abgerechnet werden. Der erhöhte Aufwand, der gegebenenfalls mit mehreren Kroneneinproben verbunden ist, kann nur über einen erhöhten Steigerungssatz berücksichtigt werden.

Abrechnungshinweise: GOZ-Nummer 5120

GOZ-Nummer	Leistungsbeschreibung	Punktzahl	Einfachsatz in EUR
5120	Provisorische Brücke im direkten Verfahren mit Abformung, je Zahn oder Implantat, einschließlich Entfernung	240	13,50

abrechenbar

- je provisorische Krone oder Implantat im Brückenverband
- bei Erneuerung einer provisorischen Brücke
- Materialkosten

nicht abrechenbar

- für Einzelprovisorien

Abrechnungshinweise: GOZ-Nummer 5140

GOZ-Nummer	Leistungsbeschreibung	Punktzahl	Einfachsatz in EUR
5140	Provisorische Brücke im direkten Verfahren mit Abformung je Brückenspanne oder Freiendsattel, einschließlich Entfernung	80	4,50

abrechenbar

- je Brückenspanne des Provisoriums
- bei Erneuerung einer provisorischen Brücke
- Materialkosten

Langzeitprovisorien

Zur Abrechnung von Langzeitprovisorien mit einer Tragezeit von mindestens drei Monaten gibt es in der GOZ für die Versorgung von Kronenstümpfen, Brückenpfeilern, zu überbrückende Spannen – auch als Freiendlücken – die Gebührennummern 7080 und 7090. Eine Tragezeit von mindestens drei Monaten kann z. B. bei verzögerter Wundheilung oder bei Verhinderung des Patienten der Fall sein. Ein naher zeitlicher Zusammenhang mit der Eingliederung des endgültigen Ersatzes darf nicht bestehen. Beträgt die Tragezeit des festsitzenden laborgefertigten Provisoriums weniger als drei Monate, sind Leistungen nach den GOZ-Nummern 2260 und 2270 oder 5120 und 5140 abrechenbar.

Die Wiedereingliederung und die Entfernung desselben Langzeitprovisoriums, gegebenenfalls auch mehrmals, ist mit den Gebühren nach den GOZ- Nummern 7080 und 7090 abgegolten.

Abrechnungshinweise: GOZ-Nummern 7080 und 7090

GOZ-Nummer	Leistungsbeschreibung	Punktzahl	Einfachsatz in EUR
7080	Versorgung eines Kiefers mit einem festsitzenden laborgefertigten Provisorium (einschließlich Vorpräparation) im indirekten Verfahren, je Zahn oder je Implantat, einschließlich Entfernung	600	33,75
7090	Versorgung eines Kiefers mit einem laborgefertigten Provisorium im indirekten Verfahren, je Brückenglied, einschließlich Entfernung	270	15,19

abrechenbar

- GOZ-Nummer 7080 je Krone
- GOZ-Nummer 7090 je Spanne oder Freiendteil
- bei einer Tragezeit von mindestens drei Monaten

nicht abrechenbar

- bei einer Tragezeit von weniger als drei Monaten
- für die Wiedereingliederung desselben Interimszahnersatzes

ÜBUNGSAUFGABEN

1. Welche Bema-Nummern bzw. GOZ-Nummern sind in den nachfolgenden Beispielen für die provisorischen Brücken abzurechnen? Die Provisorien werden im direkten Verfahren mit Abformung hergestellt.

a) Provisorische Versorgung

Prov.												K	B	B	K	
	18	17	16	15	14	13	12	11	21	22	23	24	25	26	27	28

Bema: ______________________________

GOZ: ______________________________

b) Provisorische Versorgung

Prov.						K	K	B	B	B	K					
	18	17	16	15	14	13	12	11	21	22	23	24	25	26	27	28

Bema: ______________________________

GOZ: ______________________________

c) Provisorische Versorgung

Prov.		K	B	K	B	K										
	18	17	16	15	14	13	12	11	21	22	23	24	25	26	27	28

Bema: ______________________________

GOZ: ______________________________

d) Provisorische Versorgung

Prov.						K										
	18	17	16	15	14	13	12	11	21	22	23	24	25	26	27	28
	48	47	46	45	44	43	42	41	31	32	33	34	35	36	37	38
Prov.									K	K	B	K	B	B	K	

Bema: ______________________________

GOZ: ______________________________

e) Provisorische Versorgung

Prov.		K	B	K	B	B	K	K			K	B	K			
	18	17	16	15	14	13	12	11	21	22	23	24	25	26	27	28

Bema: ______________________________

GOZ: ______________________________

f) Provisorische Versorgung

Prov.		K	B	B	B	K				K						
	18	17	16	15	14	13	12	11	21	22	23	24	25	26	27	28
	48	47	46	45	44	43	42	41	31	32	33	34	35	36	37	38
Prov.												K	B	B	K	

Bema: ______________________________

GOZ: ______________________________

g) Provisorische Versorgung

Prov.	K	K	B	K	B	K										
	18	17	16	15	14	13	12	11	21	22	23	24	25	26	27	28
	48	47	46	45	44	43	42	41	31	32	33	34	35	36	37	38
Prov.				K	K	B	K	K								

Bema: ______________________________

GOZ: ______________________________

h) Provisorische Versorgung

Prov.		K	B	K	B	K										
	18	17	16	15	14	13	12	11	21	22	23	24	25	26	27	28
	48	47	46	45	44	43	42	41	31	32	33	34	35	36	37	38
Prov.										K	B	K	B	B	K	

Bema: ______________________________

GOZ: ______________________________

i) Provisorische Versorgung

Prov.		K	B	K	K	K	B	K								
	18	17	16	15	14	13	12	11	21	22	23	24	25	26	27	28
	48	47	46	45	44	43	42	41	31	32	33	34	35	36	37	38
Prov.							K	B	B	K	K	B	K			

Bema: ______________________________

GOZ: ______________________________

2. Welche Bema-Nummern bzw. GOZ-Nummern sind für die provisorische Versorgung in den folgenden Beispielen abrechenbar? Die Provisorien werden im direkten Verfahren mit Abformung hergestellt.

Fall	Zahn	Leistung	Bema	GOZ
1	13–15 (KBK)	Provisorische Brücke		

Fall	Zahn	Leistung	Bema	GOZ
2	13–15 (KBK)	Provisorische Brücke, 13 erhält ein Provisorium mit Stiftverankerung		
3	34–37 (KBBK)	Provisorische Brücke		
4	44–46 (KBK)	Provisorische Brücke		
		Abnahme und Wiederbefestigung der provisorischen Brücke in einer folgenden Sitzung		
5	13–16 (KBBK)	Provisorische Brücke		
		Abnahme und Wiederbefestigung der provisorischen Brücke in zwei folgenden Sitzungen		
6	34–36, 37 (KBKK)	Provisorische Brücke und Krone		
		Abnahme und Wiederbefestigung der provisorischen Krone und Brücke in zwei verschiedenen Sitzungen		
7	45–47 (KBK)	Provisorische Brücke		
		Erneuerung der provisorischen Brücke in einer folgenden Sitzung		
8	26–28 (KBK)	Provisorische Brücke		
		Erneuerung der provisorischen Brücke in zwei folgenden Sitzungen		
9	12, 13, 14–16 (KKKBK)	Provisorische Kronen und Brücke		
		Erneuerung der provisorischen Kronen und der Brücke in folgender Sitzung		
		Abnahme und Wiederbefestigung in einer weiteren Sitzung		
10	21–23, 24, 25–27, (KBKKKBK)	Provisorische Krone und provisorische Brücken		
		Provisorische Krone und Brücken werden in den folgenden Sitzungen viermal abgenommen und wiederbefestigt.		

3. Rechnen Sie die aufgeführten Brücken, Kronen und Provisorien nach dem Bema ab und nennen Sie die entsprechenden Festzuschüsse.

Fall	Kronen und Brücken mit Provisorien	Bema-Nummern: Kronen und Brücken	Bema-Nummern: Provisorien, Abnahme und Wiederbefestigung	Festzuschuss
1	KBK 35–37 Provisorien 3 x Abnahme und Wiederbefestigung			
2	KVBVKK 24–26, 27 Provisorien 1 x Abnahme und Wiederbefestigung			

Fall	Kronen und Brücken mit Provisorien	Bema-Nummern: Kronen und Brücken	Bema-Nummern: Provisorien, Abnahme und Wiederbefestigung	Festzuschuss
3	KBKKVBVKV 18–16, 15–13 Provisorien 4 x Abnahme und Wiederbefestigung			
4	PKBVBVKV 21 - - 24 Provisorien 1 x Erneuerung der provisorischen Brücke			
5	KBBKVBVKV 47 - - 44–42 Provisorien 2 x Erneuerung der provisorischen Brücke 1 x Abnahme und Wiederbefesti-gung			
6	KBKKBVKVKV 48–46, 45–43, 42 Provisorien 3 x Abnahme und Wiederbefestigung			
7	KVKVBVBVBVBVKVKV 14, 13 - - - - 23, 24 Provisorien 2 x Abnahme und Wiederbefestigung			
8	KBKKVPK 47–45, 44, 43 Provisorien 4 x Abnahme und Wiederbefesti-gung			
9	KBKKVBVKVBVKV 18–16, 15–13–11 Provisorien 1 x Erneuerung der provisorischen Brücken 3 x Abnahme und Wiederbefestigung			

4. Führen Sie Ihre Lernkartei fort.

Rechnen Sie die Behandlungsfälle 5, 6, 7 und 8 für gesetzlich versicherte Patienten und für Privatpatienten ab.
Erfassen Sie anschließend die Behandlungsfälle mithilfe eines Abrechnungsprogramms.

Behandlungsfall 5: Brücken

Name der Krankenkasse BARMER		
Name, Vorname des Versicherten Strobel, Peter Hauptstr. 145 47269 Duisburg		
Kassen-Nr.	**Versicherten-Nr.**	**Status** 1
Vertragszahnarzt-Nr.	**VK gültig bis**	**Datum**

Status: Mitglied
Befund:
fehlend: 18, 28, 38, 48
nicht erhaltungswürdig: 45, 34, 35
erhaltungswürdig mit weitgehender Zerstörung: 46, 44, 33, 36

Behandlung:
Regelversorgung des Unterkiefers mit Brücken von 46–44 und von 33–36.

I. Befund des gesamten Gebisses/Behandlungsplan
TP = Therapieplanung R = Regelversorgung B = Befund

TP																
R																
B																
	18	17	16	15	14	13	12	11	21	22	23	24	25	26	27	28
	48	47	46	45	44	43	42	41	31	32	33	34	35	36	37	38
B																
R																
TP																

Datum	Zahn/ Regio	Leistung	Bema	GOZ
11.05.		Erstellen eines schriftlichen Heil- und Kostenplans zur prothetischen Versorgung		
15.05.	UK OK	Abformung zur Herstellung von Provisorien (Alginat) Abformung des Gegenkiefers (Alginat) Materialkosten: je 2,80 EUR		
	44, 33	Hohlkehlpräparation zur Aufnahme von vestibulär verblendeten Verblendkronen		
	46, 36	Tangentialpräparation zur Aufnahme von metallischen Vollkronen		
	UK	Korrekturabformung mit Silikon, Relationsbestimmung Materialkosten: 9,20 EUR		
	46–44, 33–36	Einsetzen der provisorischen Brücken Materialkosten: je 1,90 EUR		

Datum	Zahn/ Regio	Leistung	Bema	GOZ
22.05.		Abnahme der provisorischen Brücken		
		Einprobe der Brückengerüste, Auswahl der Zahnfarbe		
		Wiederbefestigung der provisorischen Brücken		
29.05.	46–44, 33–36	Eingliedern der Brücken		

Geschätzte Material- und Laborkosten: 1 500,00 EUR
Tatsächliche Material- und Laborkosten: 1 485,95 EUR

Festzuschüsse	

Behandlungsfall 6: Brücken

Name der Krankenkasse BARMER		
Name, Vorname des Versicherten Laumann, Rüdiger Wasserstr. 204 52525 Heinsberg		
Kassen-Nr.	**Versicherten-Nr.**	**Status** 1
Vertragszahnarzt-Nr.	**VK gültig bis**	**Datum**

Status: Mitglied
Befund:
erhaltungswürdig mit weitgehender Zerstörung: 25, 27, 44, 43, 32, 33
nicht erhaltungswürdig: 26, 42, 41, 31
erneuerungsbedürftige Kronen: 17, 13
Brückenzwischenglieder: 16, 15, 14

Behandlung nach der Regelversorgung:
Erneuerung der Brücke von 17–13 und Versorgung des Oberkiefers links mit einer Brücke 27–25. Der Unterkiefer erhält eine Brücke von 43–32 und Einzelkronen auf 44 und 33.

I. Befund des gesamten Gebisses/Behandlungsplan

TP = Therapieplanung R = Regelversorgung B = Befund

TP																
R																
B																
	18	17	16	15	14	13	12	11	21	22	23	24	25	26	27	28
	48	47	46	45	44	43	42	41	31	32	33	34	35	36	37	38
B																
R																
TP																

Datum	Zahn/ Regio	Leistung	Bema	GOZ
06.07.		Aufstellen eines schriftlichen Heil- und Kostenplans zur prothetischen Versorgung		
20.07.	OK/UK	Alginatabformungen zur Herstellung von Provisorien Materialkosten: je 2,80 EUR		
	44, 33	Hohlkehlpräparation zur Aufnahme von vestibulär verblendeten Verblendkronen		
	13, 25, 43, 32	Hohlkehlpräparation zur Aufnahme von vestibulär verblendeten Verblendkronen		
	17, 27	Tangentialpräparation zur Aufnahme von metallischen Vollkronen		
	OK/UK	Korrekturabformungen mit Silikon Materialkosten: je 9,00 EUR		
		Relationsbestimmung		
	44, 33	Herstellen und Einsetzen von provisorischen Kronen Materialkosten: je 1,90 EUR		
	17–13, 25–27, 43–32	Herstellen und Einsetzen von provisorischen Brücken Materialkosten: je 1,90 EUR		
25.07.		Abnahme der provisorischen Kronen und Brücken		
		Einprobe der Kronen und Brückengerüste		
		Wiederbefestigung der provisorischen Kronen und Brücken		
27.07.	UK	Alginatabformung nach Fixierung des zerbrochenen Provisoriums zur Erneuerung der provisorischen Brücke 43–32 Materialkosten: 2,80 EUR (Alginat), je 1,90 EUR (Provisorien)		
04.08.	44, 33	Einsetzen der vestibulär verblendeten Verblendkronen		
	17–13, 25–27, 43–32	Eingliedern der Brücken		

Geschätzte Material- und Laborkosten: 4 200,00 EUR
Tatsächliche Material- und Laborkosten: 4 186,50 EUR

Festzuschüsse	

Behandlungsfall 7: Brücken, Einzelkronen

Name der Krankenkasse ACK		
Name, Vorname des Versicherten Huhn, Wolfram Lindenallee 24 47533 Kleve		
Kassen-Nr.	**Versicherten-Nr.**	**Status** 1
Vertragszahnarzt-Nr.	**VK gültig bis**	**Datum**

Status: Mitglied
Befund:
fehlend: 25 (Lückenschluss), 28, 38
Brückenanker (erneuerungsbedürftig): 18, 16, 14
Brückenzwischenglied: 17, 15
partieller Substanzverlust: 26
erneuerungsbedürftige Kronen: 13, 24
erhaltungswürdig mit weitgehender Zerstörung: 43, 41, 31, 33
nicht erhaltungswürdig: 42, 32

Behandlung nach der Regelversorgung:
Erneuerung der neun Jahre alten Krone 13 und der Brücke im Oberkiefer von 18 bis 14. Die Krone auf 24 und die Teilkrone auf 26 werden miteinander verblockt. Versorgung des Unterkiefers mit Brücken von 43 bis 41 und von 31 bis 33.

I. Befund des gesamten Gebisses/Behandlungsplan

TP = Therapieplanung R = Regelversorgung B = Befund

TP																
R																
B																
	18	17	16	15	14	13	12	11	21	22	23	24	25	26	27	28
	48	47	46	45	44	43	42	41	31	32	33	34	35	36	37	38
B																
R																
TP																

Datum	Zahn/ Regio	Leistung	Bema	GOZ
05.11.		Erstellen eines schriftlichen Heil- und Kostenplans zur prothetischen Versorgung		
10.11.	OK/UK	Alginatabformungen zur Herstellung von Provisorien Materialkosten: je 2,80 EUR		
	13, 24	Hohlkehlpräparation zur Aufnahme von vestibulär verblendeten Verblendkronen		
	14, 43, 41, 31, 33	Hohlkehlpräparation zur Aufnahme von vestibulär verblendeten Verblendkronen		
	18, 16	Zirkuläre Stufenpräparation zur Aufnahme von metallischen Vollkronen		
	26	Präparation zur Aufnahme einer metallischen Teilkrone		
	OK/UK	Korrekturabformungen mit Silikon Materialkosten: je 9,00 EUR		
		Relationsbestimmung		
	13, 24, 26	Herstellen und Einsetzen der provisorischen Kronen, Materialkosten: je 1,90 EUR		

Datum	Zahn/ Regio	Leistung	Bema	GOZ
	18–14, 43–41, 31–33	Herstellen und Einsetzen der provisorischen Brücken Materialkosten: je 1,90 EUR		
25.11.		Abnahme aller Provisorien und Wiederbefestigung nach Einprobe der Kronen und Brücken		
27.11.	31–33	Neue provisorische Brücke (Alginatabformung) Materialkosten: 2,80 EUR, Provisorium: je 1,90 EUR		
02.12.	13, 24, 26	Einsetzen der Verblendkronen und der mit Krone 24 verblockten Teilkrone 26		
	18–14, 43–41, 31–33	Eingliedern der Brücken		

Geschätzte Material- und Laborkosten: 4 200,00 EUR
Tatsächliche Material- und Laborkosten: 4 186,50 EUR

Festzuschüsse	

Behandlungsfall 8: Brücken und Einzelkronen, gleichartig

Name der Krankenkasse BARMER		
Name, Vorname des Versicherten Petersen, Klaus Bergstr. 204 50321 Brühl		
Kassen-Nr.	**Versicherten-Nr.**	**Status** 1
Vertragszahnarzt-Nr.	**VK gültig bis**	**Datum**

Status: Mitglied
Befund:
fehlend: 18, 16, 14, 28, 38, 48
erkrankt, aber erhaltungswürdig: 17, 15, 13, 24, 25, 27, 33, 43
nicht erhaltungswürdig: 26, 42, 41, 31, 32

Behandlung:
Zweispannige Brücke von 17–15–13 und Brücke 27–25, nach den Richtlinien verblendet. Zahn 24 erhält eine vestibulär verblendete Verblendkrone. Der Unterkiefer erhält eine metallkeramisch vollverblendete Brücke von 43–33.

TP																
R																
B																
	18	17	16	15	14	13	12	11	21	22	23	24	25	26	27	28
	48	47	46	45	44	43	42	41	31	32	33	34	35	36	37	38
B																
R																
TP																

Datum	Zahn/ Regio	Leistung	Bema	GOZ
06.03.		Aufstellen eines schriftlichen Heil- und Kostenplanes zur prothetischen Versorgung		
20.03.	OK/UK	Silikonabformungen zur Herstellung von Provisorien Materialkosten: je 9,00 EUR		
	OK/UK	Alginatabformungen zur Herstellung von individuellen Löffeln Materialkosten: je 3,00 EUR		
	43, 33	Hohlkehlpräparation zur Aufnahme von metallkeramisch vollverblendeten Kronen		
	13, 15, 24, 25	Hohlkehlpräparation zur Aufnahme von vestibulär verblendeten Verblendkronen		
	17, 27	Tangentialpräparation zur Aufnahme von metallischen Vollkronen		
	OK/UK	Korrekturabformungen mit individuellen Abformlöffeln Materialkosten: je 9,00 EUR		
	24	Herstellen und Einsetzen einer provisorischen Krone Materialkosten: 1,90 EUR		
	17–15–13 25–27 43–33	Herstellen und Einsetzen von provisorischen Brücken Materialkosten: je 1,90 EUR		
25.03.		Abnahme aller provisorischen Kronen und Brücken Gerüsteinprobe, Wiederbefestigung aller provisorischen Kronen und Brücken		
30.03.		Abnahme aller provisorischen Kronen und Brücken Gerüsteinprobe, Wiederbefestigung aller provisorischen Kronen und Brücken		
04.04.	24	Einsetzen der vestibulär verblendeten Verblendkrone		
	17–15–13 und 25–27	Eingliedern der Brücken		
	43–33	Eingliedern der vollverblendeten Brücke		

Geschätzte Material- und Laborkosten: 4 700,00 EUR
Tatsächliche Material- und Laborkosten: 4 876,00 EUR

Festzuschüsse	

17.03.2023

7 Totale Prothese

Yvonne benötigt einige Zeit, um den Behandlungsablauf bei der Versorgung eines Patienten mit totalem Zahnersatz kennenzulernen, damit sie den Behandlungstisch für die jeweiligen Sitzungen ausrichten kann. Hierzu gehört auch die Bereitstellung unterschiedlicher Abformmaterialien, deren Mischtechnik sie inzwischen beherrscht. Sie freut sich auf ihre Aufgabe, mit dem Patienten nach dem Einsetzen der neuen Prothesen das Einbringen und Herausnehmen des Ersatzes zu üben und Sprachübungen durchzuführen, insbesondere die häufig problematischen Zischlaute. Hierzu dient ihr der Satz: „Zweiundzwanzig Miezekatzen schwimmen im Zickzack über den Mississippi“. Anschließend gibt sie dem Patienten Tipps zur richtigen Pflege des Zahnersatzes.

7.1 Sachdarstellung

Einen zahnlosen Patienten mit totalem funktionstüchtigem herausnehmbarem Zahnersatz zu versorgen, stellt eine der großen Anforderungen an den Zahnarzt dar. Anatomische und physiologische Kenntnisse, technische Fertigkeiten, ein ausgeprägtes ästhetisches Empfinden und hohes Einfühlungsvermögen sind hier von besonderer Bedeutung und eine Voraussetzung für diese Aufgabe. Da bei zahnlosen Kiefern die Befestigung des Ersatzes durch eine Klammerverankerung entfällt, werden Spezialabformungen der Kiefer, wie es die Funktionsabformungen darstellen, zur Erzielung eines Saugeffekts als Halt notwendig. Hierbei spielt der Speichel eine wesentliche Rolle. Die Kraft des Saugeffekts kann man sich wie die des Wassers zwischen zwei aufeinanderliegenden Glasplatten vorstellen, die schwer voneinander zu trennen sind. Der Patient erwartet, dass die neuen Prothesen seine Ansprüche in funktioneller, phonetischer und kosmetischer Hinsicht erfüllen. Sie sollen einen sicheren Halt haben, die Kaufähigkeit ermöglichen, das Sprechen nicht beeinträchtigen und sein Aussehen nicht nachteilig verändern.

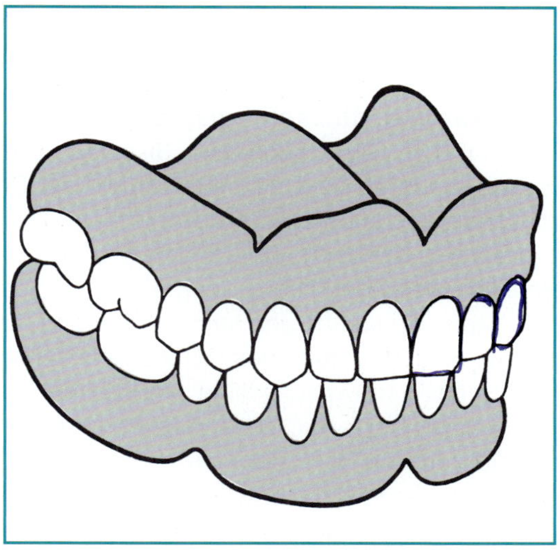

Totale Oberkiefer- und Unterkieferprothese („28er“)

Die Herstellung von totalen Prothesen („28er“) vollzieht sich in mehreren Behandlungsschritten:

- Anatomische Abformung
- Funktionsabformung
- Relationsbestimmung
- Wachseinprobe
- Einsetzen bzw. Einfügen des Ersatzes

Unter „Relationsbestimmung“ versteht man die Lagebestimmung des beweglichen Unterkiefers zum feststehenden Oberkiefer. Diese Maßnahme wird auch weniger zutreffend „Bissnahme“ genannt. Hierzu benötigt der Zahnarzt Bissschablonen, die im Labor auf den nach der Funktionsabformung gewonnenen Modellen angefertigt werden. Bissschablonen sind Basisplatten aus Kunststoff oder Schellackplatten mit einem Wachswall auf dem Kieferkamm. Diese Wachswälle sind etwa so hoch wie die ehemaligen Zahnkronen. Nach Einsetzen dieser Platten in den Mund wird zunächst die Bisshöhe als **vertikaler** Abstand von Unterkiefer zu Oberkiefer festgelegt. Dabei muss auf einen zwanglosen Lippenschluss geachtet werden. Im Anschluss daran erfolgt die Ermittlung der Kieferstellung in **horizontaler** Beziehung: rechts/links und vorne/hinten. Die Bissschablonen werden dann – z. B. mit einer u-förmigen Drahtklammer – miteinander fixiert. Bevor sie in einem Block aus dem Mund entfernt werden, werden Hilfslinien (Mittellinie, Eckzahnlinie und Lachlinie) auf den Wachswällen eingetragen. Diese sind mitbestimmend bei der Auswahl von Zahngröße, Zahnform und Zahnstellung. In dieser Sitzung wird auch die Zahnfarbe bestimmt.

Zeichnungen: © Dr. med. Dr. med. dent. Turck, Ingrid, Bonn

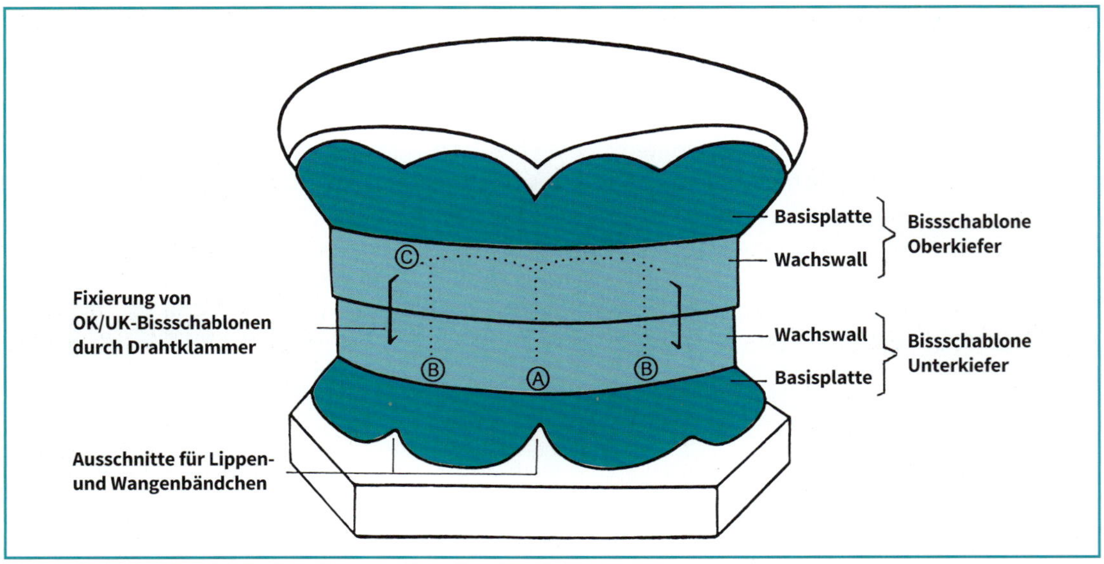

Relationsbestimmung: Bissschablonen im zahnlosen Kiefer
A: Mittellinie, B: Eckzahnlinie, C: Lachlinie

Eine erweiterte Methode der Relationsbestimmung ist die **intraorale Stützstiftregistrierung**. Sie erleichtert die Bestimmung der horizontalen Bisslage. Sie ersetzt die Handbissnahme oder schließt sich ihr an. Dazu werden die Bissschablonen im zahntechnischen Labor mit Registrierplatten versehen. Eine der Registrierplatten – in der Regel die des Oberkiefers – enthält einen in der Höhe verstellbaren Stützstift, der nach Festlegung der Bisshöhe auf der Registrierplatte des Unterkiefers bei der Vorwärts- und Seitwärtsbewegung eine Markierung in Form eines Pfeils hinterlässt. Auf diese Weise entsteht ein Registrat für die zentrale, d. h. die richtige Lage des Unterkiefers zum Oberkiefer. Danach werden die Bissschablonen z. B. mit schnellhärtendem Kunststoff, fixiert, in einem Block aus dem Mund genommen und ins Labor gegeben. Die so untereinander fixierten Modelle werden hier in einem Artikulator eingestellt.

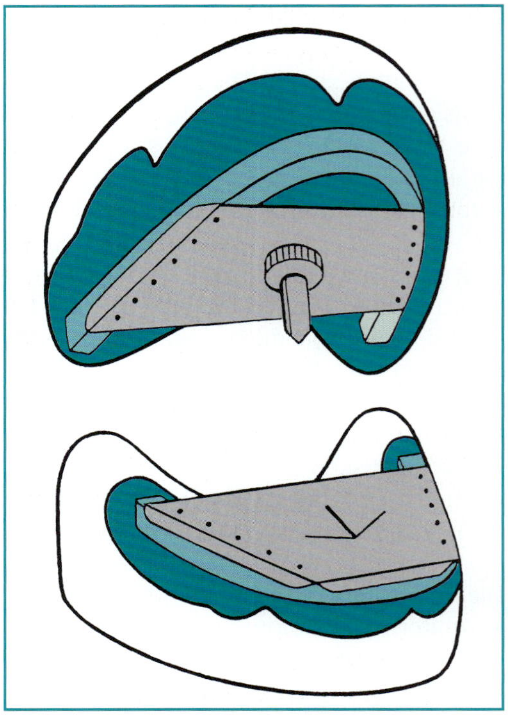

Intraorale Stützstift-Registrierung

Wachseinprobe

Die Bissschablonen werden mit den in Wachs aufgestellten Zähnen aus Kunststoff einprobiert. Bisshöhe, Zahnstellung, Okklusion und Artikulation werden nochmals überprüft und können in dieser Sitzung noch korrigiert werden. Außerordentlich wichtig ist hier auch die Mitarbeit des Patienten, der – mit einem Handspiegel versehen – sich erstmalig mit seinen neuen Zähnen sehen und eventuell vor der endgültigen Fertigstellung Einfluss auf die Ästhetik nehmen kann.

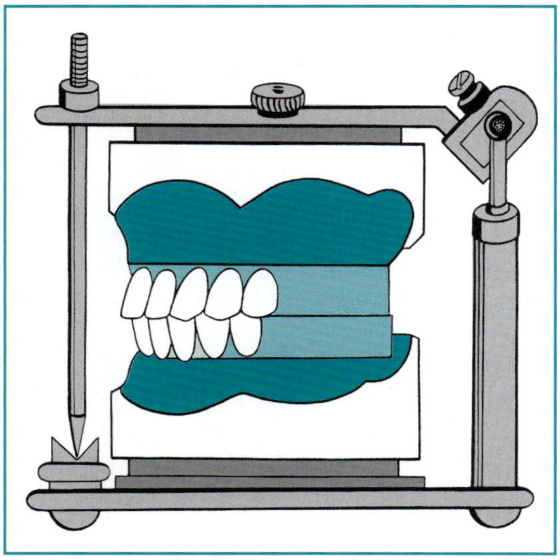

Artikulator mit Bissschablonen auf Kiefermodellen. Teilaufstellung von Zähnen in Wachs für einen zahnlosen Ober- und Unterkiefer

Einfügen bzw. Eingliedern

Die endgültige Prothese wird eingesetzt. Bei totalen Prothesen spricht man auch von „Einfügen“, bei partiellem Ersatz von „Eingliedern“ des endgültigen Ersatzes. In manchen Praxen wird das Einsetzen der endgültigen Prothesen auch als „Abgabe“ in die Patientenkartei eingetragen oder in den Computer eingegeben. Es erfolgt nun das Einschleifen des Gebisses auf Okklusion und

Zeichnungen: © Dr. med. Dr. med. dent. Turck, Ingrid, Bonn

Artikulation, sodass ein gleichmäßiger Kontakt von Ober- und Unterkieferzähnen erreicht wird und eine hindernisfreie Mahlbewegung gewährleistet ist.

EXKURS

Arbeitsablauf bei der Herstellung von totalen Prothesen für den Ober- und Unterkiefer

Praxis	Zahntechnisches Labor
1. Sitzung **Anatomische Abformung** des Ober- und Unterkiefers mit konfektionierten Abformlöffeln	• Kiefermodellherstellung durch Ausgießen des Abformlöffels mit Modellgips • Herstellung von individuellen Abformlöffeln auf diesen Modellen
2. Sitzung **Funktionsabformung** • Konturieren des Löffels • Ventilrandgestaltung • Gesamtabformung	• Modellgewinnung durch Ausgießen der individuellen Abformlöffel mit Gips • Herstellung von Bissschablonen = Basisplatten mit Wachswällen auf dem Alveolarkamm
3. Sitzung **Relationsbestimmung** = Lagebestimmung des Unterkiefers zum Oberkiefer	• Montage der Modelle mit aufgelegten Bissschablonen in einen Artikulator, ein Gerät, das als „Kiefergelenksimulator" die Kaubewegungen nachahmen kann • Aufstellung der künstlichen Zähne im Wachs der Bissschablonen
4. Sitzung **Wachseinprobe** Bissschablonen mit Aufstellung der Zähne in Wachs werden einprobiert.	• Die Prothesen werden in Kunststoff fertiggestellt.
5. Sitzung **Einfügen der Prothesen** Einschleifen von Okklusion und Artikulation	

Totale Prothesen können auch als **Immediatersatz oder Interimsersatz** angefertigt werden. Das gilt auch für partielle Prothesen.

Als **Immediatprothese** (Sofortprothese) bezeichnet man einen Zahnersatz, der vor der Extraktion von Zähnen angefertigt wird. Auf einem durch Abformung gewonnenen Gipsmodell werden die zur Extraktion vorgesehenen Zähne abgetragen (radiert) und die Prothese wird fertiggestellt. Unmittelbar nach der Extraktion wird sie auf die frischen Wunden der entfernten Zähne, die sie ersetzen soll, eingesetzt. In den meisten Fällen wird der Immediatersatz nach Abheilen der Extraktionswunden unterfüttert und stellt dann den endgültigen Ersatz dar.

Eine **Interimsprothese** (zwischenzeitlicher Zahnersatz) ist eine temporäre prothetische und ästhetische Versorgung, die immer ein Provisorium darstellt. Sie wird zu einem späteren Zeitpunkt durch eine endgültige Prothese ersetzt.

Für Immediatprothesen und Interimsprothesen sieht der Bema keine unterschiedlichen Abrechnungspositionen vor. Ihre Abrechnung erfolgt unter den Bema-Nummern für totale und partielle Prothesen.
Eine Sonderform der totalen Prothese ist die Deckprothese oder „Cover-denture" (engl.: to cover = bedecken, denture = Zahnprothese). Unter ihr befinden sich noch zum Halt beitragende Zähne, in der Regel 1–3, die z. B. mit Wurzelstiftkappen, Knopfankern oder mit dem Primärteil von Teleskopkronen versehen sind. Die Außenteleskope sind in der Prothese unterhalb der entsprechenden künstlichen Zähne eingearbeitet, sodass sie auf der Oberseite der Totalprothese nicht sichtbar sind.

Wurzelstiftkappe mit Knopfanker

Sind in einem mit einer Prothese zu versorgenden Kiefer nur noch wenige erhaltungswürdige Wurzeln vorhanden, können diese zum besseren Halt des Ersatzes mit Wurzelstiftkappen mit Knopfankern versehen werden. Diese werden im Wurzelkanal verankert. An der Unterseite der Prothese, die man als „Cover-denture" bezeichnet, wird das Gegenlager des Knopfankers eingearbeitet, in das er einrastet wie ein Druckknopf. Insbesondere bei der prothetischen Versorgung des Unterkiefers ist diese Konstruktion von großem Vorteil, auch wenn sich nur noch eine Wurzel zur Aufnahme eines Knopfankers anbietet.

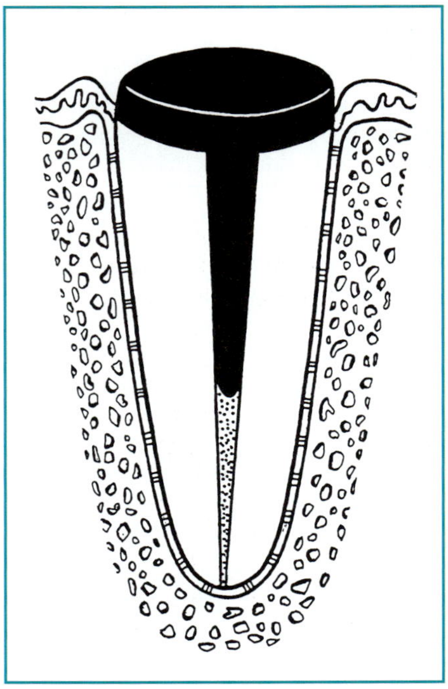

Wurzelstiftkappe

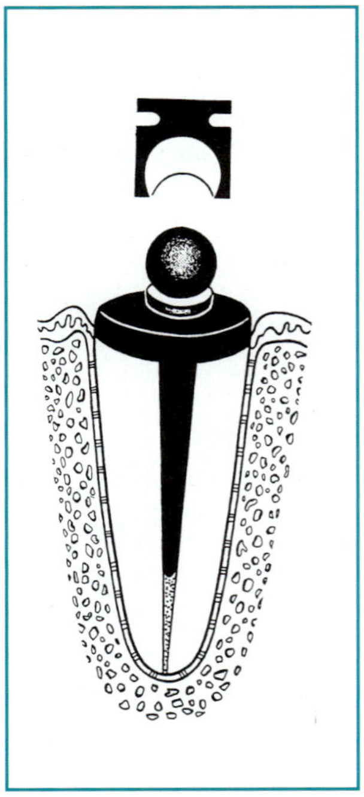

Knopfanker mit Matrize und Patrize

PRAKTIKUM

1. Bitten Sie Ihren Ausbilder, in einem zahntechnischen Labor die Arbeitsschritte des Zahntechnikers bei der Herstellung einer totalen Prothese kennenlernen zu dürfen.
2. Informieren Sie sich, welche Materialien und Instrumente Sie für die einzelnen Sitzungen bereitlegen müssen.

7.2 Abrechnung von totalen Prothesen nach dem Bema

Die totale Prothese für den Oberkiefer wird unter der Bema-Nummer 97a, für den Unterkiefer unter der Bema-Nummer 97b abgerechnet.

Mit diesen Bema-Nummern sind folgende zahnärztliche Leistungen abgegolten:

- Anatomische Abformung, auch des Gegenkiefers
- Ermittlung der Bisslage
- Einprobe
- Einfügen bzw. Eingliedern
- Nachbehandlungen innerhalb von drei Monaten

Nicht erfasst sind die vorbereitenden Maßnahmen nach den Bema-Nummern 7b, 89, 90 und 98.
Wird eine intraorale Stützstiftregistrierung durchgeführt, ist zusätzlich die Bema-Nummer 98d anzusetzen.
In besonderen Fällen, z. B. bei Patienten mit einer Kunststoffallergie, kann es erforderlich sein, die totale Prothese nicht mit einer Kunststoffbasis, sondern mit einer **Metallbasis** zu versehen. Bei der Verwendung einer Metallbasis kann die Bema-Nummer 98e zusätzlich zu den Bema-Nummern 97a oder 97b abgerechnet werden. Für die Verwendung der Metallbasis ist eine Begründung auf dem Heil- und Kostenplan anzugeben.

Abrechnungsbestimmungen: Bema-Nummern 97a und 97b

Bema-Nr.	Leistungsbeschreibung	Bew.-Zahl
97a	Totale Prothese/Cover-denture-Prothese im Oberkiefer	250
97b	Totale Prothese/Cover-denture-Prothese im Unterkiefer	290

abrechenbar

- je Prothese.
- bis zu maximal drei Restzähnen je Kiefer
- für die Versorgung mit einer Cover-denture
- zusätzlich 98e für eine Metallbasis
- zusätzlich 98d für eine intraorale Stützstiftregistrierung
- In den vom Bundesausschuss der Zahnärzte und Krankenkassen festgelegten Ausnahmefällen sind bei der Versorgung eines zahnlosen Kiefers durch eine implantatgetragene Prothese bei der Abrechnung dieser Prothesen die Bema-Nummern als 97ai und 97bi zu kennzeichnen.

Abrechnungsbestimmungen: Bema-Nummer 90

Bema-Nr.	Leistungsbeschreibung	Bew.-Zahl
90	Versorgung eines Zahns durch eine Wurzelstiftkappe mit Verankerung im Wurzelkanal mit Kugelknopfanker Mit der Leistung nach der Nr. 90 sind folgende Leistungen abgegolten: Präparation der Kavität, Abformung, Einprobe, Einzementieren	154

abrechenbar

- je Wurzelstiftkappe mit Verankerung im Wurzelkanal mit Kugelknopfanker
- nur in Zusammenhang mit einer Cover-denture bei einem Restzahnbestand bis zu drei Zähnen je Kiefer

Abrechnungsbestimmungen: Bema-Nummer 98d

Bema-Nr.	Leistungsbeschreibung	Bew.-Zahl
98d	Intraorale Stützstiftregistrierung zur Festlegung der Zentrallage	23

abrechenbar

- je Behandlungsfall
- nur in Verbindung mit den Bema-Nummern 97a und 97b
- Materialkosten für Bissschablonen

nicht abrechenbar

- Materialkosten für Registrierbehelfe und ihre Montage

Abrechnungsbestimmungen: Bema-Nummer 98e

Bema-Nr.	Leistungsbeschreibung	Bew.-Zahl
98e	Verwendung einer Metallbasis, in besonderen Ausnahmefällen zu den Bewertungszahlen nach Nummern 97a und b zusätzlich	16

abrechenbar

- neben den Bema-Nummern 97a oder 97b in begründeten Ausnahmefällen, z.B. hoher Gaumen, Makroglossie, Kunststoffallergie

nicht abrechenbar

- für Verstärkungs- und Beschwerungseinlagen (z. B. aus Silberzinn)
- im Zusammenhang mit Teilprothesen

7.3 Festzuschüsse der Befundklasse 4

Die Abrechnung nach Festzuschüssen der Befundklasse 4 erfolgt bei einem Restzahnbestand bis zu drei Zähnen oder bei einem zahnlosen Kiefer.

Festzuschuss	Befund	Beispiel
4.1	Restzahnbestand bis zu 3 Zähnen im Oberkiefer	Deckprothese/ Cover-denture OK
4.2	Zahnloser Oberkiefer	Totale Prothese OK
4.3	Restzahnbestand bis zu 3 Zähnen im Unterkiefer	Deckprothese/ Cover-denture UK
4.4	Zahnloser Unterkiefer	Totale Prothese UK
4.5	Notwendigkeit einer Metallbasis, Zuschlag je Kiefer	Metallbasis
4.6	Restzahnbestand bis zu 3 Zähnen je Kiefer mit der Notwendigkeit einer dentalen Verankerung, wenn die Regelversorgung eine Kombinationsversorgung vorsieht, je Ankerzahn	Teleskopkronen in Verbindung mit FZ 4.1 oder 4.3
4.7	Verblendung einer Teleskopkrone im Verblendbereich (15–25, 34–44), je Ankerzahn	Verblendung einer Teleskopkrone (TV)
4.8	Restzahnbestand bis zu 3 Zähnen je Kiefer bei Notwendigkeit einer dentalen Verankerung durch Wurzelstiftkappen, je Ankerzahn	Wurzelstiftkappe (R)
4.9	Schwierig zu bestimmende Lagebezeichnung der Kiefer bei der Versorgung mit Totalprothesen und schleimhautgetragenen Deckprothesen (Notwendigkeit einer Stützstiftregistrierung), Zuschlag je Gesamtbefund	Intraorale Stützstiftregistrierung

BEISPIEL

Als Befund liegt ein zahnloser Oberkiefer mit Gaumenwulst (= knöcherne Vorwölbung im Bereich der Gaumenmittelnaht) vor. Es besteht die Notwendigkeit der Versorgung mit einer totalen Prothese. Bei totalen Prothesen ist in der Regel die Basis in Kunststoff herzustellen. Dies ist im Festzuschuss-System der Befund 4.2. Eine Metallbasis geht in der Regel über das Gebot der Wirtschaftlichkeit hinaus und wird nur bezuschusst, wenn eine Begründung vorliegt, z. B. Torus palatinus (Gaumenwulst). In diesem Falle liegt zusätzlich der Befund 4.5 vor.

R	E	E	E	E	E	E	E	E	E	E	E	E	E	E	E	E
B	f	f	f	f	f	f	f	f	f	f	f	f	f	f	f	f
	18	17	16	15	14	13	12	11	21	22	23	24	25	26	27	28

Die Regelversorgung der Befundklasse 4 umfasst in diesem Fall folgende zahnärztliche Leistungen:

7b Planungsmodelle zur diagnostischen Auswertung von OK und UK
98b Funktionsabformung mit individuellem Löffel
97a Totale Prothese Oberkiefer

Der Patient erhält bei diesem Befund – je nach Bonus – für die zahnärztlichen und zahntechnischen Leistungen folgende Festzuschüsse von der Krankenkasse:

	Festzuschuss	Anzahl	EUR	Summe in EUR
60 % (ohne Bonus)	4.2	1	473,39	473,39
	4.5	1	110,29	110,29
70 % (Bonus 1)	4.2	1	552,29	552,29
	4.5	1	128,67	128,67
75 % (Bonus 2)	4.2	1	591,74	591,74
	4.5	1	137,87	137,87
100 % (Härtefall)	4.2	1	788,98	788,98
	4.5	1	183,82	183,82

7.4 Abrechnung von totalen Prothesen nach der GOZ

Die GOZ unterscheidet zwischen der totalen Prothese im Oberkiefer (GOZ-Nummer 5220) und der totalen Prothese im Unterkiefer (GOZ-Nummer 5230). Beide Nummern gelten sowohl für Kunststoff- als auch für Modellgussprothesen. Es gibt **keine** zusätzliche Gebührennummer für eine Metallbasis.
Die Berechnung einer Cover-denture erfolgt in der GOZ unter den GOZ-Nummern 5220 und 5230 wie eine Totalprothese. Diese Deckprothese setzt eine Basisgestaltung wie bei einer totalen Prothese voraus.

Durch die Leistungen nach den Nummern 5220 bis 5230 sind folgende Maßnahmen abgegolten:
- Anatomische Abformungen (auch des Gegenkiefers)
- Bestimmung der Kieferrelation
- Einproben, Einpassen bzw. Einfügen
- Nachkontrolle und Korrekturen

Abrechnungshinweise: GOZ-Nummern 5220 und 5230

GOZ-Nummer	Leistungsbeschreibung	Punktzahl	Einfachsatz in EUR
5220	Versorgung eines zahnlosen Kiefers durch eine totale Prothese oder Deckprothese bei Verwendung einer Kunststoff- oder Metallbasis, im Oberkiefer. ***Eine Deckprothese setzt eine Basisgestaltung wie eine totale Prothese voraus.***	1 850	104,05
5230	Versorgung eines zahnlosen Kiefers durch eine totale Prothese oder Deckprothese bei Verwendung einer Kunststoff- oder Metallbasis, im Unterkiefer. ***Eine Deckprothese setzt eine Basisgestaltung wie eine totale Prothese voraus.***	2 200	123,73

abrechenbar

- je Prothese
- für eine Cover-denture auf Wurzelstiftkappen
- für totale Immediat- und Interimsprothesen

Abrechnungshinweise: GOZ-Nummer 5030

GOZ-Nummer	Leistungsbeschreibung	Punktzahl	Einfachsatz in EUR
5030	Versorgung eines Lückengebisses durch eine Brücke oder Prothese: je Pfeilerzahn oder Implantat als Brücken- oder Prothesenanker mit einer Wurzelkappe mit Stift, gegebenenfalls zur Aufnahme einer Verbindungsvorrichtung oder anderer Verbindungselemente	1 483	83,41

abrechenbar

- je Wurzelstiftkappe

Abrechnungshinweise: GOZ-Nummer 8010

GOZ-Nummer	Leistungsbeschreibung	Punktzahl	Einfachsatz in EUR
8010	Registrieren der gelenkbezüglichen Zentrallage des Unterkiefers, auch Stützstiftregistrierung, je Registrat	180	10,12

abrechenbar

- je Registrat
- maximal zweimal
- Materialkosten

Gegenüberstellung der Abrechnung von Privat- und Kassenleistungen

Leistungen	Bema	GOZ
Totale Prothese im Oberkiefer, auch Cover-denture	**Bema-Nummer 97a:** je Prothese, auch Cover-denture	**GOZ-Nummer 5220** je Prothese
Totale Prothese im Unterkiefer, auch Cover-denture	**Bema-Nummmer 97b** je Prothese, auch Cover-denture	**GOZ-Nummer 5230** je Prothese
Metallbasis	**Bema-Nummer 98e** je Prothese Begründung erforderlich	keine Abrechnungsposition ggf. Erhöhung des Steigerungssatzes
Funktionelle Abformung des Oberkiefers mit individuellem Löffel	**Bema-Nummer 98b** je Funktionsabformung, bei zahnlosem Kiefer oder stark reduziertem Restgebiss (maximal drei Zähne)	**GOZ-Nummer 5180** je Funktionsabformung
Funktionelle Abformung des Unterkiefers mit individuellem Löffel	**Bema-Nummer 98c** je Funktionsabformung, bei zahnlosem Kiefer oder stark reduziertem Restgebiss (maximal drei Zähne)	**GOZ-Nummer 5190** je Funktionsabformung
Intraorale Stützstiftregistrierung	**Bema-Nummer 98d** je Behandlungsfall	**GOZ-Nummer 8010**

ÜBUNGSAUFGABEN

1. Tragen Sie nach folgendem Beispiel Befund und Behandlungsplan in das jeweilige Zahnschema ein. Ermitteln Sie die Bema-Nummern und Festzuschüsse.

BEISPIEL

Befund:
Fehlende Zähne: 18–28
Behandlungsplan:
Totale Prothese Oberkiefer

R	E	E	E	E	E	E	E	E	E	E	E	E	E	E	E	E
B	f	f	f	f	f	f	f	f	f	f	f	f	f	f	f	f
	18	17	16	15	14	13	12	11	21	22	23	24	25	26	27	28

Zahn	Bema-Nummer	Festzuschuss
OK	97a	4.2

Fall 1
Befund:
Fehlende Zähne: 38, 48
Ersetzte, aber erneuerungsbedürftige Zähne: 37–47

17.03.2023

Behandlungsplan:
Totale Prothese Unterkiefer

	48	47	46	45	44	43	42	41	31	32	33	34	35	36	37	38
B	f	ew	ew	ew	ew	ew	ew	ew	ew	ew	ew	ew	ew	ew	ew	f
R	E	E	E	E	E	E	E	E	E	E	E	E	E	E	E	E

Zahn	Bema-Nummer	Festzuschuss
UK	97b	4.4

Fall 2
Befund:
Fehlende Zähne: 18, 28, 38, 48
Ersetzte Zähne: 17–27
Ersetzte, aber erneuerungsbedürftige Zähne: 37–47

Behandlungsplan:
Unterkiefer: Totale Prothese, Erfordernis einer Metallbasis wegen Makroglossie (große Zunge)

R																
B	f	e	e	e	e	e	e	e	e	e	e	e	e	e	e	f
	18	17	16	15	14	13	12	11	21	22	23	24	25	26	27	28
	48	47	46	45	44	43	42	41	31	32	33	34	35	36	37	38
B	f	ew	ew	ew	ew	ew	ew	ew	ew	ew	ew	ew	ew	ew	ew	f
R	E	E	E	E	E	E	E	E	E	E	E	E	E	E	E	E

Zahn	Bema-Nummer	Festzuschuss
UK	97b	4.4
	98e	4.5

Fall 3
Befund:
Fehlende Zähne: 18, 28, 38, 48 f
Ersetzte Zähne: 37–47 e
Erneuerungsbedürftige Wurzelstiftkappen: 13, 23 rw
Ersetzte, aber erneuerungsbedürftige Zähne: 17–14, 12–22, 24–27 ew

Behandlungsplan: R
13, 23: Wurzelstiftkappen mit Knopfankern, Deckprothese (Cover-denture) E 4.1 ! 2 x 4.8

R	E	E	E	E	E	R	E	E	E	E	R	E	E	E	E	E
B	f	ew	ew	ew	ew	rw	ew	ew	ew	ew	rw	ew	ew	ew	ew	f
	18	17	16	15	14	13	12	11	21	22	23	24	25	26	27	28
	48	47	46	45	44	43	42	41	31	32	33	34	35	36	37	38
B	f	e	e	e	e	e	e	e	e	e	e	e	e	e	e	f
R																

Zahn	Bema-Nummer	Festzuschuss
OK	97a	4.1
13,23	2x 90	2x 4.8

2. Geben Sie die Bema-Nummern und die GOZ-Nummern für die Abrechnung folgender Totalprothesen an.

Fall	Regio	Prothese	Bema	GOZ
1	Oberkiefer	Prothese aus Kunststoff		
2	Unterkiefer	Prothese aus Kunststoff		
3	Oberkiefer	Modellgussprothese (Prothese mit Metallbasis) Begründung: extrem hoher Gaumen		
4	Unterkiefer	Modellgussprothese (Prothese mit Metallbasis) Begründung: besonders große Zunge (Makroglossie)		
5	Oberkiefer	Cover-denture auf Wurzelstiftkappen mit Knopfankern auf den Zähnen 13 und 23		

3. Lösen Sie folgende Aufgaben.

a) Beschreiben Sie ausführlich die Arbeitsschritte bei der Herstellung einer totalen Prothese.
b) Nennen Sie die Bema-Nummern für die Herstellung einer totalen Modellgussprothese im Oberkiefer.
c) Was ist eine intraorale Stützstiftregistrierung und wie wird sie nach dem Bema abgerechnet?
d) Unterscheiden Sie eine Immediatprothese und eine Interimsprothese.
e) Erklären Sie eine Cover-denture.
f) Wie wird eine Cover-denture für einen gesetzlich versicherten Patienten abgerechnet?
g) Wie kann der Zahnarzt den Mehraufwand für die Anfertigung einer Metallbasis nach der GOZ in Rechnung stellen?
h) Unter welchen Voraussetzungen darf die Bema-Nummer 90 abgerechnet werden?

4. Führen Sie Ihre Lernkartei fort.

17.03.2023

Rechnen Sie die Behandlungsfälle 9, 10, 11, 12 und 13 für gesetzlich versicherte Patienten und für Privatpatienten ab.
Erfassen Sie anschließend die Behandlungsfälle mithilfe eines Abrechnungsprogramms.

Behandlungsfall 9: Totale Prothese

Name der Krankenkasse BARMER		
Name, Vorname des Versicherten Goecke, Josef Bachstr. 23 44147 Dortmund		
Kassen-Nr.	**Versicherten-Nr.**	**Status** 5
Vertragszahnarzt-Nr.	**VK gültig bis**	**Datum**

Status: Rentner
Befund:
fehlende Zähne: 18, 28, 38, 48 f
ersetzte Zähne: 17–27 e
ersetzte, erneuerungsbedürftige Zähne: 37–47 ew

Behandlung:
Erneuerung der 5 Jahre alten funktionsuntüchtigen totalen Unterkieferprothese

I. Befund des gesamten Gebisses/Behandlungsplan
TP = Therapieplanung R = Regelversorgung B = Befund

TP																
R																
B	f	e	e	e	e	e	e	e	e	e	e	e	e	e	e	f
	18	17	16	15	14	13	12	11	21	22	23	24	25	26	27	28
	48	47	46	45	44	43	42	41	31	32	33	34	35	36	37	38
B	f	ew	ew	ew	ew	ew	ew	ew	ew	ew	ew	ew	ew	ew	ew	f
R	E	E	E	E	E	E	E	E	E	E	E	E	E	E	E	E
TP																

Datum	Zahn/ Regio	Leistung	Bema	GOZ
07.08.		Erstellen eines schriftlichen Heil- und Kostenplans zur prothetischen Versorgung		0030
	UK OK	Alginatabformung zur Herstellung eines individuellen Abformlöffels Abformung des Gegenkiefers (TO) Materialkosten: je 2,80 EUR	– – 5.60 €	– – 5,60 €
15.08.	UK	Funktionsabformung mit individuellem Abformlöffel (Silikon) Materialkosten: 9,00 EUR	98c 9 €	5190 9 €
20.08.		Relationsbestimmung	–	–
25.08.		Einprobe	–	–
30.08.	UK	Einsetzen der totalen Prothese	97b	5230

Geschätzte Material- und Laborkosten: 450,00 EUR
Tatsächliche Material- und Laborkosten: 425,43 EUR

29.03.2023

Festzuschüsse	4.4

Behandlungsfall 10: Totale Prothese

Name der Krankenkasse BARMER		
Name, Vorname des Versicherten Klingen, Maximilian Ruhrtalstr. 13 45131 Essen		
Kassen-Nr.	**Versicherten-Nr.**	**Status** 5
Vertragszahnarzt-Nr.	**VK gültig bis**	**Datum**

Status: Rentner
Befund:
fehlend: 18, 17, 27, 28
nicht erhaltungswürdig: 16–26
ersetzt: 48–38

Behandlung:
Versorgung des Oberkiefers durch eine totale Immediatprothese

I. Befund des gesamten Gebisses/Behandlungsplan
TP = Therapieplanung R = Regelversorgung B = Befund

TP																
R																
B																
	18	17	16	15	14	13	12	11	21	22	23	24	25	26	27	28
	48	47	46	45	44	43	42	41	31	32	33	34	35	36	37	38
B																
R																
TP																

Datum	Zahn/ Regio	Leistung	Bema	GOZ
07.06.		Erstellen eines schriftlichen Heil- und Kostenplans zur prothetischen Versorgung	–	0030
	OK UK	Alginatabformung zur Herstellung eines individuellen Abformlöffels Abformung der totalen UK-Prothese als Gegenbiss (Alginat) Materialkosten: je 2,80 EUR	– – 5,60 €	– – 5,60 €
10.06.	OK	Abformung mit individuellem Abformlöffel (Silikon) Materialkosten: 9,00 EUR	98a 9,–	5170 9,–
		Relationsbestimmung	–	–
20.06.	OK	Einsetzen der totalen Immediatprothese nach Extraktion von 16–26	97a	5220

Geschätzte Material- und Laborkosten: 300,00 EUR
Tatsächliche Material- und Laborkosten: 258,60 EUR

Festzuschüsse	4.2

Behandlungsfall 11: Totale Prothese

Name der Krankenkasse		
BARMER		
Name, Vorname des Versicherten Offermann, Maria Bornheimer Str. 35 53117 Bonn		
Kassen-Nr.	**Versicherten-Nr.**	**Status** 5
Vertragszahnarzt-Nr.	**VK gültig bis**	**Datum**

Status: Rentner
Befund:
fehlend: 18, 28, 38, 48
ersetzt, aber erneuerungsbedürftig: 17, 15–24, 26–27, 47, 46, 44–35, 37
nicht erhaltungswürdig: 16, 25, 45, 36

Behandlung:
Erneuerung der 8 Jahre alten funktionsuntüchtigen Ober- und Unterkieferprothese

I. Befund des gesamten Gebisses/Behandlungsplan
TP = Therapieplanung R = Regelversorgung B = Befund

TP																
R																
B																
	18	17	16	15	14	13	12	11	21	22	23	24	25	26	27	28
	48	47	46	45	44	43	42	41	31	32	33	34	35	36	37	38
B																
R																
TP																

Datum	Zahn/ Regio	Leistung	Bema	GOZ
22.03.		Erstellen eines schriftlichen Heil- und Kostenplans zur prothetischen Versorgung		
23.03.	OK/UK	Alginatabformungen zur Herstellung von individuellen Abformlöffeln Materialkosten: je 2,80 EUR		
31.03.	OK/UK	Funktionsabformungen mit individuellen Abformlöffeln (Silikon) Materialkosten: je 9,00 EUR		
03.04.		Relationsbestimmung		
08.04		Einprobe		
12.04.	OK	Einsetzen der totalen Prothese		
	UK	Einsetzen der totalen Prothese mit Metallbasis Begründung: Metallbasis erforderlich wegen Makroglossie (ausgeprägt große Zunge) und dadurch Raumgewinn		

Geschätzte Material- und Laborkosten: 1 000,00 EUR
Tatsächliche Material- und Laborkosten: 987,30 EUR

Festzuschüsse	

Behandlungsfall 12: Totale Prothese, Wurzelstiftkappen

Name der Krankenkasse BARMER		
Name, Vorname des Versicherten Sonnenschein, Constanze Stratenberg 32 53111 Bonn		
Kassen-Nr.	**Versicherten-Nr.**	**Status** 1
Vertragszahnarzt-Nr.	**VK gültig bis**	**Datum**

Status: Mitglied
Befund:
fehlend: 18, 28, 38, 48
nicht erhaltungswürdig: 12–22
erneuerungsbedürftige Wurzelstiftkappen: 33, 43
ersetzt, aber erneuerungsbedürftig: 17–13, 23–27, 34–37, 32–42, 44–47

Behandlung:
Oberkiefer: Totale Prothese mit Metallbasis, Begründung: Hoher Gaumen
Unterkiefer: Wurzelstiftkappen mit Knopfankern auf 33 und 43. Die fehlenden Zähne werden durch eine Modellgussprothese als Cover-denture ersetzt

TP																
R																
B																
	18	17	16	15	14	13	12	11	21	22	23	24	25	26	27	28
	48	47	46	45	44	43	42	41	31	32	33	34	35	36	37	38
B																
R																
TP																

Datum	Zahn/Regio	Leistung	Bema	GOZ
06.03.		Erstellen eines schriftlichen Heil- und Kostenplanes zur prothetischen Versorgung		
	OK/UK	Alginatabformungen zur Herstellung von individuellen Löffeln Materialkosten: je 3,00 EUR		
13.03.	33, 43	Entfernen der Wurzelstiftkappen, Nachpräparation zur Aufnahme von neuen Wurzelstiftkappen		
17.03	33, 43	Einprobe der Wurzelstiftkappen		
	OK/UK	Funktionsabformungen mit individuellen Abformlöffeln Materialkosten: je 9,00 EUR		
21.03.		Intraorale Stützstiftregistrierung (Bisslagenbestimmung)		
26.03.	OK/UK	Wachseinprobe		

Datum	Zahn/ Regio	Leistung	Bema	GOZ
02.04.	OK	Einsetzen der totalen Prothese mit Metallbasis		
	43, 33	Einsetzen der Wurzelstiftkappen mit Knopfankern		
	UK	Einsetzen der totalen Modellgussprothese (Cover-denture)		

Geschätzte Material- und Laborkosten: 1 800,00 EUR
Tatsächliche Material- und Laborkosten: 1 620,00 EUR

Festzuschüsse	

Behandlungsfall 13: Einzelkronen, gegossener Stiftaufbau, Prothese

Name der Krankenkasse		
Name der Krankenkasse BARMER		
Name, Vorname des Versicherten Reeser, Rainer Palmenstr. 1 51074 Aachen		
Kassen-Nr.	**Versicherten-Nr.**	**Status** 5
Vertragszahnarzt-Nr.	**VK gültig bis**	**Datum**

Status: Rentner
Befund:
fehlend: 18, 16 (Lückenschluss), 28, 38, 48
ersetzt, aber erneuerungsbedürftig: 47–37
intakte Kronen: 24, 25
erhaltungswürdig mit weitgehender Zerstörung: 13

Behandlung:
Erneuerung der 10 Jahre alten funktionsuntüchtigen Unterkieferprothese und Versorgung des Zahns 13 mit einer vestibulär verblendeten Verblendkrone mit gegossenem Stiftaufbau

I. Befund des gesamten Gebisses/Behandlungsplan

TP = Therapieplanung R = Regelversorgung B = Befund

TP																
R																
B																
	18	17	16	15	14	13	12	11	21	22	23	24	25	26	27	28
	48	47	46	45	44	43	42	41	31	32	33	34	35	36	37	38
B																
R																
TP																

Datum	Zahn/ Regio	Leistung	Bema	GOZ
12.03.		Erstellen eines schriftlichen Heil- und Kostenplans zur prothetischen Versorgung		
19.03.	UK	Alginatabformung zur Herstellung eines individuellen Löffels Materialkosten: 2,80 EUR		

Datum	Zahn/ Regio	Leistung	Bema	GOZ
	OK	Alginatabformung zur Herstellung eines Provisoriums Materialkosten: 2,80 EUR		
	13	Präparation des Zahns zur Aufnahme eines gegossenen Stiftaufbaus (zweizeitiges Verfahren)		
	13	Herstellung und Einsetzen einer provisorischen Krone mit Wurzelstift Materialkosten: Stift: 4,00 EUR, provisorische Krone: 1,90 EUR		
20.03.	OK	Alginatabformung zur Anfertigung eines neuen Provisoriums Materialkosten: 2,80 EUR		
	13	Abnahme der provisorischen Krone		
	13	Einsetzen des Stiftaufbaus und Nachpräparation (Stufenpräparation)		
	OK	Korrekturabformung (Silikon) Materialkosten: 9,00 EUR		
	13	Herstellung und Einsetzen einer provisorischen Krone (ohne Stift) Materialkosten: 1,90 EUR		
	UK	Funktionsabformung (Silikon) Materialkosten: 9,00 EUR		
25.03.		Relationsbestimmung		
30.03.		Einprobe		
03.04.	13	Abnahme der provisorischen Krone Einsetzen der vestibulär verblendeten Verblendkrone		
	UK	Einsetzen der totalen Prothese mit Metallbasis Begründung: Fortgeschrittene Atrophie des Kieferkamms		

Geschätzte Material- und Laborkosten: 1 100,00 EUR
Tatsächliche Material- und Laborkosten: 1 050,00 EUR

Festzuschüsse	

8 Partielle Prothese

Yvonne weiß, wie umfangreich die Vorbereitungen eines Kiefers mit Restzähnen und Lücken für die Versorgung mit einer Teilprothese sein können. Alle verbliebenen Zähne sollten konservierend versorgt und Zahnstein und Beläge entfernt sein. Eine Modellgussprothese ist ein Metallgerüst mit Klammerelementen zur Befestigung des Ersatzes an den vorhandenen Zähnen und Metallnetzen auf dem zahnlosen Kieferkammabschnitt. Dieser Sattel trägt später die in zahnfleischfarbenem Kunststoff eingebetteten Ersatzzähne. Vor der Abformung assistiert Yvonne beim Einschleifen der Klammerauflagen und sorgt für die Übergabe der Abformung an das Dentallabor zur Herstellung des Modellgussgerüsts. Immer wieder freut sie sich darüber, wenn bei der Bestimmung der Zahnfarbe der Ersatzzähne, die sich von der Farbe der eigenen Zähne nicht unterscheiden soll, ihre Meinung sowohl vom Patienten als auch von ihrem Chef gefragt ist.

8.1 Sachdarstellung

Partielle Prothesen sind Teilprothesen. Sie können eingeteilt werden nach der
- Anordnung der Zähne des Restgebisses,
- Art der Prothesenbasis und der Verankerung am Restgebiss,
- Übertragungsart der Kaukraft – gingival oder parodontal.

Für die **Anordnung der Zähne des Restgebisses** hat sich die Einteilung der Lückengebisse nach Kennedy in vier – kombinierbare – Klassen als zweckmäßig erwiesen. Sie werden hier mit der entsprechenden prothetischen Versorgung aufgeführt:

Klasse	Befund	Prothesenart
Klasse I:	beidseitig verkürzte Zahnreihe	beidseitige Freiendprothese
Klasse II:	einseitig verkürzte Zahnreihe	einseitige Freiendprothese
Klasse III:	Lücke im Seitenzahngebiet	Schaltprothese
Klasse IV:	Lücke im Frontzahnbereich	Schaltprothese

Partielle Prothesen können wie die totalen Prothesen als reine **Kunststoffplatten** hergestellt werden, die jedoch nur noch als Interims- oder Immediatersatz im Sinne eines Provisoriums Anwendung finden. Heute werden **Modellgussprothesen** angefertigt, deren Gerüst als „Einstückguss" („ESG") aus Metall wertvolle Vorteile für den Patienten und das Prothesenlager bietet. Dieses Basisgerüst kann viel feiner gestaltet werden, es schützt die Parodontien und ist bruchsicherer. Teilprothesen werden durch verschiedenartige Halte- und Stützelemente am Restgebiss verankert, z. B. durch Klammern, Geschiebe, Stege, Teleskop- oder Konuskronen. Letztere werden auch als **„Steg- oder Teleskopprothesen"** bezeichnet.

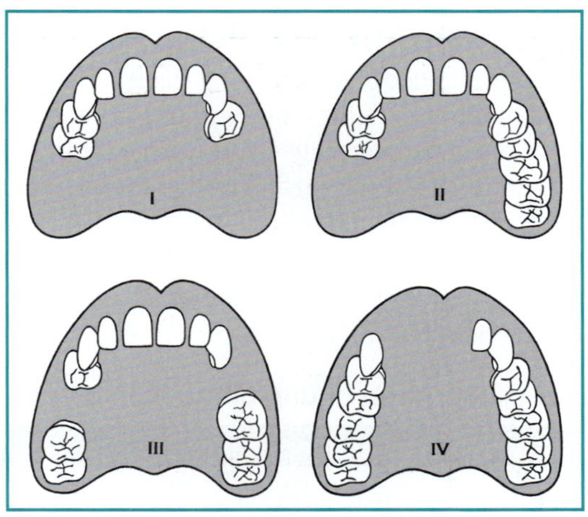

Einteilung der Lückengebisse nach Kennedy
Kennedy I: Beidseitig verkürzte Zahnreihe
Kennedy II: Einseitig verkürzte Zahnreihe
Kennedy III: Lücke Seitenzahnbereich
Kennedy IV: Lücke Frontzahnbereich

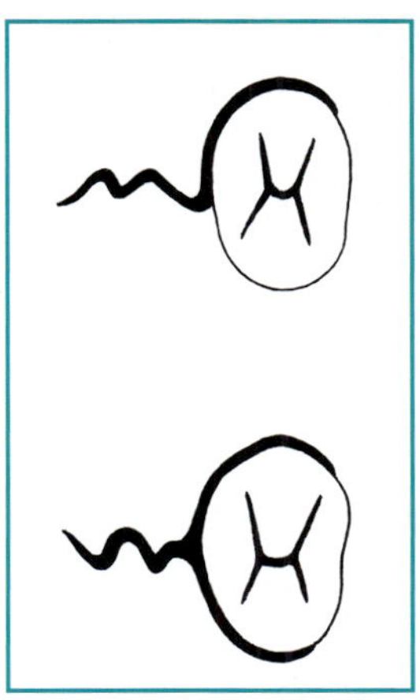

Halteklammern für gingival getragene

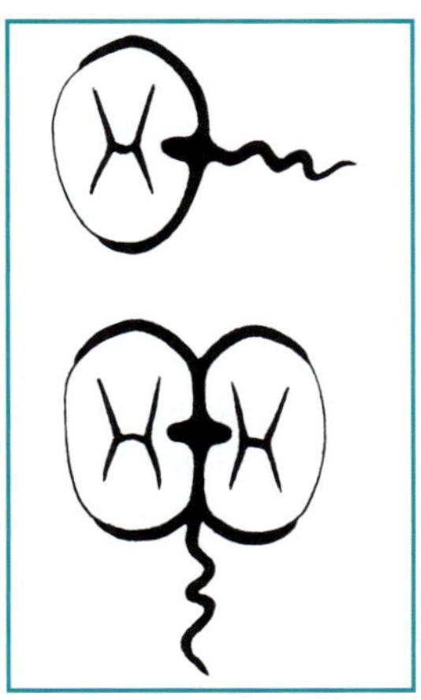

Klammern mit Auflagen für parodontal getragene Prothesen Prothesen

Je nach **Übertragung der Kaukraft** unterscheidet man schleimhautgetragene = **gingival getragene partielle Prothesen** oder **parodontal abgestützte partielle Prothesen**. Die schleimhautgetragene Prothese wird durch einfache Ein- oder Doppelarmklammern (ohne Auflage) am Restgebiss befestigt und überträgt die Kaukraft ausnahmslos auf die Schleimhaut. Die parodontal getrage-

Zeichnungen: © Dr. med. Dr. med. dent. Turck, Ingrid, Bonn

ne Prothese überträgt dagegen die Kaukräfte ausschließlich auf die zur Abstützung herangezogenen Zähne. Die Abstützung kann durch verschiedene Klammern mit Auflagen, Teleskopkronen, Konuskronen, Geschiebe oder Stege erfolgen. Bei einigen Gebissen ist die Versorgung mit einem kombinierten gingival-parodontal getragenen Ersatz als Schalt-Freiendprothese notwendig.

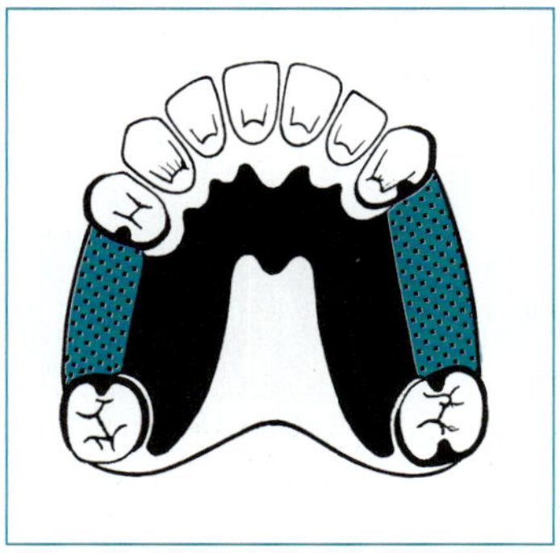
Parodontal abgestützte Prothese

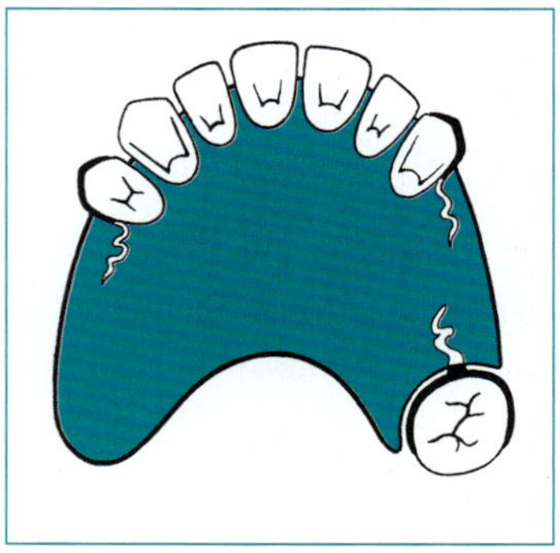
Gingival getragene Prothese

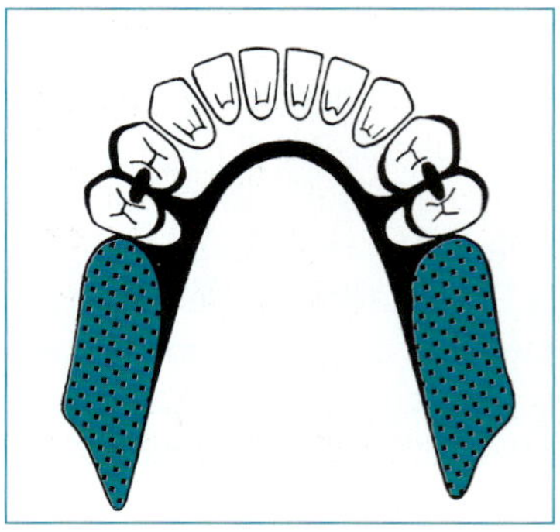
Parodontal-gingival getragene Prothese

8.2 Abrechnung von partiellen Prothesen nach dem Bema

Die partielle Prothese wird je nach Anzahl der zu ersetzenden Zähne unter den Bema-Nummern 96a, 96b oder 96c abgerechnet. Es gibt keine unterschiedlichen Gebührennummern für Ober- und Unterkiefer. Immediat- und Interimsprothesen werden ebenfalls unter diesen Bema-Nummern abgerechnet.

Mit den Bema-Nummern 96a, 96b und 96c sind diese zahnärztlichen Leistungen abgegolten:

- Anatomische Abformung, auch des Gegenkiefers
- Ermittlung der Bisslage
- Einprobe
- Einfügen bzw. Eingliedern
- Nachbehandlungen innerhalb von drei Monaten

Nicht erfasst sind die vorbereitenden Maßnahmen nach den Bema-Nummern 7b, 89, 90 und 98.
Entscheidend für die Berechnung des zahnärztlichen Honorars für eine partielle Prothese ist die Anzahl der zu ersetzenden Zähne. Bei 1 bis 4 zu ersetzenden Zähnen wird die Bema-Nummer 96a, bei 5 bis 8 zu ersetzenden Zähnen die Bema-Nummer 96b und bei mehr als 8 zu ersetzenden Zähnen die Bema-Nummer 96c angesetzt. Bei der Berechnung der zu ersetzenden Zähne ist zu beachten, dass bei vorhandenem Siebener und fehlendem Achter die Prothese abrechnungstechnisch mit dem Siebener abschließt. Die Achter werden nicht als zu ersetzende Zähne mitgezählt. Fehlen jedoch Siebener und Achter, so werden beide als zu ersetzende Zähne mitgezählt und mitberechnet, unabhängig davon, ob der Achter tatsächlich ersetzt wird. Ein Zahn mit Wurzelstiftkappe ist bei der Bestimmung der Bema-Nummer 96 nicht mitzuzählen. Ist die Lücke eines nicht mehr vorhandenen Zahns durch Vorwandern seines Nachbarzahns komplett geschlossen, so spricht man von **Lückenschluss**. Da dieser Zahn nicht ersetzt wird, ist er für die Bestimmung der Bema-Nummer nicht mitzuzählen.

Übersicht: Abrechnung Bema-Nummer 96

Anzahl zu ersetzender Zähne	Bema-Nummer
1 bis 4 zu ersetzende Zähne	96a
5 bis 8 zu ersetzende Zähne	96b
mehr als 8 zu ersetzende Zähne	96c
Bei vorhandenem 7er und fehlendem 8er: Abschluss der Prothese bei 7 (8er wird nicht mitgezählt) Bei fehlendem 7er und fehlendem 8er: Abschluss der Prothese bei 8 (8er wird mitgezählt)	

Ist es erforderlich, die partielle Prothese nicht mit einer Kunststoffbasis, sondern mit einer **Metallbasis** zu versehen, wird die Bema-Nummer 98g zusätzlich zu den Bema-Nummern 96a, 96b oder 96c abgerechnet.
Um die partielle Prothese am Restgebiss zu befestigen, sind **Halte- und Stützvorrichtungen** notwendig. Einfache Haltevorrichtungen sind bereits in der Gebührennummer für die partielle Prothese enthalten. Sie werden häufig bei provisorischen Prothesen verwendet. Bei der Verwendung doppelarmiger Halte- und einfacher Stützvorrichtungen oder mehrarmiger gebogener Halte- und Stützvorrichtungen kann die Gebührennummer 98f angesetzt werden. Dies ist **ausschließlich** bei einer **Interimsversorgung** möglich, deren Herstellung eine **Begründung** erfordert. Gegossene komplizierte Halte- und Stützvorrichtungen werden mit

Zeichnungen: © Dr. med. Dr. med. dent. Turck, Ingrid, Bonn

Abrechnung von partiellen Prothesen:

Leistungen	Bema	GOZ
Kunststoffprothese	**Bema-Nummer 96a:** bei 1–4 zu ersetzenden Zähnen **Bema-Nummer 96b:** bei 5–8 zu ersetzenden Zähnen **Bema-Nummer 96c:** bei mehr als 8 zu ersetzenden Zähnen	**GOZ-Nummer 5200**
Modellgussprothese	**Bema-Nummer 98g** zusätzlich zur **Bema-Nummer 96a oder Bema-Nummer 96b oder Bema-Nummer 96c**	**GOZ-Nummer 5210** Modellgussprothese mit gegossenen Halte- und Stützelementen
Prothesenspanne oder Freiendsattel	keine Abrechnung	**GOZ-Nummer 5070** je Spanne/Freiendsattel
Doppelarmige Halte- oder einfache Stützvorrichtung oder mehrarmige gebogene Halte- und Stützvorrichtung	**Bema-Nummer 98f** je Prothese einschließlich Einschleifen der Auflagen	keine Abrechnung
Eine komplizierte, gegossene Halte- und Stützvorrichtung	**Bema-Nummer 98h/1** je Prothese einschließlich Einschleifen der Auflagen	keine Abrechnung
Mehrere komplizierte, gegossene Halte- und Stützvorrichtungen	**Bema-Nummer 98h/2** je Prothese einschließlich Einschleifen der Auflagen	keine Abrechnung
Beseitigung grober Artikulations- und Okklusionsstörungen durch Einschleifen	**Bema-Nummer 89** je Heil- und Kostenplan	**GOZ-Nummer 4040** je Sitzung
Anatomische Abformung eines Kiefers mit individuellem Löffel	**Bema-Nummer 98a**	**GOZ-Nummer 5170**
Funktionelle Abformung des OK mit individuellem Löffel	**Bema-Nummer 98b** bei zahnlosem Kiefer oder stark reduziertem Restgebiss	**GOZ-Nummer 5180**
Funktionelle Abformung des UK mit individuellem Löffel	**Bema-Nummer 98c** bei zahnlosem Kiefer oder stark reduziertem Restgebiss	**GOZ-Nummer 5190**

ÜBUNGSAUFGABEN

1. Tragen Sie Befund und Behandlungsplan nach der Regelversorgung in das Zahnschema ein. Ermitteln Sie die Bema-Nummern und Festzuschüsse.

Gegossene Halte- und Stützelemente werden mit „H“ in der Zeile Regelversorgung eingetragen. Achten Sie auf die Besonderheit bei der Eintragung der zu ersetzenden Zähne („E“), wenn außer dem 7er auch der benachbarte 8er fehlt.

BEISPIEL

Befund:
Fehlende Zähne: 38, 36–34, 31, 41, 42, 46, 48
Behandlungsplan:
Partielle Modellgussprothese mit komplizierten gegossenen Halte- und Stützvorrichtungen auf 37, 33, 32, 44, 45 und 47

	48	47	46	45	44	43	42	41		31	32	33	34	35	36	37	38
B	f		f				f	f		f			f	f	f		f
R		H	E	H	H		E	E		E	H	H	E	E	E	H	

Zahn	Bema-Nummer	Festzuschuss
UK	96b 98g 98h/2	3.1

Fall 1
Befund:
Fehlende Zähne: 18, 28
Ersetzte, aber erneuerungsbedürftige Zähne: 16, 15, 13–23, 26

Behandlungsplan:
Partielle Modellgussprothese mit komplizierten Halte- und Stützvorrichtungen auf 17, 14, 24, 25 und 27

R																	
B																	
	18	17	16	15	14	13	12	11		21	22	23	24	25	26	27	28

Zahn	Bema-Nummer	Festzuschuss
OK		

Fall 2
Befund:
Fehlende Zähne: 18, 15–13, 24–26, 28, 38, 35, 34, 32–42, 46–48

Behandlungsplan:
OK: Interimsprothese mit Doppelarmklammern mit Auflage
UK: Interimsprothese mit Doppelarmklammern mit Auflage

R																	
B																	
	18	17	16	15	14	13	12	11		21	22	23	24	25	26	27	28
	48	47	46	45	44	43	42	41		31	32	33	34	35	36	37	38
B																	
R																	

Zahn	Bema-Nummer	Festzuschuss
OK		
UK		

Fall 3
Befund:
Fehlende Zähne: 18, 28
Ersetzt, aber erneuerungsbedürftig: 17, 16, 14, 24–26

Behandlungsplan:
Partielle Modellgussprothese mit gegossenen komplizierten Halte- und Stützvorrichtungen auf 15, 13, 23, 27

R																
B																
	18	17	16	15	14	13	12	11	21	22	23	24	25	26	27	28

Zahn	Bema-Nummer	Festzuschuss
OK		

Fall 4
Befund:
Fehlende Zähne: 38, 36–34, 31, 41, 45–48

Behandlungsplan:
Vestibulär verblendete Teleskopkronen auf 44 und 33
Partielle Modellgussprothese zum Ersatz der fehlenden Zähne mit einer gegossenen komplizierten Halte- und Stützvorrichtung auf 37

	48	47	46	45	44	43	42	41	31	32	33	34	35	36	37	38
B																
R																

Zahn	Bema-Nummer	Festzuschuss
44,33		
UK		

Fall 5
Befund:
Fehlende Zähne: 38, 48
Erhaltungswürdig, mit weitgehender Zerstörung: 33, 43, 44
Ersetzte, aber erneuerungsbedürftig: 37–34, 32–42, 45–47

Behandlungsplan:
33, 43, 44: Teleskopkronen
Modelgussprothese (Cover-denture) zum Ersatz der fehlenden Zähne

	48	47	46	45	44	43	42	41	31	32	33	34	35	36	37	38
B																
R																

Zahn	Bema-Nummer	Festzuschuss
UK		
33,43,44		

Fall 6 (andersartig)
Befund:
Fehlende Zähne: 12–22

Behandlungsplan:
Regelversorgung: Vestibulär verblendete Brücke von 13–23
Andersartige Versorgung: Modellgussprothese zum Ersatz der Zähne 12–22 mit gegossenen komplizierten Halte- und Stützelementen auf 13 und 23

TP															
R															
B															
	18	17	16	15	14	13	12	11	21	22	23	24	25	26	27	28

Zahn	Bema-Nummer	Festzuschuss	GOZ
OK	Keine Bema-Nummern wegen andersartiger Versorgung		

2. Bestimmen Sie die Anzahl der zu ersetzenden Zähne und rechnen Sie die folgenden Modellgussprothesen nach dem Bema und der GOZ ab. Festzuschüsse sollen nicht berücksichtigt werden.

1

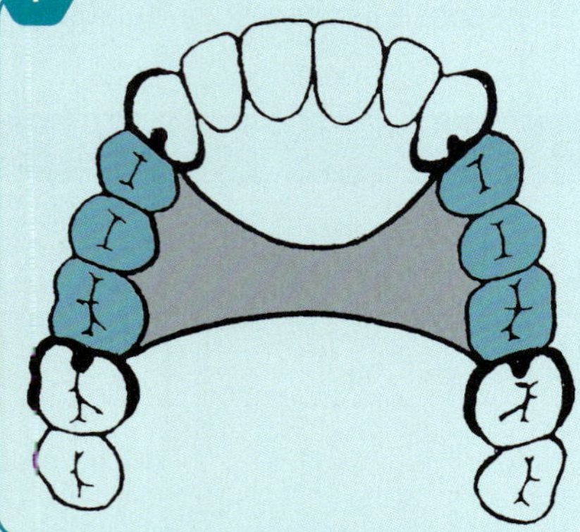

Wie viele zu ersetzende Zähne? ______

Bema: ______

GOZ: ______

2

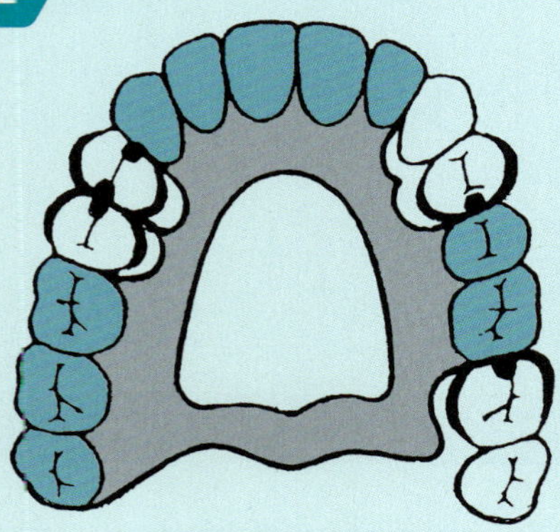

Wie viele zu ersetzende Zähne? ______

Bema: ______

GOZ: ______

Zeichnungen: © Dr. med. Dr. med. dent. Turck, Ingrid, Bonn

3

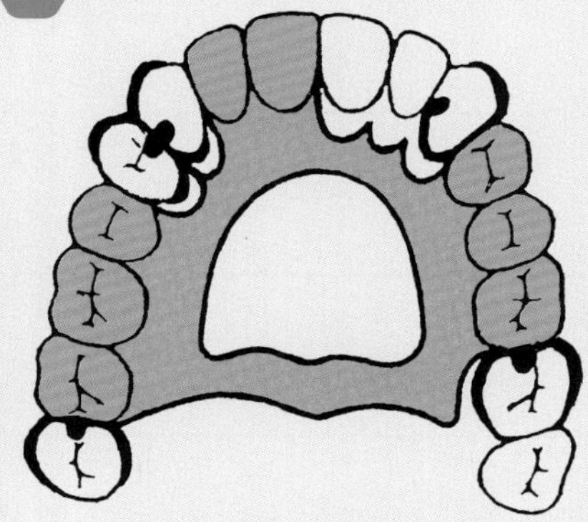

Wie viele zu ersetzende Zähne? ____________________

Bema: ____________________

GOZ: ____________________

4

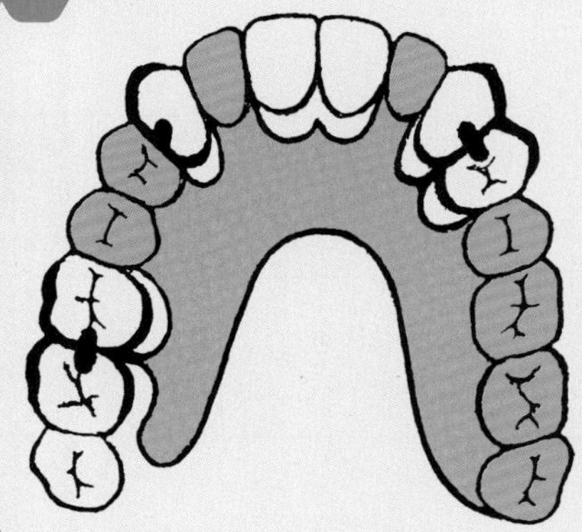

Wie viele zu ersetzende Zähne? ____________________

Bema: ____________________

GOZ: ____________________

5

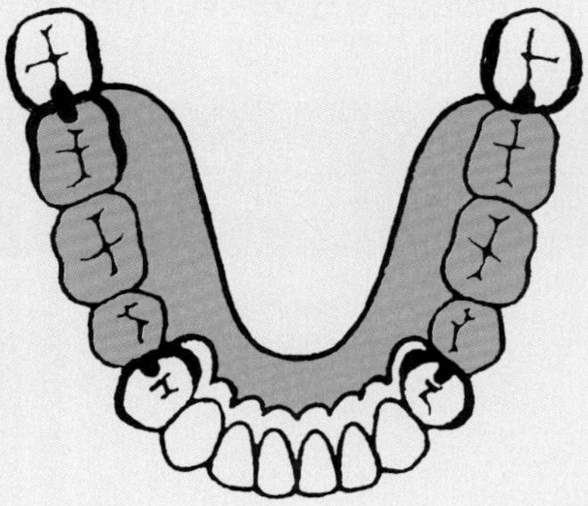

Wie viele zu ersetzende Zähne? ____________________

Bema: ____________________

GOZ: ____________________

6

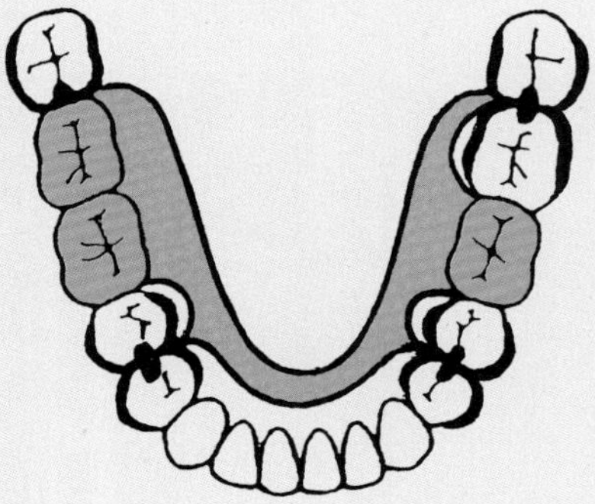

Wie viele zu ersetzende Zähne? ____________________

Bema: ____________________

GOZ: ____________________

7

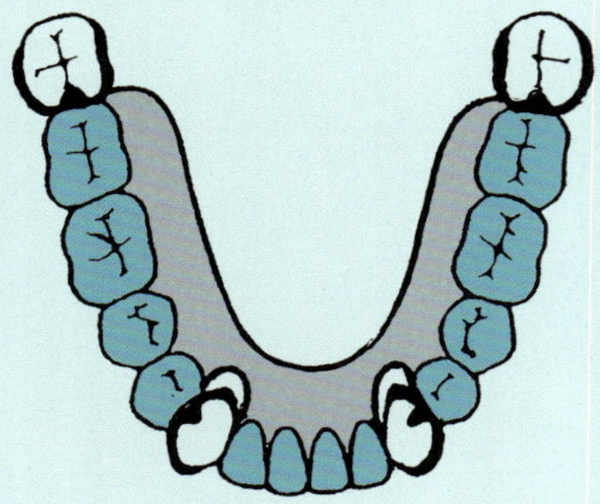

Wie viele zu ersetzende Zähne? ______________________

Bema: ______________________

GOZ: ______________________

8

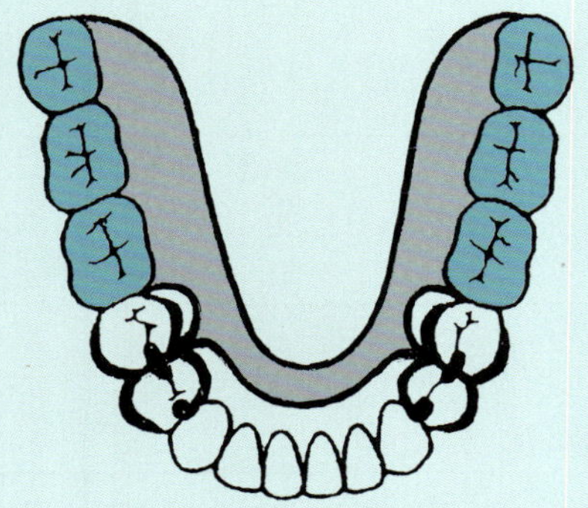

Wie viele zu ersetzende Zähne? ______________________

Bema: ______________________

GOZ: ______________________

3. Erfassen Sie jeweils im Zahnschema die folgenden Befunde und erstellen Sie einen Behandlungsplan. Entscheiden Sie, welche Bema-Nummern und welche GOZ-Nummern für die partielle Prothese abzurechnen sind.

Fall	Fehlende Zähne	Anzahl zu ersetzende Zähne	Prothetische Versorgung	Bema	Festzuschüsse	GOZ
1	14–18		Kunststoffprothese mit einfachen Halte- und Stützvorrichtungen			
2	13–18, 22–25		Modellgussprothese mit gegossenen komplizierten Halte- und Stützvorrichtungen auf den Zähnen 12 und 26			
3	36–38, 45–48		Modellgussprothese mit gegossenen komplizierten Halte- und Stützvorrichtungen auf 35 und 44			
4	36–38, 44–46, 48		Prothese mit Metallbasis einschließlich gegossener Halte- und Stützvorrichtungen auf 35, 43 und 47			

Zeichnungen: © Dr. med. Dr. med. dent. Turck, Ingrid, Bonn

Fall	Fehlende Zähne	Anzahl zu ersetzende Zähne	Prothetische Versorgung	Bema	Festzu-schüsse	GOZ
5	13–17, 23–27		Interimsprothese mit einfachen Halteelementen auf den Zähnen 18, 12, 22 und 28			
6	14–16, 18, 26–28		Kunststoffprothese (Interimsprothese) mit doppelarmigen gebogenen Halteelementen			
7	13–23		Modellgussprothese mit komplizierten gegossenen Halte- und Stützvorrichtungen auf 15/14 und 24/25 (Bonwill-Klammern)			
8	16–14, 23-26		Kunststoffprothese mit gebogenen Klammern (Interimsersatz)			
9	37–35, 43–48 18–28		Modellgussprothese mit gegossenen komplizierten Halte- und Stützvorrichtungen auf 38, 34 und 42. Totale Prothese mit Metallbasis Begründung: hoher Gaumen			
10	33–42		Interimsprothese mit einfachen Haltevorrichtungen			
11	15, 14, 12–22, 25, 26		Modellgussprothese mit gegossenen komplizierten Halte- und Stützvorrichtungen auf 16, 13, 24 und 27			
12	18–15, 26–28 38–36, 45–48		Kunststoffprothese (Interimsprothese) mit doppelarmigen gebogenen Halte- und Stützvorrichtungen auf 14 und 25 Modellgussprothese mit gegossenen komplizierten Halte- und Stützvorrichtungen auf 35 und 44			
13	18–14, 12–22, 24–28		Cover-denture mit Wurzelstiftkappen mit Knopfankern auf 13 und 23			

4. Entscheiden Sie, für welche Maßnahmen die folgenden Bema-Nummern abgerechnet wurden. Tragen Sie in das jeweilige Zahnschema einen selbst konstruierten Befund und Behandlungsplan ein, der zu den abgerechneten Bema-Nummern passt (siehe Fall 1 als Beispiel).

BEISPIEL

Fall	Regio	Bema-Nummern	Maßnahmen
1	OK	98a 96b 98h/2 98g	Abformung mit individuellem Löffel Partielle Prothese Gegossene Halte- und Stützelemente Partielle Metallbasis

Lösungsbeispiel:

R		H	E	E	E	H							H	E	E	E
B	f		f	f	f									f	f	f
	18	17	16	15	14	13	12	11	21	22	23	24	25	26	27	28

Fall	Regio	Bema-Nummern	Maßnahmen
2	UK	98c 98g 96c 98h/2	

	48	47	46	45	44	43	42	41	31	32	33	34	35	36	37	38
B																
R																

Fall	Regio	Bema-Nummern	Maßnahmen
3	OK	98a 96b	

R																
B																
	18	17	16	15	14	13	12	11	21	22	23	24	25	26	27	28

Fall	Regio	Bema-Nummern	Maßnahmen
4	OK UK	98b 97a 98e 96a 98g 98h/2	

R															
B															
	18	17	16	15	14	13	12	11	21	22	23	24	25	26	27	28
	48	47	46	45	44	43	42	41	31	32	33	34	35	36	37	38
B																
R																

Fall	Regio	Bema-Nummern	Maßnahmen
5	OK	98b 97a 98e	
	UK 32, 42	2 x 19 2 x 24c 2 x 20b	

R																
B																
	18	17	16	15	14	13	12	11	21	22	23	24	25	26	27	28
	48	47	46	45	44	43	42	41	31	32	33	34	35	36	37	38
B																
R																

Fall	Regio	Bema-Nummern	Maßnahmen
6	OK	2 x 90 97a 98e	

R																
B																
	18	17	16	15	14	13	12	11	21	22	23	24	25	26	27	28

Fall	Regio	Bema-Nummern	Maßnahmen
7	UK	97b 98e	
	OK 26 24 25	 91a 91b 92	

R																
B																
	18	17	16	15	14	13	12	11	21	22	23	24	25	26	27	28
	48	47	46	45	44	43	42	41	31	32	33	34	35	36	37	38
B																
R																

Fall	Regio	Bema-Nummern	Maßnahmen
8	OK 11 13	98a 96b 98g 98h/2 20b 20b	

R																
B																
	18	17	16	15	14	13	12	11	21	22	23	24	25	26	27	28

5. Bearbeiten Sie die folgenden Aufgaben.

a) Welche zahnärztlichen Leistungen sind mit der Berechnung der Bema-Nummer 96 bereits abgegolten?
b) Unterscheiden Sie die Bema-Nummern 96a, 96b und 96c.
c) Erklären Sie die Einbeziehung der Weisheitszähne bei der Bestimmung der Bema-Nummer für eine partielle Prothese.
d) Nennen Sie die Bema-Nummern zur Abrechnung einer Metallbasis
   – für eine partielle Prothese,
   – für eine totale Prothese.
e) Unterscheiden Sie verschiedene Arten der Befestigung einer partiellen Prothese.
f) Welche Bema-Nummern können für Halte- und Stützelemente angesetzt werden? Wodurch unterscheiden sich diese Positionen?
g) Was verstehen Sie unter einer gingival getragenen und einer parodontal getragenen Prothese?
h) Wie ist ein Lückenschluss bei der Bestimmung der Bema-Nummer für die partielle Prothese zu berücksichtigen?
i) Welche Bema-Nummern sind für den Ersatz von sieben Oberkieferzähnen durch eine Modellgussprothese mit drei komplizierten Halte- und Stützelementen abzurechnen?
j) Welche Bema-Nummern sind für den Ersatz von vier Unterkieferzähnen durch eine Kunststoffprothese mit zwei gebogenen Doppelarmklammern abzurechnen?
k) Welche GOZ-Nummern gibt es für die Abrechnung einer partiellen Prothese?
l) Erläutern Sie die Abrechnung der GOZ-Nummer 5070 im Zusammenhang mit einer partiellen Prothese.

6. Führen Sie Ihre Lernkartei fort.

Rechnen Sie die Behandlungsfälle 14 bis 21 für gesetzlich versicherte Patienten und Privatpatienten ab.
Erfassen Sie anschließend die Behandlungsfälle mithilfe eines Abrechnungsprogramms.

Behandlungsfall 14: Partielle Prothese

Name der Krankenkasse BARMER		
Name, Vorname des Versicherten Wagner, Udo Uhlandstr. 6 53859 Niederkassel		
Kassen-Nr.	**Versicherten-Nr.**	**Status** 5
Vertragszahnarzt-Nr.	**VK gültig bis**	**Datum**

Status: Rentner
Befund:
fehlend: 18, 28, 48, 47, 46, 35, 36
ersetzt, aber erneuerungsbedürftig: 16, 15, 14, 26, 27
nicht erhaltungswürdig: 42, 41, 31, 32

Behandlung:
Erneuerung der 8 Jahre alten funktionsuntüchtigen Oberkieferprothese durch eine Modellgussprothese mit gegossenen komplizierten Halte und Stützvorrichtungen auf 17, 13 und 25. Prothetische Versorgung des Unterkiefers durch eine partielle Modellgussprothese mit gegossenen komplizierten Halte- und Stützvorrichtungen auf 45, 43, 33, 34 und 37 nach Extraktion von 42, 41, 31 und 32.

I. Befund des gesamten Gebisses/Behandlungsplan
TP = Therapieplanung R = Regelversorgung B = Befund

TP																
R																
B																
	18	17	16	15	14	13	12	11	21	22	23	24	25	26	27	28
	48	47	46	45	44	43	42	41	31	32	33	34	35	36	37	38
B																
R																
TP																

Datum	Zahn/ Regio	Leistung	Bema	GOZ
15.02.		Erstellen eines schriftlichen Heil- und Kostenplans zur prothetischen Versorgung		
18.02.	OK/UK	Anatomische Abformungen zur Herstellung von individuellen Abformlöffeln Materialkosten: je 2,80 EUR (Alginat)		
20.02.	OK/UK	Beseitigung grober Artikulations- und Okklusionsstörungen		
	OK/UK	Abformungen mit individuellen Abformlöffeln (Silikon) Materialkosten: je 9,00 EUR		
24.02.	OK	Modellguss-Gerüsteinprobe		
	UK	Modellguss-Gerüsteinprobe		
		Relationsbestimmung		
27.02.	OK/UK	Wachseinprobe		

Datum	Zahn/ Regio	Leistung	Bema	GOZ
07.03.	OK	Einsetzen der partiellen Prothese mit Metallbasis und gegossenen komplizierten Halte- und Stützvorrichtungen auf 17, 13, 25		
	UK	Einsetzen der partiellen Prothese mit Metallbasis und gegossenen komplizierten Halte- und Stützvorrichtungen auf 45, 43, 33, 34 und 37		

Geschätzte Material- und Laborkosten: 1 300,00 EUR
Tatsächliche Material- und Laborkosten: 1 275,36 EUR

Festzuschüsse	

Behandlungsfall 15: Totale und partielle Prothese

Name der Krankenkasse BARMER		
Name, Vorname des Versicherten Mayer, Michaela Berghofer Marktplatz 12 50167 Köln		
Kassen-Nr.	**Versicherten-Nr.**	**Status** 1
Vertragszahnarzt-Nr.	**VK gültig bis**	**Datum**

Status: Mitglied
Befund:
fehlend: 18, 28, 38, 36, 35, 46, 47, 48
ersetzt, aber erneuerungsbedürftig: 17–27
nicht erhaltungswürdig: 32–42

Behandlung:
Erneuerung der 10 Jahre alten funktionsuntüchtigen totalen Oberkieferprothese. Erneuerung der partiellen Unterkieferprothese durch eine Modellgussprothese mit gegossenen komplizierten Halte- und Stützvorrichtungen auf 34, 37, 44 und 45.

I. Befund des gesamten Gebisses/Behandlungsplan
TP = Therapieplanung R = Regelversorgung B = Befund

TP																
R																
B																
	18	17	16	15	14	13	12	11	21	22	23	24	25	26	27	28
	48	47	46	45	44	43	42	41	31	32	33	34	35	36	37	38
B																
R																
TP																

Datum	Zahn/ Regio	Leistung	Bema	GOZ
11.10.		Erstellen eines schriftlichen Heil- und Kostenplans zur prothetischen Versorgung		
18.10.	OK/UK	Situationsabformungen zur Herstellung von individuellen Abformlöffeln Materialkosten: je 2,80 EUR (Alginat)		

Datum	Zahn/ Regio	Leistung	Bema	GOZ
20.10.	OK/UK	Funktionsabformungen mit individuellen Abformlöffeln (Silikon) Materialkosten: je 9,00 EUR		
25.10.		Intraorale Stützstiftregistrierung zur Ermittlung der Zentrallage des UK		
02.11.	UK	Modellguss-Gerüsteinprobe		
09.11.	OK/UK	Wachseinprobe		
13.11.	OK	Einsetzen der totalen Kunststoffprothese		
	UK	Einsetzen der partiellen Prothese mit Metallbasis und gegossenen komplizierten Halte- und Stützvorrichtungen auf 37, 34, 44, 45		

Geschätzte Material- und Laborkosten: 1 100,00 EUR
Tatsächliche Material- und Laborkosten: 1 195,31 EUR

Festzuschüsse	

Behandlungsfall 16: Partielle Prothesen

Name der Krankenkasse BARMER		
Name, Vorname des Versicherten Schwarz, Bettina Südallee 111 54567 Düren		
Kassen-Nr.	**Versicherten-Nr.**	**Status** 3
Vertragszahnarzt-Nr.	**VK gültig bis**	**Datum**

Status: Familienmitglied
Befund:
fehlend: 18, 48, 34 (Lückenschluss)
ersetzt, aber erneuerungsbedürftig: 16, 15, 14, 26, 27, 28, 46, 47, 36, 37
klinisch intakte Kronen: 17, 13, 25, 45, 35, 38

Behandlung:
Erneuerung der 12 Jahre alten funktionsuntüchtigen Oberkieferprothese durch eine Modellgussprothese mit gegossenen komplizierten Halte- und Stützvorrichtungen auf 17, 13 und 25.
Die Unterkieferprothese wird durch eine Modellgussprothese mit gegossenen komplizierten Halte- und Stützvorrichtungen auf 45, 35 und 38 ersetzt.

I. Befund des gesamten Gebisses/Behandlungsplan
TP = Therapieplanung R = Regelversorgung B = Befund

TP																
R																
B																
	18	17	16	15	14	13	12	11	21	22	23	24	25	26	27	28
	48	47	46	45	44	43	42	41	31	32	33	34	35	36	37	38
B																
R																
TP																

Datum	Zahn/ Regio	Leistung	Bema	GOZ
15.12.		Erstellen eines schriftlichen Heil- und Kostenplans zur prothetischen Versorgung		
18.12.	OK/UK	Abformungen zur Herstellung von Modellen des Ober- und Unterkiefers zur diagnostischen Auswertung und Planung Materialkosten: je 2,80 EUR (Alginat)		
	OK/UK	Abformungen zur Herstellung von individuellen Abformlöffeln Materialkosten: je 2,80 EUR (Alginat)		
20.12.	OK/UK	Abformungen mit individuellen Abformlöffeln (Silikon) Materialkosten: je 9,00 EUR		
23.12.	UK	Modellguss-Gerüsteinprobe und Relationsbestimmung		
29.12.		Wachseinprobe		
06.01.	OK	Einsetzen der partiellen Prothese mit Metallbasis und gegossenen komplizierten Halte- und Stützvorrichtungen auf 17, 13 und 25		
	UK	Einsetzen der partiellen Prothese mit Metallbasis und gegossenen komplizierten Halte- und Stützvorrichtungen auf 45, 35 und 38		

Geschätzte Material- und Laborkosten: 1 200,00 EUR
Tatsächliche Material- und Laborkosten: 1 133,75 EUR

Festzuschüsse	

Behandlungsfall 17: Interimsprothese

Name der Krankenkasse BARMER		
Name, Vorname des Versicherten Weise, Nicole Immekeppel 1a 53253 Bonn		
Kassen-Nr.	**Versicherten-Nr.**	**Status** 3
Vertragszahnarzt-Nr.	**VK gültig bis**	**Datum**

Status: Familienmitglied
Befund:
fehlend: 18, 16, 15, 24, 25, 26, 48, 38
ersetzt, aber erneuerungsbedürftig: 12–22 (unbrauchbares Provisorium)
nicht erhaltungswürdig: 13, 23

Behandlung:
Versorgung des Oberkiefers mit einer partiellen Interimsprothese mit drei Doppelarmklammern.

I. Befund des gesamten Gebisses/Behandlungsplan
TP = Therapieplanung R = Regelversorgung B = Befund

TP																
R																
B																
	18	17	16	15	14	13	12	11	21	22	23	24	25	26	27	28
	48	47	46	45	44	43	42	41	31	32	33	34	35	36	37	38
B																
R																
TP																

Datum	Zahn/ Regio	Leistung	Bema	GOZ
15.02.		Erstellen eines schriftlichen Heil- und Kostenplans zur prothetischen Versorgung		
	OK UK	Situationsabformung (Alginat) Gegenbissabformung (Alginat) Materialkosten: je 2,80 EUR		
16.02.		Relationsbestimmung		
18.02.		Wachseinprobe		
20.02.	OK	Einsetzen der Interimsprothese mit Doppelarmklammern ohne Auflage an 17, 14 und 27		

Geschätzte Material- und Laborkosten: 200,00 EUR
Tatsächliche Material- und Laborkosten: 189,90 EUR

Festzuschüsse	

Behandlungsfall 18: Partielle Prothese

Name der Krankenkasse BARMER		
Name, Vorname des Versicherten Braams, Annika Platenstraße 23 50825 Köln		
Kassen-Nr.	**Versicherten-Nr.**	**Status** 3
Vertragszahnarzt-Nr.	**VK gültig bis**	**Datum**

Status: Familienmitglied
Befund:
fehlend: 28, 47, 46, 36–38
ersetzt: 17, 13–23, 25, 26
klinisch intakte Kronen: 16, 14, 24, 27, 45, 43, 35
Brückenzwischenglieder: 44, 42, 41, 31, 34
nicht erhaltungswürdig: 32, 33

Behandlung:
Prothetische Versorgung des Unterkiefers mit einer partiellen Modellgussprothese mit gegossenen komplizierten Halte- und Stützvorrichtungen auf 48, 45, 43 und 35.

I. Befund des gesamten Gebisses/Behandlungsplan
TP = Therapieplanung R = Regelversorgung B = Befund

TP																
R																
B																
	18	17	16	15	14	13	12	11	21	22	23	24	25	26	27	28
	48	47	46	45	44	43	42	41	31	32	33	34	35	36	37	38
B																
R																
TP																

Datum	Zahn/ Regio	Leistung	Bema	GOZ
30.09.		Erstellen eines schriftlichen Heil- und Kostenplans zur prothetischen Versorgung		
11.10.	44, 42–34	Entfernung der Brückenglieder und der nicht erhaltungswürdigen Zähne		
28.10.	UK	Alginatabformung zur Herstellung eines individuellen Abformlöffels Materialkosten: 2,80 EUR		
	OK	Gegenkieferabformung (Alginat) Materialkosten: 2,80 EUR		
15.11.	UK	Abformung mit individuellem Abformlöffel (Silikon) Materialkosten: 9,00 EUR		
20.11.		Relationsbestimmung		
04.12		Einprobe		
07.12.	UK	Einsetzen der partiellen Prothese mit Metallbasis und gegossenen komplizierten Halte- und Stützvorrichtungen auf 48, 45, 43 und 35		

Geschätzte Material- und Laborkosten: 600,00 EUR
Tatsächliche Material- und Laborkosten: 585,36 EUR

Festzuschüsse	

Behandlungsfall 19: Kronen und Prothese

Name der Krankenkasse BARMER		
Name, Vorname des Versicherten Biber, Valentina Rheinstr. 15 53177 Bonn		
Kassen-Nr.	**Versicherten-Nr.**	**Status** 3
Vertragszahnarzt-Nr.	**VK gültig bis**	**Datum**

Status: Familienmitglied
Befund:
fehlend: 18, 28, 38, 48
ersetzt, aber erneuerungsbedürftig: 16, 15, 23, 24, 25, 26,
erhaltungswürdig mit weitgehender Zerstörung: 13, 35, 36, 46
Erneuerungsbedürftige Krone: 27

Behandlung:
Erneuerung der acht Jahre alten funktionsuntüchtigen Oberkieferprothese durch eine Modellgussprothese mit gegossenen komplizierten Halte- und Stützvorrichtungen auf 17, 14, 27 und 22. Versorgung der Zähne 13, 27, 35, 36 und 46 mit Kronen

I. Befund des gesamten Gebisses/Behandlungsplan

TP = Therapieplanung R = Regelversorgung B = Befund

TP																
R																
B																
	18	17	16	15	14	13	12	11	21	22	23	24	25	26	27	28
	48	47	46	45	44	43	42	41	31	32	33	34	35	36	37	38
B																
R																
TP																

Datum	Zahn/ Regio	Leistung	Bema	GOZ
12.03.		Erstellung eines schriftlichen Heil- und Kostenplans zur prothetischen Versorgung		
19.03.	UK	Zwei Abformungen zur Herstellung eines Modells zur diagnostischen Auswertung und Planung und zur Herstellung eines individuellen Abformlöffels (Alginat), Materialkosten: je 2,80 EUR		
	OK/UK	Alginatabformungen zur Herstellung von Provisorien Materialkosten: je 2,80 EUR		
	27, 35, 36, 46	Hohlkehlpräparationen zur Aufnahme von metallischen Vollkronen		
	13	Stufenpräparation zur Aufnahme einer vestibulär verblendeten Verblendkrone		
		Beseitigung grober Okklusions- und Artikulationsstörungen		
	OK UK	Korrekturabformung mit Silikon Korrekturabformung mit individuellem Abformlöffel (Silikon) Materialkosten: je 8,50 EUR		
	13, 27, 35, 36, 46	Herstellung und Einsetzen der provisorischen Kronen Materialkosten: je 1,90 EUR		
23.03.		Einprobe aller Kronen nach Abnahme der provisorischen Kronen		
	OK	Alginatabformung zur Erneuerung der provisorischen Krone auf 13 Materialkosten: 2,80 EUR		
	13	Einsetzen der provisorischen Krone, Materialkosten: 1,90 EUR		
	27, 35, 36, 46	Wiederbefestigung der provisorischen Kronen		
01.04.	OK	Einprobe der Modellgussprothese Relationsbestimmung		

Datum	Zahn/ Regio	Leistung	Bema	GOZ
13.04.	27, 35, 36, 46	Einsetzen der metallischen Vollkronen		
	13	Einsetzen der vestibulär verblendeten Verblendkrone		
	OK	Einsetzen der partiellen Prothese mit Metallbasis und gegossenen komplizierten Halte- und Stützvorrichtungen auf 17, 14, 22 und 27		

Geschätzte Material- und Laborkosten: 1 800,00 EUR
Tatsächliche Material- und Laborkosten: 1 774,50 EUR

Festzuschüsse	

Behandlungsfall 20: Partielle Prothese, Brücke, Einzelkrone

Name der Krankenkasse BARMER		
Name, Vorname des Versicherten Benedikt, Theodor Conradistr. 32 45133 Essen		
Kassen-Nr.	**Versicherten-Nr.**	**Status** 1
Vertragszahnarzt-Nr.	**VK gültig bis**	**Datum**

Status: Mitglied
Befund:
fehlend: 18, 26, 28, 38, 48
ersetzt, aber erneuerungsbedürftig: 34, 35, 36, 46, 47
erkrankt, aber erhaltungswürdig: 16, 17

Behandlung:
Versorgung der Zähne 16 und 17 mit Kronen, Brücke 25–27, Erneuerung der funktionsuntüchtigen 9 Jahre alten partiellen Unterkieferprothese durch eine partielle Modellgussprothese mit gegosse-nen komplizierten Halte- und Stützvorrichtungen auf 33, 37 und 45

I. Befund des gesamten Gebisses/Behandlungsplan
TP = Therapieplanung R = Regelversorgung B = Befund

TP																
R																
B																
	18	17	16	15	14	13	12	11	21	22	23	24	25	26	27	28
	48	47	46	45	44	43	42	41	31	32	33	34	35	36	37	38
B																
R																
TP																

Datum	Zahn/ Regio	Leistung	Bema	GOZ
18.04.		Erstellen eines schriftlichen Heil- und Kostenplans zur prothetischen Versorgung		
04.05.	OK/UK	Alginatabformungen zur Herstellung individueller Abformlöffel Materialkosten: je 2,80 EUR		
	OK	Alginatabformung zur Herstellung von Provisorien Materialkosten: 2,80 EUR		
	16, 17	Hohlkehlpräparationen zur Aufnahme von metallischen Vollkronen		
	25 27	Stufenpräparation zur Aufnahme einer vestibulär kunststoffverblendeten Krone Hohlkehlpräparation zur Aufnahme einer metallischen Vollkrone		
	OK	Korrekturabformung mit individuellem Abformlöffel (Silikon) Materialkosten: 9,00 EUR		
	16, 17	Herstellen und Einsetzen von provisorischen Kronen Materialkosten: je 1,90 EUR		
	25–27	Herstellen und Einsetzen einer provisorischen Brücke Materialkosten: je 1,90 EUR		
	UK	Alginatabformung mit individuellem Abformlöffel zur Herstellung des Modellgussgerüsts Materialkosten: 2,80 EUR		
11.05.	16, 17	Abnahme der Provisorien wegen Schmerzen		
	UK	Einprobe des Modellgussgerüsts Relationsbestimmung		
	16, 17	Wiederbefestigung der Provisorien		
22.05.	OK	Abnahme der provisorischen Brücke und der provisorischen Kronen		
	16, 17	Kroneneinprobe		
	25–27	Brückengerüsteinprobe		
	UK	Modellgussgerüsteinprobe mit in Wachs aufgestellten Zähnen		
	OK	Wiederbefestigung der Provisorien		
29.05.	OK	Entfernung aller Provisorien		
	16, 17	Einsetzen der metallischen Vollkronen		
	OK	Einsetzen der Brücke: 25 vestibulär verblendete Verblendkrone 26 unverblendetes Zwischenglied 27 metallische Vollkrone		
	UK	Einsetzen der partiellen Modellgussprothese mit gegossenen komplizierten Halte- und Stützvorrichtungen auf den Zähnen 33, 37 und 45		

Geschätzte Material- und Laborkosten: 2 100,00 EUR
Tatsächliche Material- und Laborkosten: 1 985,50 EUR

Festzuschüsse	

Behandlungsfall 21: Prothesen, Brücken, Kronen

Name der Krankenkasse BARMER		
Name, Vorname des Versicherten Bauer, Claudia Burgweg 1 50321 Brühl		
Kassen-Nr.	**Versicherten-Nr.**	**Status** 3
Vertragszahnarzt-Nr.	**VK gültig bis**	**Datum**

Status: Familienmitglied
Befund:
fehlend: 18, 38, 48
ersetzt, aber erneuerungsbedürftig: 46–43, 34–36
erkrankt, aber erhaltungswürdig: 17, 14, 12
nicht erhaltungswürdig: 16, 15, 13
erneuerungsbedürftige Kronen: 37, 33, 47

Behandlung:
Versorgung des Oberkiefers mit einer Brücke 12–14–17. Im Unterkiefer erhalten die Zähne 33, 37 und 47 Kronen. Die 12 Jahre alte funktionsuntüchtige Prothese wird durch eine partielle Modellgussprothese mit gegossenen komplizierten Halte- und Stützvorrichtungen auf 33, 37, 42 und 47 ersetzt.

I. Befund des gesamten Gebisses/Behandlungsplan
TP = Therapieplanung R = Regelversorgung B = Befund

TP																
R																
B																
	18	17	16	15	14	13	12	11	21	22	23	24	25	26	27	28
	48	47	46	45	44	43	42	41	31	32	33	34	35	36	37	38
B																
R																
TP																

Datum	Zahn/ Regio	Leistung	Bema	GOZ
12.03.		Aufstellung eines schriftlichen Heil- und Kostenplans zur prothetischen Versorgung		
	OK, UK	Abformungen beider Kiefer zur diagnostischen Planung und Auswertung Materialkosten: je 2,80 EUR		
15.03	OK, UK	Alginatabformungen zur Herstellung von Provisorien und Anfertigung eines individuellen Abformlöffels für den Unterkiefer Materialkosten: je 2,80 EUR		
	17	Hohlkehlpräparation zur Aufnahme einer metallischen Vollkrone		

Datum	Zahn/ Regio	Leistung	Bema	GOZ
	12, 14, 33	Hohlkehlpräparationen zur Aufnahme von vestibulär mit Kunststoff verblendeten Verblendkronen		
	47, 37	Tangentialpräparationen zur Aufnahme von metallischen Vollkronen		
	OK, UK	Korrekturabformungen mit Silikon Materialkosten: je 10,50 EUR		
		Relationsbestimmung		
	12–14–17	Einsetzen der provisorischen Brücke Materialkosten: je 1,80 EUR		
	33, 37, 47	Einsetzen der provisorischen Kronen Materialkosten: je 1,80 EUR		
25.03	UK OK	Abnahme der Provisorien Abformung zur Erneuerung der provisorischen Brücke (Alginat) Materialkosten: 2,80 EUR		
	OK UK	Einprobe des Brückengerüstes Kroneneinprobe		
	UK	Abformung mit individuellem Löffel (Silikon) für die Herstellung der Modellgussprothese mit vier gegossenen komplizierten Halte- und Stützvorrichtungen Materialkosten: 10,50 EUR		
	UK OK	Wiedereinsetzen der Provisorien Einsetzen des neuen Brückenprovisoriums Materialkosten: je 1,80 EUR		
30.03.	OK, UK OK UK	Abnahme aller Provisorien Erneute Brückengerüsteinprobe Kroneneinprobe Einprobe des Modellgussgerüsts		
	OK, UK	Wiederbefestigung aller Provisorien		
07.04.	OK, UK OK	Abnahme aller Provisorien Brücke 12–14–17 eingesetzt		
	UK	Kronen 33, 37, 47 eingesetzt		
	UK	Eingliederung der Modellgussprothese mit gegossenen komplizierten Halte- und Stützvorrichtungen auf 33, 37, 42 und 47		

Geschätzte Material- und Laborkosten: 3800,00 EUR
Tatsächliche Material- und Laborkosten: 3735,00 EUR

Festzuschüsse	

9 Kombiniert festsitzend-herausnehmbarer Zahnersatz

Besonders beeindruckt ist Yvonne von der Möglichkeit, festsitzenden Zahnersatz mit herausnehmbarem zu kombinieren. Sie erkennt den Wert der klammerlosen Konstruktion als kosmetischen Vorteil für den Patienten. Da das Einsetzen und Herausnehmen des Ersatzes für den Patienten oft schwierig ist, wird er vom Zahnarzt darin eingewiesen. Hierbei hat Yvonne die Aufgabe, dem Patienten den Handspiegel vorzuhalten, damit er die notwendigen Handgriffe erlernen kann. Besonders dankbar sind viele Patienten, wenn Yvonne geduldig mit ihnen die Übungen fortsetzt.

9.1 Sachdarstellung

Unter kombiniertem Zahnersatz versteht man die prothetische Gesamtversorgung eines Kiefers mit festsitzenden Kronen auf den Stützpfeilern und herausnehmbarer Modellgusskonstruktion zum Ersatz der fehlenden Zähne. Festsitzender und herausnehmbarer Teil sind durch Vorrichtungen mit Matrize als Außenteil und Patrize als Innenteil miteinander verbunden. Die Patrize rastet in die Matrize ein und sichert auf diese Weise den Halt des herausnehmbaren Zahnersatzes. Die Verbindungsvorrichtungen, wie z. B. Geschiebe, ermöglichen den Verzicht auf Klammern als Befestigungselemente, gestatten aber ebenso ein Abnehmen und Wiedereinsetzen des Modellgussersatzes. Es können auch verschiedene Befestigungselemente in ein und dieselbe Prothese eingearbeitet werden.

Zu den Verbindungsvorrichtungen bzw. Befestigungselementen gehören:

- Teleskop- und Konuskronen
- Stege
- Schrauben und Federstifte
- Riegel, Gelenke, Geschiebe und Anker

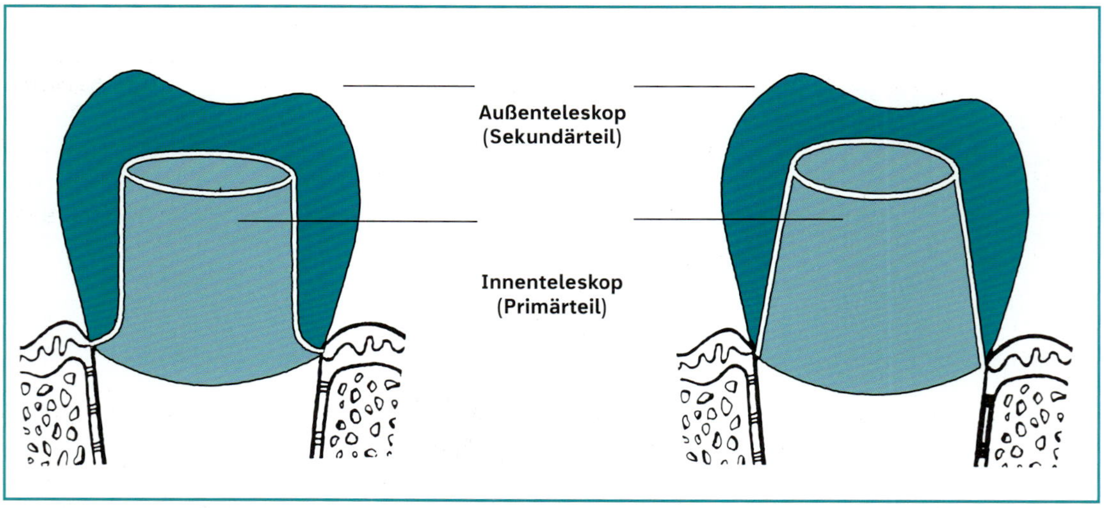

Teleskopkrone Konuskrone

Teleskop- und Konuskronen stellen als Doppelkronen ebenfalls Verbindungselemente zwischen festsitzendem und herausnehmbarem Ersatz dar. Sie bestehen aus einer Innenkrone (Patrize oder Primärteil), die auf dem präparierten Zahnstumpf oder dem Stiftaufbau fest einzementiert wird, und einer Außenkrone (Matrize oder Sekundärteil), die mit der Prothese fest verbunden ist. Die Teleskopkrone unterscheidet sich von der Konuskrone nur durch die Präparation des Zahnkronenstumpfs. Der Zahn zur Aufnahme einer Teleskopkrone wird parallelwandig präpariert, während der Zahnstumpf, der für eine Konuskrone vorgesehen ist, zur Kaufläche hin schmaler gestaltet wird. Gegebenenfalls können Teleskopkronen bei der Notwendigkeit einer parodontalen Verankerung der Prothese als Regelversorgung bezuschusst werden (Befundklasse 3 oder 4).

Stege sind kleine gefräste oder konfektionierte Balken zwischen fest einzementierten Kronen oder Ringstiftkappen auf Zahnwurzeln. Der Steg ist das Primärteil bzw. die Patrize dieser Verbindungsvorrichtung und schafft zusätzlich eine starre Verbindung zwischen den Kronen. Die Querschnittsform ist unterschiedlich, z. B. oval oder vierkantig. Die Steglasche als darüber greifendes Sekundärteil, die in die Prothese eingearbeitet wird, umfasst beim Einsetzen den Steg in ganzer Länge. Es ist auch möglich, einen Steg zusätzlich mit Verbindungsvorrichtungen zu versehen, die den Halt der Prothese verstärken.

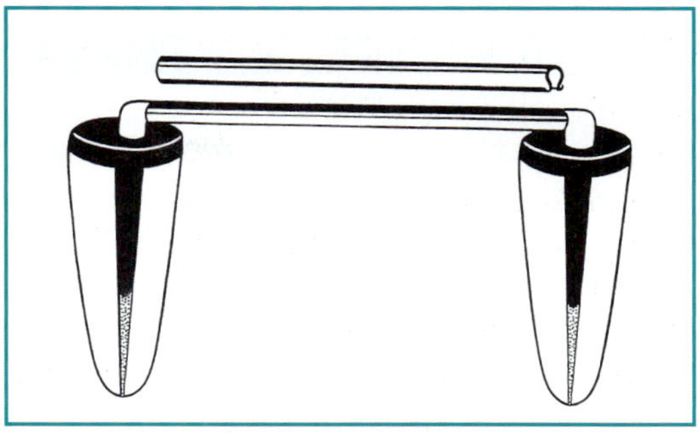

Wurzelstiftkappen mit Stegverbindung

Schrauben finden z. B. Anwendung bei Brücken, deren Zwischenglied dadurch herausnehmbar wird. Das Schraubgewinde ist meistens an oder in den Ankern eingearbeitet. Das Brückenzwischenglied ist mit einer Konstruktion versehen, durch die die Schraube eingedreht wird und ihren Halt in dem entsprechenden Gewinde an oder in der Krone findet.

Ein **Federstift** ist eine Vorrichtung, z. B. innerhalb des Außenteleskops (Sekundärkrone), die in eine entsprechende Rille an der Primärkrone einrastet und den Halt beider Kronen miteinander erhöht.

Riegel sind kleine drehbare „Umlegbolzen", z. B. an Prothesen, die wie ein Türriegel in einen Auffangarm im festsitzenden Teil des Kombinationsersatzes „umgelegt" werden. Sie erhöhen den Halt der Prothese. Diese Art der Verankerung wird vornehmlich für einseitige Freiendprothesen verwendet.

Gelenke sind keine Verbindungselemente, sondern dienen dazu, Freiendsättel einer Prothese in bestimmten Grenzen beweglich zu gestalten. Ihre Verarbeitung ist dann sinnvoll, wenn bei parodontal schwachem Restgebiss der Kaudruck nicht nur von den Restzähnen, sondern auch vom Gewebefundament im zahnlosen Bereich aufgenommen werden soll. Heute ist die Herstellung von Prothesen mit beweglichen Freiendsätteln eher selten.

Geschiebe werden in der Regel als Präzisionsfertiggeschiebe – der Zahngröße entsprechend – im Dentalhandel ausgewählt oder individuell angefertigt. Sie bestehen immer aus zwei Teilen: Matrize und Patrize. Die Matrize als äußere Passform wird meistens mit der Krone verbunden, während die Patrize den kleineren Innenteil bildet. Sie wird an der Prothese befestigt und beim Einsetzen der Prothese von der Matrize aufgenommen. Die Matrize umfasst also immer die Patrize. Geschiebe können intrakoronal (innerhalb der Krone) eingelegt sein oder extrakoronal (außerhalb der Krone) angebracht werden. Außerdem gibt es weitere – z. B. extrakoronale Anker – und solche, die auf Wurzelstiftkappen angebracht werden, wie z. B. Knopf- oder Kugelanker, deren Matrize sich in der Prothesenbasis befindet. Die Funktion dieser Konstruktion ist die eines Druckknopfs.

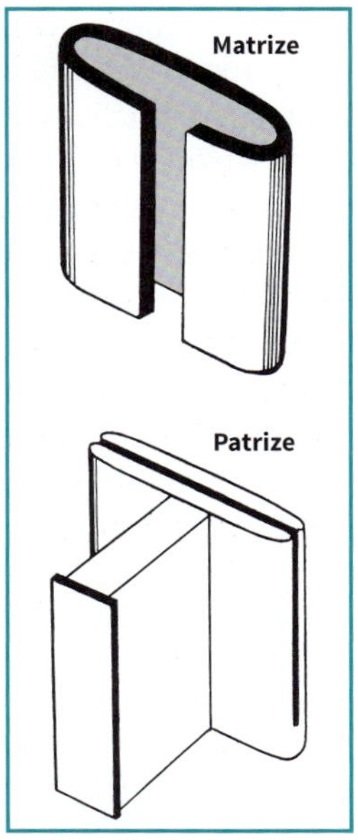

Geschiebe mit Matrize und Patrize

9.2 Abrechnung von kombiniert festsitzend-herausnehmbarem Zahnersatz nach dem Bema

Im Rahmen der vertragszahnärztlichen Versorgung sind Teleskop- oder Konuskronen als Verbindungsvorrichtungen im Zusammenhang mit herausnehmbaren Prothesen unter bestimmten Bedingungen unter der Bema-Nummer 91d abrechenbar. Sie sind ausschließlich auf den Eckzähnen und den ersten Prämolaren abrechenbar, wenn dahinter eine Lücke von mindestens zwei nebeneinander stehenden Zähnen vorliegt. Die Abrechnung ist in der Regel auf zwei Zähne je Kiefer begrenzt. Jede weitere Doppelkrone ist eine Privatleistung. Diese Kombinationsversorgung ist dann eine Regelversorgung, wenn dadurch eine funktionell günstigere Belastung für die Restzähne und eine bessere Retention für die Modellgussprothese erreicht werden können. Nur bei einem stark reduzierten Restgebiss mit maximal drei Zähnen je Kiefer kann die Bema-Nummer 91d dreimal je Kiefer angesetzt werden.

Abrechnungsbestimmungen: Bema-Nummer 91d

Bema-Nr.	Leistungsbeschreibung	Bew.-Zahl
91d	Versorgung eines Lückengebisses durch eine Brücke, bei Verwendung von Teleskopkronen im Zusammenhang mit einer herausnehmbaren Prothese, je Pfeilerzahn	190

Zeichnungen: © Dr. med. Dr. med. dent. Turck, Ingrid, Bonn

abrechenbar

- je Pfeilerzahn
- bis zu zwei Teleskop- oder Konuskronen je Kiefer ausschließlich auf Eckzähnen und/oder ersten Prämolaren, wenn dahinter mindestens zwei nebeneinander stehende Zähne fehlen
- maximal für drei Teleskop- oder Konuskronen je Kiefer bei einem Restgebiss mit höchstens drei Zähnen je Kiefer

nicht abrechenbar

- für eine abnehmbare Teleskopbrücke (Privatleistung)

Einen Ausnahmefall stellt die geteilte Brücke dar. Zusätzlich zu den Bema-Nummern 91a–91c für eine geteilte Brücke mit Verbindungsvorrichtung kann die Bema-Nummer 91e für ein Geschiebe abgerechnet werden, wenn die Brückenpfeiler disparallel sind.
Wird eine Lücke von Pfeilern begrenzt, die keine Parallelität für die notwendige Einschubrichtung einer starren einteiligen Brücke aufweisen, so kann die Lücke durch eine zweiteilig gestaltete Brücke geschlossen werden. Die Brücke wird mit einer Verbindungsvorrichtung oder einem Brückenteiler versehen. Durch diese Verbindungsvorrichtung wird die Disparallelität überwunden. Durch zweizeitiges Einsetzen der beiden Brückenteile mit unterschiedlicher Einschubrichtung wird erreicht, dass trotz fehlender Parallelität der Brückenpfeiler die Lücke mit festsitzendem Ersatz versorgt werden kann.

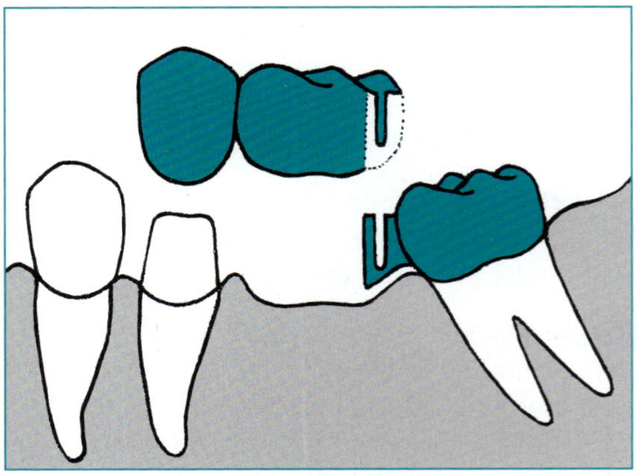

Geteilte Brücke mit disparallelen Achsen der Pfeiler

Für ein Geschiebe bei geteilten bzw. zusammengesetzt-festsitzenden Brücken ist zusätzlich zu den Bema-Nummern 91a–91c die Bema-Nummer 91e unter der Voraussetzung abrechenbar, dass durch andere Maßnahmen die notwendige Parallelität der Brückenpfeiler nicht erreicht werden kann.
Andere Verbindungselemente können nach dem Bema nicht abgerechnet werden.

Abrechnungsbestimmungen: Bema-Nummer 91d

Bema-Nr.	Leistungsbeschreibung	Bew.-Zahl
91e	Verwendung eines Geschiebes bei geteilten Brücken mit disparallelen Pfeilern, zusätzlich zu den Nummern 91a–91c	43

abrechenbar

- je Geschiebe bei disparallelen Pfeilern zusätzlich zu den Bema-Nummern 91a–91c

nicht abrechenbar

- für andere Verbindungsvorrichtungen bei festsitzend-herausnehmbarem Zahnersatz (Kombinationsversorgung)
- neben der Bema-Nummer 91d

9.3 Abrechnung von kombiniert festsitzend-herausnehmbarem Zahnersatz nach der GOZ

In der GOZ werden Verbindungselemente in Form von Teleskop- oder Konuskronen unter der GOZ-Nummer 5040 je Krone abgerechnet. Die GOZ-Nummer 5080 für ein Verbindungselement kann **nicht zusätzlich** abgerechnet werden, da Teleskop- und Konuskronen bereits Verbindungselemente darstellen.

Abrechnungshinweise: GOZ-Nummer 5040

GOZ-Nummer	Leistungsbeschreibung	Punktzahl	Einfachsatz in EUR
5040	Versorgung eines Lückengebisses durch eine Brücke oder Prothese: je Pfeilerzahn oder Implantat als Brücken- oder Prothesenanker mit einer Teleskopkrone, auch Konuskrone	2 605	146,51

Zeichnung: © Dr. med. Dr. med. dent. Turck, Ingrid, Bonn

abrechenbar

- je Teleskop- oder Konuskrone

nicht abrechenbar

- neben der GOZ-Nummer 5080

Weitere Verbindungsvorrichtungen zwischen dem festsitzenden und dem abnehmbaren Teil des Zahnersatzes, z. B. Stegreiter, Riegel, Geschiebe, werden mit der GOZ-Nummer 5080 abgerechnet. Werden an einer Krone mehrere Verbindungselemente angebracht, so kann für jedes die GOZ-Nummer 5080 berechnet werden.

In der GOZ wird die Verbindung zwischen Kronen oder Brückenankern durch einen Steg unter der Gebührennummer 5070 abgerechnet. Für die mit einer Prothese oder herausnehmbaren Brücke ersetzten Zähne im Bereich des Steges (Prothesensattel bzw. Brückenspanne) ist die GOZ-Nummer 5070 erneut abrechenbar. Trägt der Steg zusätzlich eine Verbindungsvorrichtung in Form von Ankern oder Stegreitern, so ist für jedes Verbindungselement zusätzlich zur GOZ-Nummer 5070 die GOZ-Nummer 5080 abrechenbar.

Abrechnungshinweise: GOZ-Nummer 5070

GOZ-Nummer	Leistungsbeschreibung	Punktzahl	Einfachsatz in EUR
5070	Versorgung eines Lückengebisses durch eine Brücke oder Prothese: Verbindung von Kronen oder Einlagefüllungen durch Brückenglieder, Prothesenspannen oder Stege, je zu überbrückende Spanne oder Freiendsattel	400	22,50

abrechenbar

- je Steg
- je Spanne bei Brücken
- je Spanne oder Sattel bei Prothesen zusätzlich zum Steg, also mehrmals
- neben der GOZ-Nummer 5080

Abrechnungshinweise: GOZ-Nummer 5080

GOZ-Nummer	Leistungsbeschreibung	Punktzahl	Einfachsatz in EUR
5080	Versorgung eines Lückengebisses durch eine zusammengesetzte Brücke oder Prothese, je Verbindungselement. Matrize und Patrize gelten als ein Verbindungselement.	230	12,94

abrechenbar

- je Verbindungselement
- neben der GOZ-Nummer 5070

nicht abrechenbar

- neben der GOZ-Nummer 5040
- für gebogene oder gegossene Klammern
- für Auflagen

ÜBUNGSAUFGABEN

1. Welche Bema-Nummern bzw. welche GOZ-Nummern sind in den folgenden Einzelfällen für die Verbindungsvorrichtungen bzw. Stege abzurechnen?

Fall	Zahn/Regio	Verbindungsvorrichtung	Bema	GOZ
1	13, 23	Wurzelstiftkappen mit Steg		
2	33, 43	Wurzelstiftkappen mit Steg und zwei Verbindungsvorrichtungen		
3	33, 34	Verblockte Kronen mit Riegelvorrichtung an 34		
4	17, 14 und 24, 26	Kronen mit Steg zwischen 14 und 17 und Steg zwischen 24 und 26		
5	13–23	Verblockte Kronen 13 bis 23 mit distalen Geschieben an den Kronen 13 und 23		
6	14 und 24	Teleskopkronen mit zusätzlichen Verbindungsvorrichtungen bei stark reduziertem Restgebiss		
7	24–28	Abnehmbare Brücke. Kronen auf Zahn 24 und Zahn 28. Das Brückenzwischenglied zum Ersatz der Zähne 25, 26 und 27 ist durch Schraubenvorrichtungen an den Kronen befestigt.		
8	33	Wurzelstiftkappe mit Knopfanker		
9	44, 43, 33, 34	Verblockte Kronen Verblockte Kronen Extrakoronale Verbindungsvorrichtungen distal: Anker an den Kronen 44 und 34		
10	15	Metallische Vollkrone mit mesialem intrakoronalem T-Geschiebe und distalem extrakoronalem Anker		

2. Rechnen Sie die folgenden Modellgussprothesen mit Verbindungsvorrichtungen nach der GOZ ab.

1

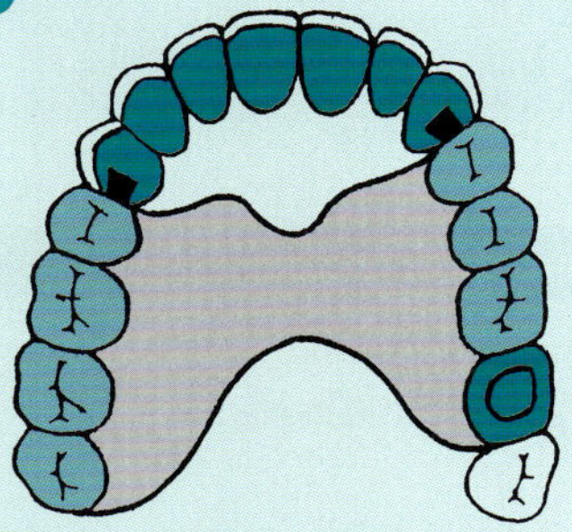

Zahn/ Regio	Leistung	GOZ
14–23	Kronen, verblockt, vestibulär verblendet (HK)	
14, 23	Geschiebe	
27	Teleskopkrone	
OK	Modellgussprothese	

2

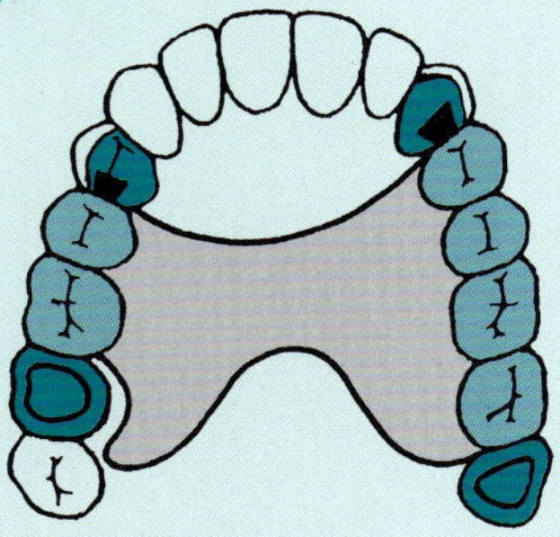

Zahn/ Regio	Leistung	GOZ
14–23	Kronen, vestibulär verblendet (HK)	
17, 28	Teleskopkronen	
OK	Modellgussprothese mit gegossenen komplizierten Halte- und Stützvorrichtungen auf 14 und 23	

Zeichnungen: © Dr. med. Dr. med. dent. Turck, Ingrid, Bonn

3

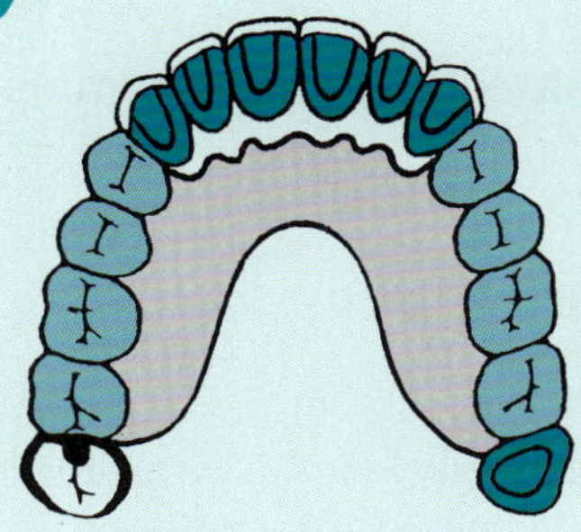

Zahn/ Regio	Leistung	GOZ
13–23	Teleskopkronen, vestibulär verblendet (HK). Außenteleskope verblockt	
18	Doppelarmklammer	
28	Teleskopkrone	
OK	Modellgussprothese	

4

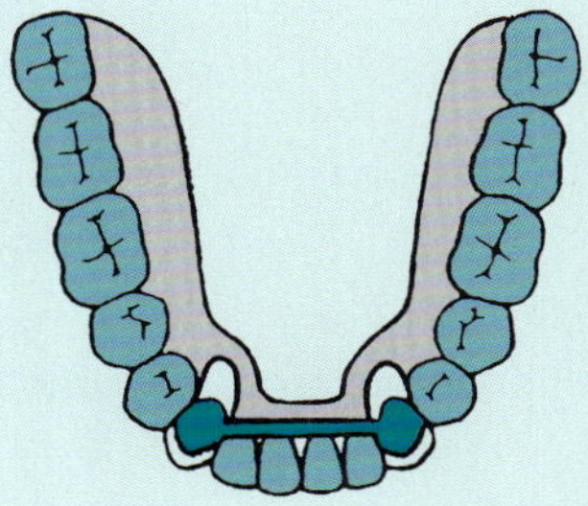

Zahn/ Regio	Leistung	GOZ
33, 43	Kronen, vestibulär verblendet (HK)	
33–43	Steg	
UK	Modellgussprothese	

5

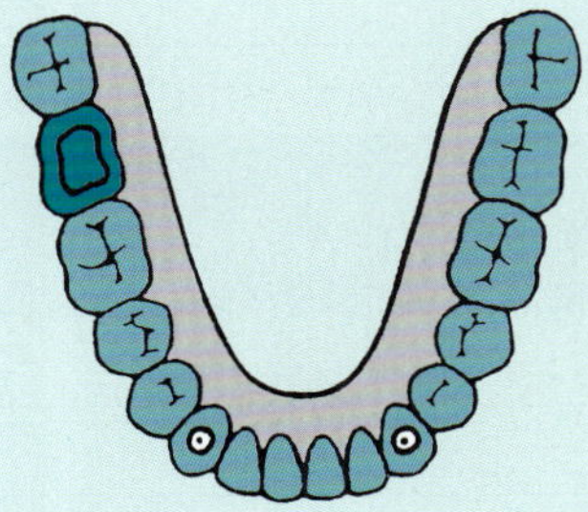

Zahn/ Regio	Leistung	GOZ
33, 43	Wurzelstiftkappen mit Knopfankern	
47	Teleskopkrone	
UK	Cover-denture (Modellguss)	

3. Beantworten Sie folgende Fragen.

a) Erklären Sie die Funktion von Matrize und Patrize.
b) Wie rechnen Sie nach der GOZ einen Steg mit zwei Stegverbindungsvorrichtungen ab?
c) Wie werden Verbindungsvorrichtungen im Zusammenhang mit Teleskopkronen abgerechnet?
d) Ein stark reduziertes Gebiss mit drei Restzähnen wird mit Teleskopkronen versorgt. Wie viele Teleskopkronen können maximal je Kiefer nach dem Bema bezuschusst werden?
e) Die Kronen auf 33 und 43 sind durch einen Steg verbunden. Zusätzlich erhalten die Kronen 33 und 43 jeweils ein distales T-Geschiebe. Was ist nach der GOZ abzurechnen?

4. Vervollständigen Sie Ihre Lernkartei.

Rechnen Sie die Behandlungsfälle 22 bis 24 für gesetzlich versicherte Patienten und Privatpatienten ab.
Erfassen Sie anschließend die Behandlungsfälle mithilfe eines Abrechnungsprogramms.

Behandlungsfall 22: Wurzelstiftkappen, Prothese, Teilkronen

Name der Krankenkasse BARMER		
Name, Vorname des Versicherten Bloch, Martina Zum Toedtfeld 113 53881 Euskirchen		
Kassen-Nr.	**Versicherten-Nr.**	**Status** 1
Vertragszahnarzt-Nr.	**VK gültig bis**	**Datum**

Status: Mitglied
Befund:
fehlend: 18, 28, 38, 46, 48
erhaltungswürdig mit weitgehender Zerstörung: 17, 14, 11, 21
nicht erhaltungswürdig: 16, 15, 42–32, 34–37, 44, 45, 47
erneuerungsbedürftige Wurzelstiftkappen: 33, 43

Behandlung:
Versorgung des Oberkiefers mit einer Brücke von 17 bis 14. Die Zähne 11 und 21 erhalten Kronen. Versorgung des Unterkiefers mit einer partiellen Prothese und Wurzelstiftkappen mit Knopfankern auf 43 und 33.

I. Befund des gesamten Gebisses/Behandlungsplan
TP = Therapieplanung R = Regelversorgung B = Befund

TP																
R																
B																
	18	17	16	15	14	13	12	11	21	22	23	24	25	26	27	28
	48	47	46	45	44	43	42	41	31	32	33	34	35	36	37	38
B																
R																
TP																

Datum	Zahn/ Regio	Leistung	Bema	GOZ
05.09.		Erstellen eines schriftlichen Heil- und Kostenplans zur prothetischen Versorgung		
	OK/UK	Abformungen für das Erstellen von Modellen zur diagnostischen Auswertung und Planung (Alginat) Materialkosten: 2,80 EUR		

Datum	Zahn/ Regio	Leistung	Bema	GOZ
10.09.		Beseitigung grober Okklusions- und Artikulationsstörungen		
	OK	Abformung zur Herstellung von Provisorien (Silikon) Materialkosten: 9,00 EUR		
	11, 21	Stufenpräparation zur Aufnahme von Keramikverblendkronen (vestibulär verblendet)		
	14	Hohlkehlpräparation zur Aufnahme einer vestibulär verblendeten Verblendkrone		
	17	Hohlkehlpräparation zur Aufnahme einer metallischen Vollkrone als Brückenanker		
	OK	Korrekturabformung mit Silikon Materialkosten: 9,00 EUR		
		Relationsbestimmung		
	11, 21	Herstellen und Einsetzen der provisorischen Kronen Materialkosten: je 1,90 EUR		
	17–14	Herstellen und Einsetzen der provisorischen Brücke Materialkosten: je 1,90 EUR		
	UK	Alginatabformung zur Herstellung eines individuellen Abformlöffels Materialkosten: 2,80 EUR		
17.09.	UK	Alginatabformung zur Herstellung von Provisorien Materialkosten: 2,80 EUR		
	43, 33	Nachpräparation zur Aufnahme von Wurzelstiftkappen		
	UK	Korrekturabformung mit individuellem Abformlöffel (Silikon), Materialkosten: 9,00 EUR		
	11, 21	Erneuerung der provisorischen Kronen Materialkosten: je 1,90 EUR		
	43, 33	Herstellen und Einsetzen der provisorischen Kronen mit Wurzelstift Materialkosten: je 4,00 EUR		
25.09.	11, 21	Erneuerung der provisorischen Kronen Materialkosten: je 1,90 EUR		
30.09.	OK	Abnahme der provisorischen Kronen und der Brücke		
		Einprobe der Kronen und der Brücke		
	OK	Wiederbefestigung der provisorischen Kronen und der Brücke		
02.10.	11, 21	Einsetzen der Keramikverblendkronen		
	17–14	Eingliederung der Brücke		

Datum	Zahn/ Regio	Leistung	Bema	GOZ
08.10.	UK	Einprobe der Prothese (Cover-denture)		
	43, 33	Einsetzen der Wurzelstiftkappen mit Knopfanker		
	48–38	Einsetzen der Cover-denture		

Geschätzte Material- und Laborkosten: 2 300,00 EUR
Tatsächliche Material- und Laborkosten: 2 220,00 EUR

Festzuschüsse	

Behandlungsfall 23: Einzelkronen, partielle Prothese, Teleskopkronen

Name der Krankenkasse BARMER		
Name, Vorname des Versicherten Ostendorf, Michaela Zugweg 7 53925 Kall		
Kassen-Nr.	**Versicherten-Nr.**	**Status** 3
Vertragszahnarzt-Nr.	**VK gültig bis**	**Datum**

Status: Familienmitglied
Befund:
fehlend: 18, 38, 48
ersetzt, aber erneuerungsbedürftig: 17, 16, 26, 27, 47–45, 34–37
erhaltungswürdig mit weitgehender Zerstörung: 44, 43, 33

Behandlung:
Versorgung des Oberkiefers mit einer partiellen Modellgussprothese mit gegossenen komplizierten Halte- und Stützvorrichtungen auf 15, 25 und 28. Versorgung der Zähne 33 und 44 mit Teleskopkronen und von Zahn 43 mit einer Verblendkrone, Versorgung des Unterkiefers mit einer partiellen Modellgussprothese.

I. Befund des gesamten Gebisses/Behandlungsplan
TP = Therapieplanung R = Regelversorgung B = Befund

TP																	
R																	
B																	
	18	17	16	15	14	13	12	11		21	22	23	24	25	26	27	28
	48	47	46	45	44	43	42	41		31	32	33	34	35	36	37	38
B																	
R																	
TP																	

Datum	Zahn/ Regio	Leistung	Bema	GOZ
05.04.		Erstellen eines schriftlichen Heil- und Kostenplans zur prothetischen Versorgung		
05.05.		Beseitigung grober Okklusions- und Artikulationsstörungen		
	OK/UK	Situationsabformungen für die Herstellung von individuellen Abformlöffeln Materialkosten: je 2,80 EUR		
	UK	Alginatabformung zur Herstellung von Provisorien Materialkosten: 2,80 EUR		
	43	Hohlkehlpräparation zur Aufnahme einer Kunststoffverblendkrone (vestibulär verblendet)		
	44,33	Präparation der Zähne zur Aufnahme von Teleskopkronen		
	UK	Korrekturabformung mit Silikon Materialkosten: 9,00 EUR		
	44, 43, 33	Herstellen und Einsetzen der provisorischen Kronen Kronen, Materialkosten: je 1,90 EUR		
15.05.		Relationsbestimmung		
22.05.	UK	Abnahme der provisorischen Kronen		
		Kroneneinprobe		
	OK/UK	Abformungen mit individuellen Abformlöffeln Materialkosten: je 9,00 EUR		
	UK	Wiederbefestigung der provisorischen Kronen		
29.05.	44, 33	Einsetzen der Innenteleskope		
	43	Einsetzen der vestibulär verblendeten Verblendkrone		
	UK	Einsetzen der partiellen Prothese mit Metallbasis und Außenteleskopen		
	OK	Einsetzen der partiellen Modellgussprothese (Transversalbügel) mit gegossenen komplizierten Halte- und Stützvorrichtungen auf 15, 25 und 28		

Geschätzte Material- und Laborkosten: 2000,00 EUR
Tatsächliche Material- und Laborkosten: 1950,50 EUR

Festzuschüsse	

Behandlungsfall 24: Teleskopkronen, Kronen, Prothesen

Name der Krankenkasse BARMER		
Name, Vorname des Versicherten Otto, Kurt Rudolfstr. 18 56070 Koblenz		
Kassen-Nr.	**Versicherten-Nr.**	**Status** 1
Vertragszahnarzt-Nr.	**VK gültig bis**	**Datum**

Status: Mitglied
Befund:
fehlend: 18, 28, 38, 48
ersetzt, aber erneuerungsbedürftig: 17–14,
12–22, 24–27, 34–36, 46–44
erhaltungswürdig mit weitgehender Zerstörung: 13, 23, 47, 43, 33, 37

Behandlung:
Versorgung des Oberkiefers mit vestibulär verblendeten Teleskopkronen auf 13 und 23. Versorgung des Unterkiefers mit vestibulär verblendeten Teleskopkronen auf 33 und 43, Versorgung der Zähne 37 und 47 mit metallischen Vollkronen. Erneuerung der 8 Jahre alten Oberkieferprothese durch eine Kunststoffprothese. Die Unterkieferprothese wird durch eine Modellgussprothese mit gegossenen komplizierten Halte- und Stützvorrichtungen auf 37 und 47 ersetzt.

I. Befund des gesamten Gebisses/Behandlungsplan
TP = Therapieplanung R = Regelversorgung B = Befund

TP																
R																
B																
	18	17	16	15	14	13	12	11	21	22	23	24	25	26	27	28
	48	47	46	45	44	43	42	41	31	32	33	34	35	36	37	38
B																
R																
TP																

Datum	Zahn/ Regio	Leistung	Bema	GOZ
20.03.		Erstellen eines schriftlichen Heil- und Kostenplans zur prothetischen Versorgung		
27.03.	OK/UK	Situationsabformungen für die Herstellung individueller Abformlöffel, Materialkosten: je 2,80 EUR		
	OK/UK	Alginatabformungen zur Herstellung von Provisorien (Alginat) Materialkosten: je 2,80 EUR		
	13, 23, 33, 43	Präparation der Zähne zur Aufnahme von Teleskopkronen		
	47, 37	Tangentialpräparation zur Aufnahme von metallischen Vollkronen		
	OK/UK	Korrekturabformungen mit individuellen Löffeln (Silikon) Materialkosten: je 9,00 EUR		
	13, 23, 33, 37, 43, 47	Herstellen und Einsetzen der provisorischen Kronen Materialkosten: je 1,90 EUR		

Datum	Zahn/ Regio	Leistung	Bema	GOZ
05.04.		Abnahme aller provisorischen Kronen		
	13, 23, 33, 43	Einprobe der Innenteleskope		
	47, 37	Kroneneinprobe		
	OK/UK	Funktionsabformungen mit wieder verwendeten individuellen Abformlöffeln (Silikon) Materialkosten: je 9,00 EUR		
		Relationsbestimmung		
		Wiederbefestigung der provisorischen Kronen		
11.04.	OK/UK	Abnahme der provisorischen Kronen. Erneute Einprobe der Kronen, Modellgussgerüsteinprobe, Wiederbefestigung der provisorischen Kronen		
14.04.	OK/UK	Abnahme der provisorischen Kronen		
		Wachseinprobe Wiederbefestigung der Provisorien		
15.04.	13	Erneuerung der provisorischen Krone Materialkosten: 1,90 EUR		
20.04.	13, 23, 33, 43	Einsetzen der Innenteleskope		
	OK	Einsetzen der partiellen Kunststoffprothese mit zwei vestibulär verblendeten Außenteleskopen		
	37, 47	Einsetzen der metallischen Vollkronen		
	UK	Einsetzen der Modellgussprothese mit komplizierten Halte- und Stützvorrichtungen auf 47 und 37 und mit verblendeten Außenteleskopen auf 33 und 43		

Geschätzte Material- und Laborkosten: 2100,00 EUR
Tatsächliche Material- und Laborkosten: 2075,95 EUR

Festzuschüsse	

10 Teilleistungen

Yvonne ruft im Auftrag ihres Chefs die Daten von zwei Patienten, deren Behandlung nicht abgeschlossen werden konnte, im Computerprogramm auf und legt die Technikunterlagen bereit. Einer dieser Patienten verstarb, der andere wurde beruflich plötzlich ins Ausland versetzt. Ihr Chef erklärt ihr, dass die bisher erbrachten Leistungen sowohl für festsitzenden als auch für herausnehmbaren Ersatz berechnet werden können. Dabei sei es von Bedeutung, welche Maßnahmen innerhalb der geplanten prothetischen Gesamtversorgung bereits durchgeführt worden seien, da die dafür vorgesehenen Positionen sich an den bereits vollzogenen Schritten der Behandlung orientierten.

10.1 Sachdarstellung

Wird die prothetische Versorgung eines Patienten begonnen, ohne abgeschlossen werden zu können, sei es wegen Wohnortwechsels, Erkrankung, Unfall, Tod usw. des Patienten, so können bis dahin durchgeführte Behandlungen mit den leistungsentsprechenden Positionen abgerechnet werden.

10.2 Abrechnung von Teilleistungen bei festsitzendem Zahnersatz nach dem Bema

Der Bema sieht vor, Teilleistungen einer prothetischen Versorgung, die nicht abgeschlossen werden kann, je nach Stand der Behandlungsmaßnahmen abzurechnen. Für Kronen wird die Bema-Nummer 22 und für Brücken die Bema-Nummer 94a angesetzt. Ist die Präparation der Zähne zur Aufnahme von Kronen bereits erfolgt, so ist die halbe Gebühr der Bema-Nummer 18 bzw. 20 anzusetzen. Gehen die erbrachten Leistungen über die Präparation hinaus, erhöht sich die Berechnung auf drei Viertel dieser Bewertungszahl. Das Gleiche gilt für Brücken. Bei nicht vollendeten Leistungen nach den Bema-Nummern 90 bis 92 wird die Bema-Nummer 94a berechnet. Kommen Leistungen nach der Bema-Nummer 93 (Adhäsivbrücke) nicht zum Abschluss, so ist entsprechend die Bema-Nummer 94b anzusetzen.
Genehmigte Heil- und Kostenpläne, auf denen nur Teilleistungen nach den Bema-Nummern aufgeführt werden, soll der Zahnarzt bei seiner Abrechnung kenntlich machen. Weiterhin ist der Grund des Behandlungsabbruchs auf dem Heil- und Kostenplan zu vermerken, sofern er dem Zahnarzt bekannt ist.

Abrechnungsbestimmungen: Bema-Nummer 22

Bema-Nr.	Leistungsbeschreibung	Bew.-Zahl
22	Teilleistungen bei nicht vollendeten Leistungen nach den Nrn. 18 und 20:	
	Präparation eines Zahns: halbe Bew.- Zahl nach Nr. 20 oder 18	
	Weitere Maßnahmen: drei Viertel der Bew.-Zahl nach Nr. 20	
	Gegebenenfalls: Bew.-Zahl nach Nr. 18	

abrechenbar

- für bisher im Rahmen der Bema-Nummern 18 und 20 erbrachte Leistungen bis einschließlich der Präparation des Zahns (halbe Bewertungszahl)
- für weitergehende – über die Präparation hinausgehende – Maßnahmen nach der Bema-Nummer 20 (drei Viertel der Bewertungszahl)
- Material- und Laborkosten

Zeichnung: © Dr. med. Dr. med. dent. Turck, Ingrid, Bonn

Abrechnungsbestimmungen: Bema-Nummer 94a

Bema-Nr.	Leistungsbeschreibung	Bew.-Zahl
94a	Teilleistung nach den Nrn. 90 bis 92 bei nicht vollendeten Leistungen:	
	Präparation eines Ankerzahns (Brückenpfeilers) nach den Nummern 90 und 91: halbe Bew.-Zahl nach Nr. 90 und 91	
	Präparation eines Ankerzahns (Brückenpfeilers) mit darüber hinausgehenden Maßnahmen: drei Viertel der Bew.-Zahl nach Nr. 90 und 91	
	Sind nach der Funktionsprüfung der Brückenanker weitere Maßnahmen erfolgt: drei Viertel der Bew.-Zahl nach Nr. 92	

abrechenbar

- für bisher im Rahmen der Bema-Nummern 90 und 91 erbrachte Leistungen bis einschließlich der Präparation des Brückenpfeilers (halbe Bewertungszahl)
- für weitergehende – über die Präparation hinausgehende – Maßnahmen nach den Bema-Nummern 90 und 91 (drei Viertel der Bewertungszahl)
- für notwendige Maßnahmen im Rahmen der Bema-Nummer 92, die sich nach der Funktionsprüfung des Brückengerüsts ergeben (drei Viertel der Bewertungszahl)
- Material- und Laborkosten

Abrechnungsbestimmungen: Bema-Nummer 94b

Bema-Nr.	Leistungsbeschreibung	Bew.-Zahl
94b	Teilleistung bei nicht vollendeten Leistungen nach den Nrn. 93a und 93b:	
	Präparation des Brückenpfeilers nach Nr. 93a: halbe Bew.-Zahl nach der Nr. 93a	
	Präparation des Brückenpfeilers nach der Nr. 93a mit darüber hinausgehenden Maßnahmen: drei Viertel der Bew.-Zahl nach der Nr. 93a	
	Präparation der Brückenpfeiler nach der Nr. 93b: halbe Bew.-Zahl nach der Nr. 93b	
	Präparation der Brückenpfeiler nach der Nr. 93b mit darüber hinausgehenden Maßnahmen: drei Viertel der Bew.-Zahl nach der Nr. 93b	

abrechenbar

- für bisher im Rahmen der Bema-Nummer 93a erbrachte Leistungen bis einschließlich der Präparation eines Brückenpfeilers: halbe Bewertungszahl nach der Nr. 93a
- für die über die Präparation eines Brückenpfeilers hinausgehenden Maßnahmen nach der Bema-Nummer 93a: drei Viertel der Bewertungszahl nach der Nr. 93a
- für bisher im Rahmen der Bema-Nummer 93b erbrachte Leistungen bis einschließlich der Präparationen der Brückenpfeiler: halbe Bewertungszahl nach der Nr. 93b
- für die über die Präparationen der Brückenpfeiler hinausgehenden Leistungen nach der Bema-Nummer 93b: drei Viertel der Bewertungszahl nach der Nr. 93b
- Material- und Laborkosten

10.3 Teilleistungen bei festsitzendem Zahnersatz nach der GOZ

Ebenso wie im Bema gestaltet sich die Abrechnung von Teilleistungen nach der GOZ. Für Teilleistungen bei Kronen nach den GOZ-Nummern 2200 bis 2220 sieht die GOZ je nach Behandlungsstand zwei Gebührennummern vor. Enden die Behandlungsmaßnahmen mit der Präparation eines Zahns, so ist die GOZ-Nummer 2230 abzurechnen, weitergehende Leistungen mit der GOZ-Nummer 2240. Bei Brücken ist die inhaltlich leistungsentsprechende GOZ-Nummer 5050 für Maßnahmen bis einschließlich der Präparation der Brückenpfeiler anzusetzen, die GOZ-Nummer 5060 für darüber hinausgehende Leistungen.
Die provisorische Versorgung eines Zahns ist in vollem Umfang abrechenbar. Die Leistungen nach den GOZ-Nummern 2230 und 2240 sowie 5050 und 5060 sind nur abrechenbar, wenn es dem Zahnarzt oder der Zahnärztin auf Dauer nicht möglich war, die Behandlung fortzusetzen oder eine Fortsetzung aus medizinischen Gründen nicht angezeigt war.

Abrechnungshinweise: GOZ-Nummern 2230 und 2240

GOZ-Nummer	Leistungsbeschreibung	Punktzahl	Einfachsatz in EUR
2230	Teilleistungen nach den Nummern 2200 bis 2220: Enden die Leistungen mit der Präparation eines Zahns, so ist die Hälfte der jeweiligen Gebühr berechnungsfähig.		
2240	Teilleistungen nach den Nummern 2200 bis 2220: Sind darüber hinaus weitere Maßnahmen erfolgt, so sind drei Viertel der jeweiligen Gebühr berechnungsfähig.		

abrechenbar

- GOZ-Nr. 2230 für bisherige im Rahmen der GOZ-Nummern 2200 bis 2220 erbrachte Leistungen, die mit der Präparation des Zahns enden
- GOZ-Nr. 2240 für bisherige im Rahmen der GOZ-Nummern 2200 bis 2220 erbrachte Leistungen, die über die Präparation des Zahns hinausgehen

Abrechnungshinweise: GOZ-Nummern 5050 und 5060

GOZ-Nummer	Leistungsbeschreibung	Punktzahl	Einfachsatz in EUR
5050	Teilleistungen nach den Nummern 5000 bis 5040: Enden die Leistungen mit der Präparation der Brückenpfeiler oder Prothesenanker mit Verbindungselementen oder der Abdrucknahme beim Implantat, so ist die Hälfte der jeweiligen Gebühr berechnungsfähig.		
5060	Teilleistungen nach den Nummern 5000 bis 5040: Sind darüber hinaus weitere Maßnahmen erfolgt, so sind drei Viertel der jeweiligen Gebühr berechnungsfähig.		

abrechenbar

- GOZ-Nr. 5050 für bisher erbrachte Leistungen bis einschließlich der Präparation des Brückenpfeilers
- GOZ-Nr. 5060 für bisher erbrachte Leistungen, die über die Präparation des Brückenpfeilers hinausgehen

10.4 Abrechnung von Teilleistungen bei herausnehmbarem Zahnersatz nach dem Bema

Kann die Versorgung mit herausnehmbarem Zahnersatz nicht abgeschlossen werden, so können die erbrachten Teilleistungen nach den Bema-Nummern 99a, 99b und 99c abgerechnet werden.
Die Abrechnung der Bema-Nummer 99a wird angesetzt für die anatomische Abformung des Kiefers.
Wurde für die Versorgung eines Kiefers nach den Bema-Nummern 96 und 97 im Lauf der Behandlung bereits die Bisslagebestimmung durchgeführt, wird die Bema-Nummer 99b abgerechnet. Die Bema-Nummern 98a bis 98c sind – wenn Modelle hergestellt wurden – in voller Höhe abrechenbar.
Mit der Bema-Nummer 99c sind die Leistungen nach den Bema-Nummern 96, 97, 98e, 98f, 98g und 98h abzurechnen, wenn Behandlungsschritte über die Ermittlung der Kieferrelation hinaus erfolgten.
Bei Modellgussarbeiten (Bema-Nummern 98e, 98g, 98h) ist die Bema-Nummer 99c auch dann abrechenbar, wenn nach der Einprobe des Modellgussgerüsts die Bissregistrierung nicht mehr durchgeführt wurde.
Teilleistungen sind vom Zahnarzt auf dem Heil- und Kostenplan zu kennzeichnen. Sofern bekannt, ist der Grund des Behandlungsabbruchs anzugeben.

Abrechnungsbestimmungen: Bema-Nummern 99a bis 99c

Bema-Nr.	Leistungsbeschreibung	Bew.-Zahl
	Teilleistung nach den Nrn. 96, 97 und 98 bei nicht vollendeten Leistungen:	
99a	Anatomischer Abdruck zur prothetischen Versorgung eines Kiefers	19
99b	Maßnahmen einschließlich der Ermittlung der Bissverhältnisse : halbe Bew.-Zahl nach Nr. 96 oder 97	
99c	Weitergehende Maßnahmen: drei Viertel der Bew.-Zahlen für die gesamte Behandlung	

abrechenbar

- Bema-Nr. 99a für den anatomischen Abdruck
- Bema-Nr. 99b für bisher im Rahmen der Bema-Nummern 96, 97 und 98 erbrachte Leistungen bis einschließlich der Bisslagenbestimmung
- Bema-Nr. 99c für weitere im Rahmen der Bema-Nummern 96, 97 und 98 erbrachte Leistungen über die Bestimmung der Kieferrelation hinaus
- Bema-Nr. 99c nach Einprobe eines Modellgussgerüsts auch ohne Relationsbestimmung
- Material- und Laborkosten

10.5 Abrechnung von Teilleistungen bei herausnehmbarem Zahnersatz nach der GOZ

Für die Abrechnung von Teilleistungen bei herausnehmbarem Zahnersatz gibt es in der GOZ nur eine Gebührennummer, die nach dem Umfang der bisher erbrachten Leistungen berechnet wird. Dies gilt sowohl für totale als auch für partielle Prothesen.

Abrechnungshinweise: GOZ-Nummer 5240

GOZ-Nummer	Leistungsbeschreibung	Punktzahl	Einfachsatz in EUR
5240	Teilleistungen nach den Nummern 5200 bis 5230: Für Maßnahmen bis einschließlich Bestimmung der Kieferrelation ist die Hälfte der jeweiligen Gebühr berechnungsfähig, bei weitergehenden Maßnahmen sind drei Viertel der jeweiligen Gebühr berechnungsfähig.		

abrechenbar

- die Hälfte der jeweiligen Gebühr für Maßnahmen bis einschließlich der Bestimmung der Kieferrelation
- drei Viertel der jeweiligen Gebühr für Maßnahmen, die über die Bestimmung der Kieferrelation hinausgehen

11 Reparaturen und Wiederherstellungsmaßnahmen

Yvonne kann bereits erkennen, ob für Reparaturen von Prothesen eine Abformung notwendig ist oder nicht. Sie übernimmt die Nachfrage nach dem Fertigstellungstermin im Praxis- oder Fremdlabor. Ihr ist bekannt, dass bei zerbrochenen Prothesen in den meisten Fällen eine besondere Dringlichkeit vorliegt. Bei Reparaturen an festsitzendem Ersatz wie Kronen und Brücken, insbesondere bei solchen im Frontzahnbereich, muss Yvonne einen Notfalltermin einräumen, damit zumindest eine provisorische Versorgung erfolgen kann. Aus Erfahrung weiß sie, dass eine endgültige Reparatur durchaus eine zeitaufwendige Maßnahme sein kann, für die eine entsprechend längere Behandlungszeit eingeplant werden muss.

11.1 Sachdarstellung

Festsitzender Ersatz

Reparaturen an Kronen, Brücken und Stegvorrichtungen gestalten sich in der Regel wesentlich aufwendiger als die Wiederherstellung von herausnehmbarem Zahnersatz. Von großer Bedeutung ist, ob die Reparatur des festsitzenden Ersatzes im Mund des Patienten durchgeführt werden kann oder in einem zahntechnischen Labor erfolgen muss. Für die Wiederherstellung im Labor müssen die fest einzementierten Kronen oder Brücken entfernt werden, um sie mit einer Abformung des betreffenden Kiefers – evtl. auch des Gegenkiefers – dem Labor übergeben zu können. Häufig müssen Kronen bzw. Brückenanker aufgetrennt werden, um sie von den Pfeilern zu lösen. Das erfordert zusätzliche Lötarbeiten für das zahntechnische Labor. Ist die Entfernung der Brücke nur unter weitgehender Zerstörung des Ersatzes möglich, ist eine Neuanfertigung erforderlich. Besonders schwierig gestaltet sich das Entfernen von Stiftzähnen bzw. Wurzelkappen mit ihrer Stiftverankerung im Wurzelkanal.
Das Wiedereinsetzen noch vorhandener Facetten oder Verblendschalen, Kronen und Brücken ist in der Praxis möglich. Defekte Verblendungen werden z. B. mit lichthärtenden Kompositen in einem speziellen Verfahren korrigiert. Erneuerungen von Verblendschalen werden durch das zahntechnische Labor durchgeführt und in der Praxis eingesetzt.

Herausnehmbarer Ersatz

Bei Reparaturen von Prothesen unterscheidet man grundsätzlich, ob die Reparatur ohne Abformung des Kiefers durchgeführt werden kann oder ob der Zahntechniker ein Modell durch Abformung benötigt. Auch die Wiederherstellung der Funktion eines Zahnersatzes durch Unterfütterung zählt zu den Reparaturen.
Zu der Wiederherstellung einer Prothese, bei der sich eine Abformung erübrigt, gehört der glatte Bruch einer Prothese, deren Bruchstücke problemlos wieder zusammengefügt werden können. Auch das Wiederanbringen eines gelösten, noch vorhandenen Ersatzzahns oder das Aktivieren von Verbindungsvorrichtungen ist ohne Abformung möglich. Häufig ist auch für das Ersetzen eines Prothesenzahns eine Abformung nicht erforderlich.
Die Modellherstellung nach Abformung ist in der Regel notwendig, wenn es sich um einen Prothesenbruch in mehrere Einzelteile handelt oder um die Erweiterung eines Zahnersatzes. Häufig muss nach Extraktion von Zähnen die Prothese um diese Zähne und gegebenenfalls auch um Halte- und Stützelemente erweitert werden. Bei Modellgussprothesen kann je nach Konstruktion das Anlöten einer Retention (Halterung) für den zu ersetzenden Zahn notwendig sein. Diese umfangreichere Wiederherstellung des Ersatzes ist für den Zahntechniker nur mithilfe eines Modells möglich. Auch der Ersatz von Verbindungselementen erfordert oftmals eine Abformung zur Modellgewinnung.
Wenn eine Prothesenbasis nicht mehr fest auf dem Kieferfundament aufliegt, ist eine Unterfütterung notwendig. Durch Rückbildung des Kieferknochens kann sich diese Situation ergeben und zu einem Schaukeln mit erhöhter Bruchgefahr der Prothese führen.
Es gibt verschiedene Unterfütterungsarten: Die partielle und totale Unterfütterung und die direkte und indirekte Unterfütterung. Teilunterfütterung und vollständige Unterfütterung eines Ersatzes sind sowohl bei Teilprothesen als auch bei Totalprothesen möglich.
Bei dem **direkten** Verfahren wird die Unterfütterung mit Kunststoff direkt im Mund des Patienten durchgeführt. Beim **indirekten** Verfahren erfolgt nach Abformung des Kiefers die Unterfütterung im Labor. Für das direkte Verfahren stehen selbsthärtende Kunststoffe (Autopolymerisate) zur Verfügung, die auf die Prothese aufgebracht werden. Nach dem Aushärten des aufgetragenen Kunststoffs nimmt man die Prothese aus dem

Mund, entfernt die Randüberschüsse und glättet diese Partien. Diese Maßnahme erfordert keine weitere Sitzung. Bei dem indirekten Verfahren dient die Prothese als Abformlöffel. Das Abformmaterial wird auf die Prothesenbasis aufgetragen. Nach der Abformung erfolgt die Unterfütterung im Labor. Es wird ein Modell hergestellt. Das auf der Prothese befindliche Abformmittel wird entfernt und durch Prothesenkunststoff ersetzt. Dadurch hat die Prothese wieder einen gleichmäßigen Kontakt zur Unterlage.
Die indirekte Unterfütterung kann bei Totalprothesen auch **mit funktioneller Randgestaltung** erfolgen. Die Prothesenränder werden gekürzt und die Protheseninnenseite wird durch Beschleifen angeraut. Nun wird die Prothese mit einem Haftvermittler (Adhäsiv) bestrichen und dient als „individueller Abformlöffel“. Es erfolgt das Anbringen eines Ventilrandes mit anschließender Gesamtabformung.

11.2 Abrechnung von Wiederherstellungsmaßnahmen an Kronen und Brücken nach dem Bema

Wiederherstellungsmaßnahmen fallen nicht unter den Begriff „Zahnersatz“. Aus diesem Grund werden die Felder „Befund“ und „Behandlungsplan“ nicht ausgefüllt. Allerdings müssen Wiederherstellungsmaßnahmen im Feld „Bemerkungen“ begründet werden.
Darüber hinaus ist im Heil- und Kostenplan zu kennzeichnen, ob die Maßnahmen im Ober- oder im Unterkiefer erbracht werden.
Die Bema-Nummern 24a und 24b sind für Wiederherstellungsmaßnahmen an Einzelkronen abrechenbar. Die Bema-Nummer 24a beinhaltet die **Wiederbefestigung** bzw. Wiedereingliederung z. B. von Kronen oder Facetten. Die Bema-Nummer 24b ist für die **Erneuerung** der Facette einer Krone anzusetzen, unabhängig davon, ob die Erneuerung innerhalb oder außerhalb des Mundes erfolgt.
Sind Wiederherstellungsmaßnahmen an Brücken oder Stegen notwendig, sind die Bema-Nummern 95a, 95b oder 95c anzusetzen. Die Bema-Nummer 95a beinhaltet die Wiederbefestigung bzw. Wiedereingliederung einer Brücke mit zwei Ankern. Die Bema-Nummer 95b ist für die Wiederbefestigung bzw. Wiedereingliederung einer Brücke mit mehr als zwei Ankern abzurechnen. Die Bema-Nummer 95c ist für die Erneuerung/Wiederherstellung einer Facette, einer Verblendschale oder dergleichen anzusetzen, unabhängig davon, ob die Erneuerung innerhalb oder außerhalb des Mundes erfolgt.
Für die Wiedereingliederung einer einflügeligen Adhäsivbrücke wird die Bema-Nummer 95e abgerechnet. Für die Wiedereingliederung einer zweiflügeligen Adhäsivbrücke wird die Bema-Nummer 95f angesetzt.

Abrechnungsbestimmungen: Bema-Nummern 24a und 24b

Bema-Nr.	Leistungsbeschreibung	Bew.-Zahl
	Maßnahmen zur Wiederherstellung der Funktion von Kronen	
24a	Wiedereinsetzen einer Krone oder dergleichen	25
24b	Erneuerung oder Wiedereinsetzen einer Facette, einer Verblendschale oder dergleichen	43

abrechenbar

- Bema-Nr. 24a je Krone
- Bema-Nr. 24b je Erneuerung oder Wiedereinsetzen einer Facette, Verblendschale oder dergleichen

nicht abrechenbar

- Bema-Nummer 24a neben Bema-Nummer 24b für dieselbe Krone

Abrechnungsbestimmungen: Bema-Nummern 95a–95f

Bema-Nr.	Leistungsbeschreibung	Bew.-Zahl
	Maßnahmen zum Wiederherstellen der Funktion von Brücken und provisorischen Brücken	
95a	Wiedereinsetzen einer Brücke mit zwei Ankern	34
95b	Wiedereinsetzen einer Brücke mit mehr als zwei Ankern	50
95c	Erneuerung oder Wiedereinsetzen einer Facette, einer Verblendschale oder dergleichen	36
95d	Abnahme und Wiederbefestigung einer provisorischen Brücke	18
95e	Wiedereingliederung einer einflügeligen Adhäsivbrücke	61
95f	Wiedereingliederung einer zweiflügeligen Adhäsivbrücke	85

abrechenbar

- Bema-Nummer 95a für das Wiedereinsetzen einer Brücke mit zwei Ankern
- Bema-Nummer 95b für das Wiedereinsetzen einer Brücke mit mehr als zwei Ankern
- Bema-Nummer 95c für die Erneuerung oder das Wiedereinsetzen einer Facette, einer Verblendschale oder dergleichen bei Brücken
- Bema-Nummer 95d für das Wiedereinsetzen einer provisorischen Brücke, maximal dreimal je Brücke
- Bema-Nummer 95e für das Wiedereingliedern einer einflügeligen Adhäsivbrücke
- Bema-Nummer 95f für das Wiedereingliedern einer zweiflügeligen Adhäsivbrücke

nicht abrechenbar

- Bema-Nummer 95a oder 95b neben der Bema-Nummer 95c

11.3 Abrechnung von Wiederherstellungsmaßnahmen an Kronen und Brücken nach der GOZ

Abrechnungshinweise: GOZ-Nummer 2310

GOZ-Nummer	Leistungsbeschreibung	Punktzahl	Einfachsatz in EUR
2310	Wiedereingliederung einer Einlagefüllung, einer Teilkrone, eines Veneers oder einer Krone oder Wiederherstellung einer Verblendschale an herausnehmbarem Zahnersatz	145	8,16

abrechenbar

- Wiedereingliederung je Krone, Teilkrone, Inlay, Veneer
- je Wiederherstellung einer Verblendschale an herausnehmbarem Zahnersatz

nicht abrechenbar

- für das Wiedereingliedern von Provisorien (Ausnahme: definitiv zementierte Langzeitprovisorien nach den GOZ-Nummern 7080 und 7090)
- neben der GOZ-Nummer 2320 für denselben Zahn

Abrechnungshinweise: GOZ-Nummer 2320

GOZ-Nummer	Leistungsbeschreibung	Punktzahl	Einfachsatz in EUR
2320	Wiederherstellung einer Krone, einer Teilkrone, eines Veneers, eines Brückenankers, einer Verblendschale oder einer Verblendung an festsitzendem Zahnersatz, ggf. einschließlich Wiedereingliederung und Abformung	350	19,68

abrechenbar

- je Krone ggf. einschließlich Abformung und Wiedereingliederung
- je Brückenanker ggf. einschließlich Abformung und Wiedereingliederung
- je Verblendung oder Verblendschale ggf. einschließlich Abformung und Wiedereingliederung

nicht abrechenbar

- für das Wiedereingliedern von Provisorien

Die GOZ-Nummer 5110 wird für die Wiedereingliederung einer endgültigen Brücke nach Wiederherstellung der Funktion abgerechnet, unabhängig von der Anzahl der Brückenanker. Die GOZ-Nummer 2320 dagegen gilt für die Wiederherstellung und Wiedereingliederung eines Brückenankers. Sie kann je wiederhergestelltem Anker neben der GOZ-Nummer 5110 für wieder eingegliederte Brücken berechnet werden. Wird nur ein Anker wiederhergestellt, so ist hierfür die GOZ-Nummer 2320 abrechenbar und zusätzlich die GOZ-Nummer 5110 für das Wiedereingliedern des anderen Ankers und der Zwischenglieder, auch wenn eine Reparatur an ihnen nicht erfolgte. Mit der Wiederherstellung der Funktion des Ankers wird auch die Funktion der Brücke wiederhergestellt. Nur dann, wenn an den Ankern und den Brückenzwischengliedern keine Reparatur durchgeführt wurde, ist lediglich die GOZ-Nummer 5110 zu berechnen.

Abrechnungshinweise: GOZ-Nummer 5110

GOZ-Nummer	Leistungsbeschreibung	Punktzahl	Einfachsatz in EUR
5110	Wiedereingliederung einer endgültigen Brücke nach Wiederherstellung der Funktion	360	20, 25

abrechenbar

- je endgültige Brücke nach Wiederherstellung der Funktion

Das Wiederherstellen eines Langzeitprovisoriums wird mit der GOZ-Nummer 7100 abgerechnet. Das Wiedereinsetzen des instand gesetzten Provisoriums ist mit der Gebührennummer abgegolten. Bei vollständiger Erneuerung sind gegebenenfalls die GOZ-Nummern 7080 und 7090 erneut abzurechnen.

Abrechnungshinweise: GOZ-Nummer 7100

GOZ-Nummer	Leistungsbeschreibung	Punktzahl	Einfachsatz in EUR
7100	Maßnahmen zur Wiederherstellung der Funktion eines Langzeitprovisoriums, je Krone, Spanne oder Freiendteil	200	11,25

abrechenbar

- nur bei Langzeitprovisorien
- je Krone, Spanne oder Freiendteil

Die GOZ-Nummer 5090 bezieht sich auf das Aktivieren eines Verbindungselements oder auf den Austausch eines Verschleißteils. Die Erneuerung des Sekundärteils einer Teleskopkrone löst die GOZ-Nummer 5100 aus. Die GOZ-Nummer 5100 betrifft das Erneuern eines Sekundärteils (Außenteleskop). Das Erneuern des Primärteils (Innenteleskop) ist im Rahmen der Reparaturleistungen nicht geregelt. Wird ein neues Primärteil eingegliedert, auf das das weiterverwendbare Sekundärteil passt, so kann die GOZ-Nummer 5010 (Ankerkrone) berechnet werden. Ist diese Teleskopkrone gleichzeitig ein Verbindungselement, so ist zusätzlich die GOZ-Nummer 5090 abrechenbar.
Bei der Erneuerung von Geschiebe-Sekundärteilen nach GOZ-Nummer 5080 kann bei notwendigen Reparaturmaßnahmen an der Prothese zusätzlich die GOZ-Nummer 5250 bzw. 5260 angesetzt werden.

Abrechnungshinweise: GOZ-Nummer 5090

GOZ-Nummer	Leistungsbeschreibung	Punktzahl	Einfachsatz in EUR
5090	Wiederherstellung der Funktion eines Verbindungselements nach GOZ-Nummer 5080	110	6,19

abrechenbar

- je Verbindungselement
- für das Wiederherstellen der Funktion eines Verbindungselements
- für das Wiederbefestigen des Sekundärteils eines Verbindungselements

Abrechnungshinweise: GOZ-Nummer 5100

GOZ-Nummer	Leistungsbeschreibung	Punktzahl	Einfachsatz in EUR
5100	Erneuerung des Sekundärteils einer Teleskopkrone einschließlich Abformung	450	25,31

abrechenbar

- je Sekundärteil einer Teleskopkrone (Außenteleskop)

11.4 Abrechnung von Wiederherstellungsmaßnahmen an herausnehmbarem Zahnersatz nach dem Bema

Bei den Maßnahmen zur Wiederherstellung werden Reparaturen kleineren Umfangs ohne Abdruck nach der Bema-Nummer 100a, Reparaturen größeren Umfangs mit Abdruck nach der Bema-Nummer 100b abgerechnet. Bei einer Teilunterfütterung einer partiellen oder totalen Prothese wird die Bema-Nummer 100c angesetzt. Bei vollständiger Unterfütterung einer partiellen oder totalen Prothese im indirekten Verfahren wird die Bema-Nummer 100d berechnet. Erfolgt die vollständige Unterfütterung einer totalen oder partiellen Prothese im Oberkiefer im indirekten Verfahren einschließlich funktioneller Randgestaltung, wird die Bema-Nummer 100e abgerechnet. Für die vollständige Unterfütterung einer totalen oder partiellen Unterkieferprothese im indirekten Verfahren einschließlich funktioneller Randgestaltung wird die Bema-Nummer 100f angesetzt. Werden partielle Prothesen um Halte- und Stützelemente nach den Bema-Nummern 98f oder 98h erweitert, können diese Bema-Nummern zusätzlich zu der Reparaturposition angesetzt werden. Werden im Rahmen von Wiederherstellungsmaßnahmen Verbindungsvorrichtungen nach der Bema-Nummer 91e (Geschiebe) notwendig, so ist diese auch zuzüglich zu den Reparaturpositionen abzurechnen. Grundsätzlich sind neben den Wiederherstellungsmaßnahmen keine Abformungen nach den Bema-Nummern 98a, 98b oder 98c berechenbar. Das Reinigen, Polieren oder Säubern von Prothesen ist eine Serviceleistung der Zahnarztpraxis und kann deshalb nicht nach dem Bema abgerechnet werden.

Abrechnungsbestimmungen: Bema-Nummer 100a

Bema-Nr.	Leistungsbeschreibung	Bew.-Zahl
100a	Maßnahmen zum Wiederherstellen der Funktion oder zur Erweiterung einer abnehmbaren Prothese kleineren Umfangs (ohne Abformung)	30

abrechenbar

- je Prothese
- für Bruch- und Sprungreparaturen
- für das Aktivieren von Verbindungsvorrichtungen
- neben der Bema-Nummer 100b, wenn der Gesamtumfang der Wiederherstellung nicht planbar war
- neben den Bema-Nummern 98f oder 98h
- neben der Bema-Nummer 91e

nicht abrechenbar

- für die Wiederherstellung von Stegverbindungsvorrichtungen
- neben Leistungen nach den Bema-Nummern 98a, 98b oder 98c

Abrechnungsbestimmungen: Bema-Nummer 100b

Bema-Nr.	Leistungsbeschreibung	Bew.-Zahl
100b	Maßnahmen zum Wiederherstellen der Funktion oder zur Erweiterung einer abnehmbaren Prothese größeren Umfangs (mit Abformung)	50

abrechenbar

- je Prothese
- neben der Bema-Nummer 100a, wenn der Gesamtumfang der Wiederherstellung nicht planbar war
- für das Anlöten einer abgebrochenen Klammer
- neben den Bema-Nummern 98f oder 98h
- neben der Bema-Nummer 91e

nicht abrechenbar

- neben Leistungen nach den Bema-Nummern 98a, 98b oder 98c

Abrechnungsbestimmungen: Bema-Nummern 100c–100d

Bema-Nr.	Leistungsbeschreibung	Bew.-Zahl
	Maßnahmen zum Wiederherstellen der Funktion oder zur Erweiterung einer abnehmbaren Prothese:	
100c	Teilunterfütterung einer Prothese	44
100d	Vollständige Unterfütterung einer Prothese im indirekten Verfahren	55

abrechenbar

- Bema-Nummer 100c für Teilunterfütterung partieller und totaler Prothesen, je Prothese
- Bema-Nummer 100d für Totalunterfütterung partieller und totaler Prothesen, je Prothese
- Bema-Nummern 100c und 100d neben den Bema-Nummern 98f oder 98h
- Bema-Nummern 100c und 100d neben der Bema-Nummer 91e

nicht abrechenbar

- neben Leistungen nach den Bema-Nummern 98a, 98b oder 98c

Abrechnungsbestimmungen: Bema-Nummern 100e–100f

Bema-Nr.	Leistungsbeschreibung	Bew.-Zahl
	Maßnahmen zum Wiederherstellen der Funktion oder zur Erweiterung einer abnehmbaren Prothese:	
100e	Vollständige Unterfütterung einer Prothese im indirekten Verfahren einschließlich funktioneller Randgestaltung im Oberkiefer	81
100f	Vollständige Unterfütterung einer Prothese im indirekten Verfahren einschließlich funktioneller Randgestaltung im Unterkiefer	81

abrechenbar

- Bema-Nummer 100e für totale Oberkieferprothesen, je Prothese
- Bema-Nummer 100f für totale Unterkieferprothesen, je Prothese
- Bema-Nummern 100e und 100f bei stark reduziertem Restgebiss – bis zu drei Zähnen
- neben den Bema-Nummern 98f oder 98h
- neben der Bema-Nummer 91e

nicht abrechenbar

- neben Leistungen nach den Bema-Nummern 98a, 98b oder 98c

11.5 Abrechnung von Wiederherstellungsmaßnahmen an herausnehmbarem Zahnersatz nach der GOZ

In der GOZ stehen für die Abrechnung von Wiederherstellungsmaßnahmen von herausnehmbarem Ersatz die GOZ-Nummern 5250 und 5260 zur Verfügung. Die GOZ-Nummer 5250 gilt für Reparaturmaßnahmen, die ohne Abformung durchgeführt werden können. Ist eine Abformung notwendig, z. B. für zerbrochene Prothesen, deren Bruchstücke nicht mehr zusammengefügt werden können, oder sind Teile der Prothese abgesplittert und müssen ersetzt werden, so kann die GOZ-Nummer 5260 abgerechnet werden.
Für Unterfütterungen zur Wiederherstellung der Funktion von Prothesen werden die GOZ-Nummern 5270 bis 5310 angesetzt. Sie sind auch neben den GOZ-Nummern 5250 und 5260 abzurechnen, wenn die Maßnahme vorher nicht planbar war und es sich um zeitlich voneinander getrennte Vorgänge handelt.

Abrechnungshinweis: GOZ-Nummer 5250

GOZ-Nummer	Leistungsbeschreibung	Punktzahl	Einfachsatz in EUR
5250	Maßnahmen zur Wiederherstellung der Funktion oder zur Erweiterung einer abnehmbaren Prothese (ohne Abformung)	140	7,87

abrechenbar

- je Maßnahme (ohne Abformung)
- neben den GOZ-Nummern 5260–5310, wenn es sich um nicht planbare und zeitlich getrennte Vorgänge handelt

Abrechnungshinweise: GOZ-Nummer 5260

GOZ-Nummer	Leistungsbeschreibung	Punktzahl	Einfachsatz in EUR
5260	Maßnahmen zur Wiederherstellung der Funktion oder zur Erweiterung einer abnehmbaren Prothese (mit Abformung) einschließlich Halte- und Stützvorrichtungen	270	15,19

abrechenbar

- je Maßnahme (mit Abformung)
- neben den GOZ-Nummern 5250 und 5270–5310, wenn die Maßnahmen nicht planbar waren und zeitlich getrennt duchgeführt wurden
- neben der GOZ-Nummer 5100 bei der Erneuerung eines Sekundärteils einer Teleskopkrone

Abrechnungshinweise: GOZ-Nummer 5270

GOZ-Nummer	Leistungsbeschreibung	Punktzahl	Einfachsatz in EUR
5270	Teilunterfütterung einer Prothese	180	10,12

abrechenbar

- für die direkte und indirekte Teilunterfütterung einer partiellen oder totalen Prothese
- neben den GOZ-Nummern 5250 und 5260, wenn diese Maßnahmen nicht planbar waren und zeitlich getrennt durchgeführt wurden

Abrechnungshinweise: GOZ-Nummer 5280

GOZ-Nummer	Leistungsbeschreibung	Punktzahl	Einfachsatz in EUR
5280	Vollständige Unterfütterung einer Prothese	270	15,19

abrechenbar

- je direkter oder indirekter Unterfütterung einer partiellen oder totalen Prothese
- neben den GOZ-Nummern 5250 und 5260, wenn diese Maßnahmen nicht planbar waren und zeitlich getrennt durchgeführt wurden

Abrechnungshinweise: GOZ-Nummern 5290, 5300 und 5310

GOZ-Nummer	Leistungsbeschreibung	Punktzahl	Einfachsatz in EUR
5290	Vollständige Unterfütterung einer Prothese einschließlich funktioneller Randgestaltung im Oberkiefer	450	25,31
5300	Vollständige Unterfütterung einer Prothese einschließlich funktioneller Randgestaltung im Unterkiefer	540	30,37
5310	Vollständige Unterfütterung bei einer Defektprothese einschließlich funktioneller Randgestaltung	730	41,06

abrechenbar

- GOZ-Nummer 5290 je vollständiger Unterfütterung einer partiellen oder totalen Oberkieferprothese einschließlich funktioneller Randgestaltung
- GOZ-Nummer 5300 je vollständiger Unterfütterung einer partiellen oder totalen Unterkieferprothese einschließlich funktioneller Randgestaltung
- GOZ-Nummer 5310 je vollständiger Unterfütterung einer Defektprothese im Ober- oder Unterkiefer einschließlich funktioneller Randgestaltung
- GOZ-Nummern 5290–5310 neben den GOZ-Nummern 5250 und 5260 nur, wenn die Maßnahmen zeitlich getrennt erfolgten

ÜBUNGSAUFGABEN

1. Entscheiden Sie, welche Positionen für Reparaturen und Wiederherstellung in folgenden Fällen abzurechnen sind.

Fall	Zahn/ Regio	Leistung	Bema	GOZ
1	15–13	Erneuerung der Verblendung aller drei Brückenglieder im Mund des Patienten		
2	32–37	An der Brücke von 32–37 mit den Brückenpfeilern 33, 36 und 37 müssen die Verblendungen an den Brückenzwischengliedern und an dem Freiendglied 32 erneuert werden. Die Neuverblendung wird im Mund des Patienten vorgenommen.		
3	UK	Reparatur der Totalprothese (Sprung), anschließend vollständige Unterfütterung im indirekten Verfahren mit funktioneller Randgestaltung		
4	OK	Reparatur eines Bruchs einer partiellen Prothese mit Substanzverlust an der Prothesenbasis und Ersetzen der gegossenen Klammern an den Zähnen 16 und 26		
5	OK	Reparatur eines Sprungs der partiellen Prothese und nach Abformung Ersetzen der einfachen Halteklammern an den Zähnen 15 und 25, Wiederbefestigung von Zahn 14 und Erweiterung um Zahn 23		
6	17–13	Nach Entfernung der Brücke von 17–13 mit den Brückenpfeilern 17, 15 und 13 erhält der Zahn 15 einen gegossenen Stiftaufbau.		
7	33–43	Der Unterkiefer ist mit einer partiellen Prothese versorgt. Die Zähne 33 und 43 sind überkront und durch einen Steg verblockt. Die beiden Kronen erhalten nach Abnahme der Stegkonstruktion neue Verblendungen.		

Fall	Zahn/ Regio	Leistung	Bema	GOZ
8	OK UK	Reparatur eines Bruchs der totalen Prothese mit Substanzverlust (Labor) Reparatur eines Sprungs in der partiellen Prothese im Labor mit anschließender Teilunterfütterung im direkten Verfahren		
9	OK	Partielle indirekte Unterfütterung der totalen Prothese		
10	23–25	Abnahme der Brücke, Erneuerung der metallkeramischen Verblendungen von Krone 23 und Brückenzwischenglied 24 im Labor		
11	UK	Totale indirekte Unterfütterung der partiellen Prothese		
12	OK	Totale direkte Unterfütterung der partiellen Prothese		

2. Lösen Sie die folgenden Aufgaben

a) Nennen Sie den Unterschied zwischen einer Unterfütterung im direkten und einer Unterfütterung im indirekten Verfahren.

b) Erklären Sie die Bema-Nummern 100a bis 100f.

c) Bei einer Interimsprothese wird eine einfache gebogene Halteklammer erneuert. Was rechnen Sie nach dem Bema und nach der GOZ ab?

d) Welche Bema-Nummern und welche GOZ-Nummern werden abgerechnet?
Eine totale Oberkieferprothese wird
- im indirekten Verfahren vollständig unterfüttert.
- im direkten Verfahren teilunterfüttert.
- im indirekten Verfahren partiell unterfüttert.
- im direkten Verfahren vollständig unterfüttert.
- im indirekten Verfahren vollständig unterfüttert einschließlich funktioneller Randgestaltung.

Bema	GOZ

e) Welche Bema-Nummern und welche GOZ-Nummern werden abgerechnet?
Eine partielle Unterkieferprothese wird
- im indirekten Verfahren vollständig unterfüttert.
- im direkten Verfahren teilunterfüttert.

Bema	GOZ

f) Eine Kunststoffprothese wird um einen Zahn und eine einfache gebogene Klammer erweitert.

- Welche Bema-Nummern werden abgerechnet?
- Welche GOZ-Nummern werden abgerechnet?

g) Wie wird die Reparatur des Sprungs einer Prothese und die gleichzeitige Erneuerung von zwei gegossenen komplizierten Halte- und Stützvorrichtungen nach dem Bema und nach der GOZ abgerechnet?

h) Wie berechnet man das Wiedereinsetzen eines Steges mit Wurzelstiftkappen auf den Zähnen 33 und 43 nach dem Bema und nach der GOZ?

i) Unterscheiden Sie die Bema-Nummern 24 und 95.

j) Eine Schwebebrücke von 45 nach 47 wird wiedereingesetzt.

- Welche Bema-Nummer wird abgerechnet?
- Welche GOZ-Nummer wird abgerechnet?

k) Bei einer Brücke von 24 auf 27 werden die Verblendungen der Brückenzwischenglieder 25 und 26 durch Compositematerial erneuert.

- Welche Bema-Nummern werden abgerechnet?
- Welche GOZ-Nummern werden abgerechnet?

l) Die Verblendschale eines verblendeten Brückenzwischenglieds wird wiederbefestigt.

- Welche Bema-Nummer wird abgerechnet?
- Welche GOZ-Nummer wird abgerechnet?

m) Die Facette der Krone auf 23 wird wiederbefestigt.

- Welche Bema-Nummer wird abgerechnet?
- Welche GOZ-Nummer wird abgerechnet?

12 Maßnahmen zur Weichteilstützung

Heute darf Yvonne bei der Eingliederung einer Resektionsprothese assistieren. Sie wird bei einem Patienten eingesetzt, dem vor einigen Monaten in der Klinik ein Teil des Oberkiefers rechts wegen eines Tumors operativ entfernt worden ist. Der Umfang der Prothese mit einem etwa pflaumengroßen Aufbau zum Ausfüllen des entstandenen Hohlraums im Oberkiefer hatte sie schon erstaunt, als das Labor diesen speziellen Ersatz fertiggestellt hatte. Yvonne freut sich nach der Eingliederung mit dem Patienten. Die eingefallene Wange wird durch den neuen Ersatz in Verbindung mit der Aufbaukonstruktion abgestützt und die Symmetrie des Gesichts weitestgehend wiederhergestellt.

12.1 Sachdarstellung

Unter **Weichteilstützung** versteht man bei der prothetischen Versorgung eines Patienten den gleichzeitigen Ausgleich von vorhandenen Defekten im Bereich der Kiefer durch einen an der Prothese angebrachten Anbau. Die Defekte können angeboren sein, oder es können nach operativen Eingriffen durch den Verlust von Weichgewebe und Knochensubstanz Mulden und Höhlen verbleiben. Auch kommen als Ursache Unfallverletzungen oder atypische postoperative Heilungsprozesse mit erheblicher Knochenatrophie in Betracht. Weiterhin können andersartige Erkrankungen zu Defekten im Kieferbereich führen, die das äußere Bild des Patienten (z. B. Gesichtsasymmetrie) verändern. Ein mit der Prothese verbundener Kunststoffaufbau zum Ausgleich des Defekts oder auch die Aufpolsterung des bukkalen Prothesenanteils zur Abstützung der eingefallenen Wange können hier ästhetischen Ansprüchen gerecht werden. Grundsätzlich ist die weichteilstützende Prothese durch den zusätzlichen Kunststoffanbau umfangreicher. Sie hat eine atypische Form an der Stelle, an der sie verloren gegangenes Gewebe ersetzen soll.

Ein **Obturator** ist in der Zahnheilkunde ein prothetischer Behelf, in der Regel aus Kunststoff, zur Auffüllung oder zum Verschluss eines Defekts vorwiegend im Oberkiefer-/Gaumenbereich. Aus diesem Grund wird ein Obturator auch „Verschlussplatte" oder „Verschlussprothese" genannt, auch wenn er nicht fest mit einer Prothese verbunden sein muss. Er kann auch getrennt von der Prothese zuerst eingebracht und dann mit der nachfolgend eingesetzten Prothese mechanisch (z. B. durch einen Riegel) verbunden werden.
Zu den Obturatoren zählt auch der von einer Prothese unabhängige, abnehmbare Verschlussstopfen für die Zystenhöhle nach Zystostomie. Durch seine Entfernbarkeit ermöglicht er einen Zugang zur Zystenhöhle für Spülungen als Infektionsprophylaxe und verhindert ein vorzeitiges Schließen des Zystenzugangs.

Eine **Epithese** stellt ein individuell modelliertes Organersatzstück (Prothese) aus elastisch weichem und/oder auch starrem Werkstoff zur Deckung von Gesichtsdefekten dar. Sie ist also ein extraorales Ersatzstück oder eine „extraorale Prothese" zum Ersatz fehlender Gesichtsteile (z. B. für Ohren, Nase, Wangen) oder zum Verschluss anderer Weichteildefekte im Gesichtsbereich.

12.2 Abrechnung von Maßnahmen zur Weichteilstützung nach dem Bema

Bei der Abrechnung unterscheidet man weichteilstützende Prothesen für restbezahnte Kiefer (Bema-Nr. 101a) und für zahnlose Kiefer (Bema-Nr. 101b). Die Eingliederung eines Obturators wird mit der Bema-Nummer 102 abgerechnet.
Wird nach Resektion (z. B. nach Tumorentfernung) oder anders entstandenen Gewebsverlusten im Bereich der Kiefer (Sportunfälle, Schussverletzungen usw.) dieser Defekt mit einer **Resektionsprothese** temporär (vorübergehend) bis zu seiner endgültigen Versorgung verschlossen, so wird die Bema-Nummer 103a abgerechnet. Werden im Laufe der Tragezeit zusätzliche Maßnahmen für diese prothetische Übergangslösung notwendig, so kann hierfür die Bema-Nummer 103b in Ansatz gebracht werden.

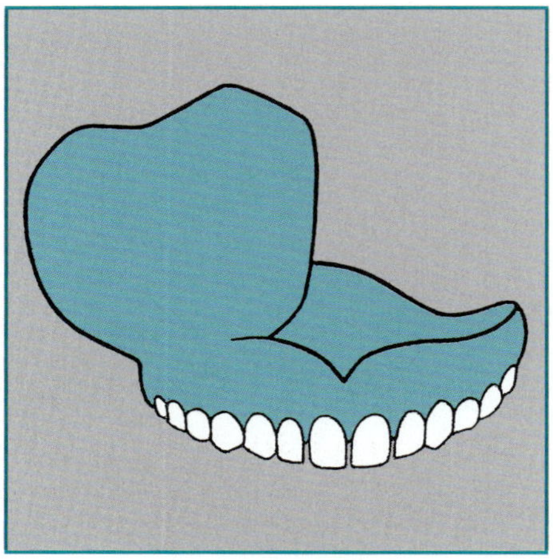

Resektionsprothese

Zeichnungen: © Dr. med. Dr. med. dent. Turck, Ingrid, Bonn

Stellt eine Resektionsprothese die endgültige Versorgung (Dauerprothese) dar, so ist die Bema-Nummer 103c abzurechnen. Für Defektdeckungen kleineren Umfangs wird die Bema-Nummer 104a, für größere die Bema-Nummer 104b abgerechnet.
Eine Voraussetzung für die Abrechnung der Bema-Nummern 101a und 101b ist gegeben
- bei einem angeborenen Defekt,
- bei einem chirurgischen Eingriff mit besonders starkem Knochendefekt,
- nach einer Unfallverletzung
- bei atypischen Veränderungen des Äußeren des Patienten durch Narbenkontraktionen, z. B. durch Atrophie (Abbau, Schrumpfung).

Aus diesen Gegebenheiten im Mund des Patienten ergibt sich eine atypische Form des Ersatzstücks zur Deckung des Defekts.
Leistungen nach den Bema-Nummern 58 (Knochenresektion) und 62 (Alveolotomie) im Anschluss an eine Extraktion berechtigen nicht allein den Ansatz der Bema-Nummern 101a oder 101b.
Maßnahmen wie eine schwierige Ermittlung der Bisslage, eine erschwerte Gestaltung des Funktionsrands oder der Frontzahnaufstellung sind in den Bewertungszahlen der Bema-Nummern 96 und 97 enthalten.

Abrechnungsbestimmungen: Bema-Nummern 101a und 101b

Bema-Nr.	Leistungsbeschreibung	Bew.-Zahl
	Maßnahmen zur Weichteilstützung, zum Ausgleich oder zum Verschluss von Defekten im Bereich des Kiefers	
101a	Bei vorhandenem Restgebiss, zu den Bewertungszahlen nach Nr. 96, gegebenenfalls in Verbindung mit Nr. 98, zusätzlich	80
101b	Bei zahnlosem Kiefer, zu den Bewertungszahlen nach Nr. 97, zusätzlich	120

abrechenbar

- Bema-Nummer 101a je Maßnahme bei vorhandenem Restgebiss
- Bema-Nummer 101b je Maßnahme bei zahnlosem Kiefer

Abrechnungsbestimmungen: Bema-Nummer 102

Bema-Nr.	Leistungsbeschreibung	Bew.-Zahl
102	Eingliederung eines Obturators zum Verschluss von Defekten des weichen Gaumens, zu den Bewertungszahlen nach Nr. 96, gegebenenfalls in Verbindung mit Nr. 98 oder nach Nr. 97, zusätzlich	240

abrechenbar

- je Maßnahme zum Defektverschluss des weichen Gaumens

Abrechnungsbestimmungen: Bema-Nummern 103a bis 103c

Bema-Nr.	Leistungsbeschreibung	Bew.-Zahl
	Resektionsprothesen:	
103a	Eingliedern einer temporären Verschlussprothese, nach Resektion oder bei großen Defekten des Oberkiefers, zu den Bewertungszahlen nach Nr. 96 gegebenenfalls in Verbindung mit Nr. 98 oder nach Nr. 97, zusätzlich	160
103b	Ergänzungsmaßnahmen im Anschluss an Leistungen nach Buchstabe 103a	80
103c	Eingliedern einer Dauerprothese, zu den Bewertungszahlen nach Nr. 96, gegebenenfalls in Verbindung mit Nr. 98 oder nach Nr. 97, zusätzlich	300

abrechenbar

- Bema-Nummer 103a je Maßnahme zum Verschluss großer Defekte des Oberkiefers
- Bema-Nummer 103b bei Ergänzungsmaßnahmen zur Bema-Nummer 100a
- Bema-Nummer 103c für das Eingliedern einer Dauerprothese

Abrechnungsbestimmungen: Bema-Nummern 104a und 104b

Bema-Nr.	Leistungsbeschreibung	Bew.-Zahl
	Eingliedern einer Prothese oder Epithese zum Verschluss extraoraler Weichteildefekte oder zum Ersatz fehlender Gesichtsteile:	
104a	Kleineren Umfangs	300
104b	Größeren Umfangs	500

abrechenbar

- Bema-Nummer 104a je Prothesen- oder Epitheseneingliederung kleineren Umfangs
- Bema-Nummer 104b je Prothesen- oder Epitheseneingliederung größeren Umfangs

12.3 Abrechnung von Maßnahmen zur Weichteilstützung nach der GOZ

Die GOZ sieht die folgenden Nummern für den Verschluss von Defekten vor:
- 5320 für die Eingliederung eines Obturators für den Gaumen
- 5330 für die Eingliederung einer Resektionsprothese
- 5340 für die Eingliederung einer Prothese/Epithese bei extraoralen Defekten

Maßnahmen zur Weichteilstützung und zum Defektausgleich sind mit diesen GOZ-Nummern abgegolten.

Abrechnungshinweise: GOZ-Nummer 5320

GOZ-Nummer	Leistungsbeschreibung	Punktzahl	Einfachsatz in EUR
5320	Eingliederung eines Obturators zum Verschluss von Defekten des Gaumens	2 200	123,73

abrechenbar

- je Maßnahme

Abrechnungshinweise: GOZ-Nummer 5330

GOZ-Nummer	Leistungsbeschreibung	Punktzahl	Einfachsatz in EUR
5330	Eingliederung einer Resektionsprothese zum Verschluss und zum Ausgleich von Defekten der Kiefer	2 800	157,48

abrechenbar

- je Maßnahme

Abrechnungshinweise: GOZ-Nummer 5340

GOZ-Nummer	Leistungsbeschreibung	Punktzahl	Einfachsatz in EUR
5340	Eingliederung einer Prothese oder Epithese zum Verschluss extraoraler Weichteildefekte oder zum Ersatz fehlender Gesichtsteile einschließlich Stütz-, Halte- oder Hilfsvorrichtungen	7 300	410,57

abrechenbar

- je Maßnahme

1. Ermitteln Sie anhand einer aktuellen Festzuschusstabelle die Festzuschüsse!

Befundklasse 1: Kronen

	Regelversorgung	Festzuschüsse
1	Zahn 46 weitgehend zerstört, erhaltungswürdig: metallische Vollkrone	
2	Zahn 11 weitgehend zerstört, erhaltungswürdig: Vestibulär verblendete Verblendkrone	
3	Zahn 32: Konfektionierter metallischer Stiftaufbau und vestibulär verblendete Verblendkrone	
4	Zahn 25 mit erhaltener vestibulärer Zahnsubstanz: Metallische Teilkrone	
5	Zahn 35 nach endodontischer Behandlung: Gegossener metallischer Stiftaufbau und metallische Vollkrone	

Befundklasse 2: Brücken

	Regelversorgung	Festzuschüsse
1	35 – 37 Brücke: Einspannig, dreigliedrig zum Ersatz des Zahns 36 Pfeilerzähne 35 und 37	
2	45 - - 48 Brücke: Einspannig, viergliedrig, zum Ersatz der Zähne 46 und 47 Pfeilerzähne 45 und 48	
3	12 - - 22 Brücke: Einspannig, viergliedrig, zum Ersatz der Zähne 11 und 21 Alle Brückenglieder vestibulär verblendet (KV BV BV KV)	
4	13 - - - - 23 Brücke: Einspannig, sechsgliedrig, zum Ersatz der Zähne 12, 11, 21, 22 Pfeilerzähne 13 und 23 Alle Brückenglieder vestibulär verblendet (KV BV BV BV BV KV)	
5	48 – 46 - - 43 Brücke: Zweispannig, sechsgliedrig, zum Ersatz der Zähne 47, 45 und 44 Pfeilerzähne 48, 46, 43 Krone 43 und Brückenzwischenglied 44 vestibulär verblendet (K B K B BV KV)	
6	34 - - 37 zweigeteilte Brücke: Einspannig, viergliedrig, zum Ersatz der Zähne 35 und 36 Pfeilerzähne 34 und 37, 37 nicht parallel zu 34, mesiales Geschiebe an 37 Krone 34 vestibulär verblendet (KV B B oK)	

Befundklasse 3: Teilprothese

	Regelversorgung	Festzuschüsse
1	Unterkiefer: Modellgussprothese zum Ersatz der Zähne 34–38 und 44–48 Gegossene Halte- und Stützvorrichtungen an 33 und 43	
2	Unterkiefer: Modellgussprothese zum Ersatz der Zähne 34–38 und 44–48 Verankerung der Prothese durch Teleskopkronen auf 33 und 43 (Anm.: Festzuschuss 3.2 zusätzlich zu Festzuschuss 3.1 nur, wenn Eckzähne oder erste Prämolaren die Teleskopkronenträger sind, sonst Privatleistung!)	
3	Unterkiefer Modellgussprothese zum Ersatz der Zähne 44–46 und 34–36 Gegossene Klammern an 43, 47, 33 und 37 37 und 47 erhalten Einzelkronen	
4	Oberkiefer: Modellgussprothese mit gegossenen Auflageklammern an 14 und 25 Die Lücke durch Verlust der Zähne 21 und 22 wird durch eine Brücke geschlossen.	

Befundklasse 4: Totalprothese/Cover-denture

	Regelversorgung	Festzuschüsse
1	Oberkiefer: Totale Prothese Unterkiefer: Totale Prothese Ermittlung der Bisslage durch Stützstiftregistrierung	
2	Oberkiefer: Totale Prothese mit Metallbasis Begründung: Hoher Gaumen	
3	**Oberkiefer:** Cover-denture 13, 23 provisorische Stiftkronen 13, 23 Wurzelstiftkappen mit Knopfankern Funktionsabformung **Unterkiefer:** Cover-denture 33, 34 provisorische Stiftkronen 33, 34 Wurzelstiftkappen Funktionsabformung	
4	Oberkiefer: Cover-denture 15: Teleskopkrone (TV) 23: Teleskopkrone (TV) 24: Teleskopkrone (TV)	

2. Ermitteln Sie die Befunde und Festzuschüsse.

BEISPIEL

Befund:
Fehlender Zahn: 36

Behandlungsplan:
35–37: Brücke

Bonusheft:
5 Jahre lückenlos

I. Befund/Behandlungsplan

	48	47	46	45	44	43	42	41	31	32	33	34	35	36	37	38
B														f		
R													K	B	K	

II. Befunde und Festzuschüsse

Befund-Nr.	Zahn/Gebiet	Anzahl	EUR-Betrag
2.1	35–37	1	537,37

Fall 1
Befund:
Fehlende Zähne: 18, 25, 26, 28
Erhaltungswürdiger Zahn mit weitgehender Zerstörung: 27

Behandlungsplan:
24–27: Brücke, nach den Richtlinien verblendet

Bonusheft:
Nicht geführt

I. Befund/Behandlungsplan

R																
B																
	18	17	16	15	14	13	12	11	21	22	23	24	25	26	27	28

II. Befunde und Festzuschüsse

Befund-Nr.	Zahn/Gebiet	Anzahl	EUR-Betrag

Fall 2
Befund:
Fehlender Zahn: 21

Behandlungsplan:
11–22: Brücke, nach den Richtlinien verblendet

Bonusheft:
12 Jahre lückenlos

I. Befund/Behandlungsplan

R																
B																
	18	17	16	15	14	13	12	11	21	22	23	24	25	26	27	28

II. Befunde und Festzuschüsse

Befund-Nr.	Zahn/Gebiet	Anzahl	EUR-Betrag

Fall 3
Befund:
Fehlende Zähne: 15, 14, 12

Behandlungsplan:
11–13–16: Brücke, nach den Richtlinien verblendet

Bonusheft:
8 Jahre lückenlos

I. Befund/Behandlungsplan

R																
B																
	18	17	16	15	14	13	12	11	21	22	23	24	25	26	27	28

II. Befunde und Festzuschüsse

Befund-Nr.	Zahn/Gebiet	Anzahl	EUR-Betrag

Fall 4
Befund:
Erhaltungswürdige Zähne mit weitgehender Zerstörung: 34, 35
Erhaltungswürdiger Zahn mit partiellen Substanzdefekten: 45

Behandlungsplan:
34: Vestibulär verblendete Verblendkrone
35: Metallische Vollkrone
45: Metallische Teilkrone

Bonusheft:
6 Jahre lückenlos

I. Befund/Behandlungsplan

	48	47	46	45	44	43	42	41	31	32	33	34	35	36	37	38
B																
R																

II. Befunde und Festzuschüsse

Befund-Nr.	Zahn/Gebiet	Anzahl	EUR-Betrag

Fall 5
Befund:
Erhaltungswürdige Zähne mit weitgehender Zerstörung: 36, 44

Behandlungsplan:
36: Gegossener Stiftaufbau, metallische Vollkrone
44: Vestibulär verblendete Verblendkrone

Bonusheft:
4 Jahre lückenlos

I. Befund/Behandlungsplan

	48	47	46	45	44	43	42	41	31	32	33	34	35	36	37	38
B																
R																

II. Befunde und Festzuschüsse

Befund-Nr.	Zahn/Gebiet	Anzahl	EUR-Betrag

Fall 6
Befund:
Fehlende Zähne: 35, 36, 37, 38, 46, 47

Behandlungsplan:
Unterkiefer: Modellgussprothese mit komplizierten Halte- und Stützvorrichtungen auf 34, 45 und 48

Bonusheft:
15 Jahre lückenlos

I. Befund/Behandlungsplan

	48	47	46	45	44	43	42	41		31	32	33	34	35	36	37	38
B																	
R																	

II. Befunde und Festzuschüsse

Befund-Nr.	Zahn/Gebiet	Anzahl	EUR-Betrag

Fall 7
Befund:
Fehlende Zähne: 38–48

Behandlungsplan:
Unterkiefer: Totale Prothese

Bonusheft:
Härtefall

I. Befund/Behandlungsplan

	48	47	46	45	44	43	42	41		31	32	33	34	35	36	37	38
B																	
R																	

II. Befunde und Festzuschüsse

Befund-Nr.	Zahn/Gebiet	Anzahl	EUR-Betrag

Rechnen Sie die Behandlungsfälle 25 bis 27 für gesetzlich versicherte Patienten und Privatpatienten ab.
Erfassen Sie anschließend die Behandlungsfälle mithilfe eines Abrechnungsprogramms.

Behandlungsfall 25: Partielle Prothese, Steg, Brücke

Name der Krankenkasse BARMER		
Name, Vorname des Versicherten Yilmaz, Yasmin Platenstr. 42 41239 Mönchengladbach		
Kassen-Nr.	**Versicherten-Nr.**	**Status** 5
Vertragszahnarzt-Nr.	**VK gültig bis**	**Datum**

Status: Rentnerin
Befund:
fehlend: 18, 15, 28, 48, 36, 37
ersetzt, aber erneuerungsbedürftig: 42–32
erhaltungswürdig mit weitgehender Zerstörung: 16, 14, 11, 21, 43, 33

Behandlung:
Brücke von 16–14, Versorgung der Zähne 11, 21, 43 und 33 mit Kronen. Ersatz der vier Jahre alten Unterkieferprothese durch eine partielle Modellgussprothese mit gegossenen komplizierten Halte- und Stützvorrichtungen auf 34, 35 und 44. Stegverbindungsvorrichtung zwischen 43 und 33.

I. Befund des gesamten Gebisses/Behandlungsplan
TP = Therapieplanung R = Regelversorgung B = Befund

TP																
R																
B																
	18	17	16	15	14	13	12	11	21	22	23	24	25	26	27	28
	48	47	46	45	44	43	42	41	31	32	33	34	35	36	37	38
B																
R																
TP																

Datum	Zahn/ Regio	Leistung	Bema	GOZ
05.09.		Erstellen eines schriftlichen Heil- und Kostenplans zur prothetischen Versorgung		
15.09.	UK	Situationsabformung für die Herstellung eines individuellen Abformlöffels, Materialkosten: 2,80 EUR		
	OK/UK	Alginatabformungen zur Herstellung von Provisorien, Materialkosten: je 2,80 EUR		
	11, 21	Stufenpräparationen der Zähne zur Aufnahme von vestibulär verblendeten Verblendkronen		
	14	Hohlkehlpräparation des Pfeilerzahnes zur Aufnahme einer vestibulär verblendeten Verblendkrone		
	16	Tangentialpräparation zur Aufnahme einer metallischen Vollkrone		
	43, 33	Hohlkehlpräparationen zur Aufnahme von vestibulär verblendeten Verblendkronen		
	OK	Korrekturabformung mit Silikon Materialkosten: 9,00 EUR		
	11, 21, 43, 33	Herstellen und Einsetzen der provisorischen Kronen, Materialkosten: je 1,90 EUR		
	16–14	Herstellen und Einsetzen der provisorischen Brücke, Materialkosten: je 1,90 EUR		
	UK	Abnahme der provisorischen Kronen		
	UK	Korrekturabformung mit individuellem Abformlöffel (Silikon) Materialkosten: 9,00 EUR		
		Relationsbestimmung		
		Wiederbefestigung der provisorischen Kronen		
30.09.	OK/UK	Abnahme der provisorischen Kronen und Brücke, Einprobe der Kronen mit Steg und des Brückengerüsts, Wiedereinsetzen der provisorischen Kronen und der provisorischen Brücke		
05.10.		Wachseinprobe		
09.10.	11, 21	Einsetzen der vestibulär verblendeten Verblendkronen		
	16–14	Eingliedern der Brücke		
	43, 33	Einsetzen der vestibulär verblendeten Verblendkronen, die durch einen Steg mit zwei Verbindungsvorrichtungen verbunden sind		
	UK	Einsetzen der Modellgussprothese mit komplizierten Halte- und Stützvorrichtungen auf 44 und 34, 35		

Geschätzte Material- und Laborkosten: 1 500,00 EUR
Tatsächliche Material- und Laborkosten: 1 385,95 EUR

Festzuschüsse	

Behandlungsfall 26: Brücke, Teleskopkronen

Name der Krankenkasse BARMER		
Name, Vorname des Versicherten Gabriel, Christa Berliner Ring 70 50996 Köln		
Kassen-Nr.	**Versicherten-Nr.**	**Status** 5
Vertragszahnarzt-Nr.	**VK gültig bis**	**Datum**

Status: Rentnerin
Befund:
fehlend: 18, 16, 14, 26 (Lückenschluss), 38, 48
ersetzt, aber erneuerungsbedürftig: 47–45, 42, 41, 31, 32, 34–37
erneuerungsbedürftige Brücke: 17–15–13
erneuerungsbedürftige Teleskopkronen: 33, 43 und 44

Behandlung:
Oberkiefer: Erneuerung der Brücke 17–15–13
Unterkiefer: Partielle Modellgussprothese zum Ersatz der fehlenden Zähne mit Teleskopkronen auf den Zähnen 33, 43 und 44

I. Befund des gesamten Gebisses/Behandlungsplan
TP = Therapieplanung R = Regelversorgung B = Befund

TP																
R																
B																
	18	17	16	15	14	13	12	11	21	22	23	24	25	26	27	28
	48	47	46	45	44	43	42	41	31	32	33	34	35	36	37	38
B																
R																
TP																

Datum	Zahn/ Regio	Leistung	Bema	GOZ
08.03.		Erstellen des Heil- und Kostenplans zur prothetischen Versorgung		
12.03.	OK/UK	Abformungen mit Alginat zur Herstellung von Modellen für die diagnostische Auswertung und Planung Materialkosten: je 2,80 EUR		
		Beseitigung von Artikulationsstörungen durch Einschleifmaßnahmen		
	OK/UK	Alginatabformungen zur Herstellung von individuellen Abformlöffeln und einer Unterkiefer-Bissschablone zur Relationsbestimmung (Bissnahme) Materialkosten: je 2,80 EUR		

Datum	Zahn/ Regio	Leistung	Bema	GOZ
19 03.		Relationsbestimmung		
	OK	Abformung (Silikon) zur Herstellung einer provisorischen Brücke Materialkosten: 9,00 EUR		
		Alte Brücke 17–13 entfernt		
	17	Stufenpräparation zur Aufnahme einer metallischen Vollkrone		
	15, 13	Hohlkehlpräparationen für vestibulär verblendete Verblendkronen		
	OK	Abformung mit individuellem Löffel Materialkosten: 9,00 EUR		
	17–15–13	Herstellen und Einsetzen der provisorischen Brücke Materialkosten: je 1,90 EUR		
29 03.	UK	Abformung (Silikon) zur Herstellung von provisorischen Kronen Materialkosten: 9,00 EUR		
	33, 43, 44	Hohlkehlpräparationen (verblendete Teleskopkronen mit Verbindungsvorrichtungen)		
	UK	Funktionsabformung (Silikon) mit individuellem Löffel Materialkosten: 9,00 EUR		
	33, 43, 44	Herstellen und Einsetzen von provisorischen Kronen Materialkosten: je 1,90 EUR		
05 04.	17-15-13	Abnahme der provisorischen Brücke		
	17-15-13	Einprobe des Brückengerüstes		
	33, 43, 44	Abnahme der provisorischen Kronen		
	33, 43, 44	Einprobe der Innenteleskope		
	17-15-13	Wiederbefestigung der provisorischen Brücke		
	33, 43, 44	Wiederbefestigung der provisorischen Kronen		
15 04.	UK	Abnahme der provisorischen Kronen		
	33, 43, 44	Erneute Einprobe der Innenteleskope		
	UK	Einprobe des Modellgussgerüstes mit den Außenteleskopen für die Zähne 33, 34, 43		
	43, 44	Erneuerung und Einsetzen der provisorischen Kronen Materialkosten: je 1,90 EUR		
	33	Provisorische Krone wiederbefestigt		

Datum	Zahn/ Regio	Leistung	Bema	GOZ
22.04.		Abnahme aller Provisorien im Ober- und Unterkiefer		
	17-15-13	Eingliederung der Brücke: 17 metallische Vollkrone 13, 15 vestibulär verblendete Verblendkrone 14 vestibulär verblendetes Zwischenglied 16 unverblendetes Zwischenglied		
	33, 43, 44	Einzementieren der Innenteleskope mit Verbindungsvorrichtungen		
	UK	Eingliederung der partiellen Modellgusspro-these mit Außenteleskopen auf 33, 43, 44		

Geschätzte Material- und Laborkosten: 2 400,00 EUR
Tatsächliche Material- und Laborkosten: 2 280,00 EUR

Festzuschüsse	

Behandlungsfall 27: Brücke, Geschiebe

Name der Krankenkasse		
BARMER		
Name, Vorname des Versicherten Schneider, Lisa Am Forsthaus 12 45123 Essen		
Kassen-Nr.	**Versicherten-Nr.**	**Status** 1
Vertragszahnarzt-Nr.	**VK gültig bis**	**Datum**

Status: Mitglied
Befund:
fehlend: 18, 28, 38, 45, 46 (Lückenschluss)
erhaltungswürdiger Zahn mit weitgehender Zerstörung, vorgewandert und in die Lücke 46 gekippt: 47

Behandlung:
Zweiteilige Brücke 44–47. Wegen Disparallelität der Pfeilerzähne T-Geschiebe mesial an Krone 47

I. Befund des gesamten Gebisses/Behandlungsplan
TP = Therapieplanung R = Regelversorgung B = Befund

TP																
R																
B																
	18	17	16	15	14	13	12	11	21	22	23	24	25	26	27	28
	48	47	46	45	44	43	42	41	31	32	33	34	35	36	37	38
B																
R																
TP																

Datum	Zahn/ Regio	Leistung	Bema	GOZ
07.08.		Erstellen eines schriftlichen Heil- und Kostenplans zur prothetischen Versorgung		
14.08.	UK	Silikonabformung zur Herstellung von provisorischen Kronen Materialkosten: 9,00 EUR		
	OK	Gegenbissabformung (Alginat) Materialkosten: 1,95 EUR		
	44	Hohlkehlpräparation zur Aufnahme einer vestibulär verblendeten Verblendkrone		
	47	Hohlkehlpräparation zur Aufnahme einer metallischen Vollkrone		
	UK	Korrekturabformung mit Silikon Materialkosten: 9,00 EUR		
	44–47	Provisorische Brücke eingesetzt		
21.08.	44, 47	Abnahme der provisorischen Brücke		
	44	Einprobe der noch unverblendeten Krone Bestimmung der Zahnfarbe für Verblendung		
	47	Einprobe der metallischen Vollkrone mit mesialem Geschiebe		
	44–47	Provisorische Brücke wiederbefestigt		
28.08.	44–47	Abnahme der provisorischen Brücke		
	44–47	Zweiteilige Brücke einzementiert: Metallische Vollkrone 47 mit mesialer Geschiebematrize und vestibulär verblendeter Verblendkrone 44 mit unverblendetem Zwischenglied 45 und distal angebrachter Geschiebepatrize		

Geschätzte Material- und Laborkosten: 1 000,00 EUR
Tatsächliche Material- und Laborkosten: 999,00 EUR

Festzuschüsse	

Zusammenfassende ÜBUNGSAUFGABEN

1. Lösen Sie das Rätsel. (Umlaute: z.B. ä = ein Buchstabe)

Das Lösungswort in dem markierten Feld ergibt eine notwendige Maßnahme bei der Herstellung von Kronen und Brücken.

1. Formbeständiges, gummielastisches Abformmaterial
2. Vom Zahntechniker hergestellte Arbeitsunterlage nach Kieferabformung in der Praxis
3. Gussstück einer Brücke zur Einprobe ohne Verblendung und Politur
4. Vorbereitung eines Zahns, z. B. zur Aufnahme einer Krone
5. Unterspülbares, vollmetallisches Brückenzwischenglied im Unterkiefer
6. Herstellung von fester und starrer Verbindung von Krone/Krone, Krone/Brücke, Brücke/Inlay
7. Hilfsmittel zur Verdrängung von Zahnfleisch vor Abformungsmaßnahmen
8. Krone, vollständig aus Metall hergestellt
9. Befestigung einer Krone im Wurzelkanal eines endodontisch behandelten Zahnes
10. Abstand von Pfeiler zu Pfeiler einer Brücke zur Überbrückung einer Zahnlücke
11. Zahnfarbene Gestaltung von Kronen- bzw. Brückenflächen
12. Zähne oder Wurzeln, die in einem Brückenverband Kronen tragen
13. Temporärer Schutz, z. B. für einen beschliffenen Zahn
14. Maßnahme zur Kontrolle von Passgenauigkeit und Funktion von Zahnersatz vor endgültiger Eingliederung
15. Aufbrennbares Verblendmaterial für Kronen und Brücken
16. Kiefer in Mahlbewegung
17. Notwendige Auswahl für vorgesehene Verblendung
18. Anhängender Brückenteil, auch „Anhänger" genannt

2. Lösen Sie das Rätsel.

Das Lösungswort in dem markierten Feld ergibt **den Fachausdruck für den Aushärtungsvorgang von Prothesenkunststoff.**

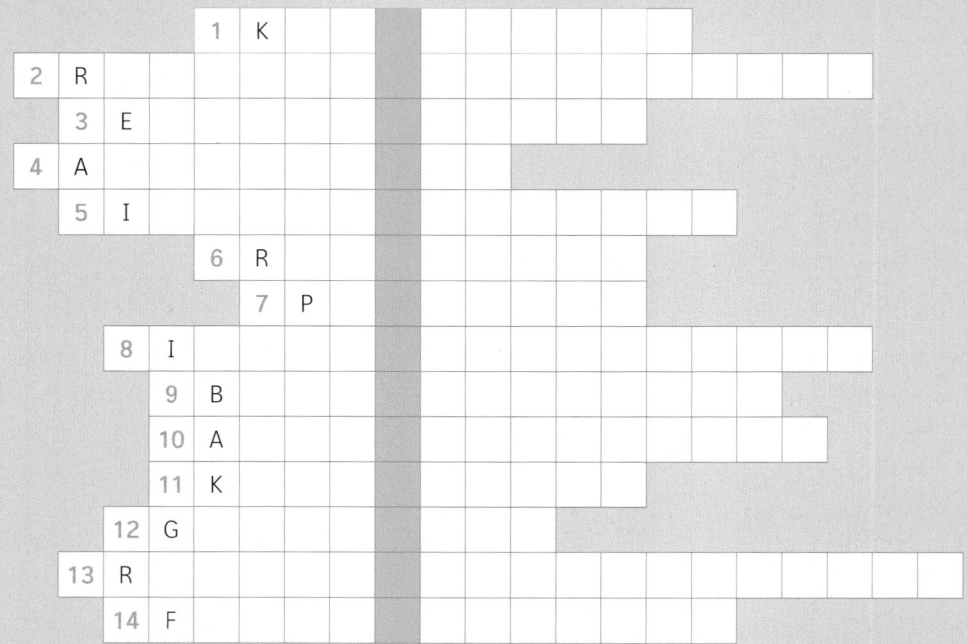

1. Meist kugelförmige Vorrichtung an einer verbliebenen Zahnwurzel zur Befestigung von Prothesen
2. Gewebsdefektausfüllender Zahnersatz
3. Maßnahme zur Herstellung eines gleichmäßigen Kontakts von Ober- und Unterkieferzähnen
4. Gegenzahn
5. Zwischenzeitlicher Zahnersatz vor Eingliederung der endgültigen Prothese (Übergangsprothese)
6. Halterung, Befestigung, Hilfsvorrichtung zur besseren Verankerung
7. teilweise
8. Herausnehmbarer Sofortersatz von Zähnen
9. Basisplatte mit Wachswall als Hilfsmittel bei der Bisslagenbestimmung
10. Befestigungsvorrichtung für herausnehmbaren Zahnersatz mit Abstützung auf verbliebenen Zähnen
11. Prothesenmaterial
12. Vorrichtung zur klammerlosen Befestigung von Zahnersatz am Restgebiss
13. Feststellung der Bisslage
14. Teil einer Prothese zum Ersatz von Seitenzähnen, der nach distal nicht durch natürliche Zähne begrenzt wird

FIT FÜR DIE PRÜFUNG

1. Nennen Sie vorbereitende Maßnahmen für eine prothetische Versorgung und erklären Sie deren Abrechnung.
2. Unter welchen Voraussetzungen können Situationsmodelle abgerechnet werden?
3. Unter welchen Bedingungen können die Bema-Nummern 89 und 106 nebeneinander abgerechnet werden?
4. Welche Arten der Abformung gibt es? Nennen Sie die entsprechenden Abrechnungsbestimmungen nach dem Bema und der GOZ.
5. Wie wird eine Funktionsabformung
   a) für den Oberkiefer,
   b) für den Unterkiefer
   nach dem Bema und nach der GOZ abgerechnet?
6. Welche Abformungen sind mit einem individuellen Löffel durchführbar?
7. Nennen Sie die Leistungen, die mit der Bema-Nummer 97 abgegolten sind.
8. Welche Bema-Nummern und welche GOZ-Nummern sind für eine partielle Interimsprothese zum Ersatz von vier fehlenden Zähnen (32–42) einschließlich einfacher gebogener Halteklammern abzurechnen?
9. Welche Bema-Nummern und welche GOZ-Nummern sind für eine Modellgussprothese zum Ersatz von acht fehlenden Zähnen (zwei Prothesensättel) mit vier gegossenen komplizierten Halte- und Stützvorrichtungen abzurechnen?
10. Nennen Sie die Regel bei Einbeziehung fehlender Weisheitszähne in die Berechnung der Bema-Nummer 96.
11. Unter welcher Bema-Nummer wird eine Cover-denture auf Wurzelstiftkappen bei 44 und 34 abgerechnet?
12. Unterscheiden Sie die Bema-Nummern 20 und 91.
13. Nennen Sie die Bema-Nummern für die Abrechnung von Einzelkronen.
14. Welche Bema-Nummern werden für eine vestibulär verblendete Krone mit gegossenem Stiftaufbau angesetzt?
15. Wie werden Porzellanmantelkronen und Kunststoffmantelkronen für einen gesetzlich versicherten Patienten abgerechnet?
16. Für welche Zähne
    a) im Oberkiefer,
    b) im Unterkiefer
    gewährt die gesetzliche Krankenkasse einen Zuschuss für Verblendungen?
17. Was ist der Unterschied zwischen Teleskopkronen und Konuskronen?
18. Wie viele Teleskop- bzw. Konuskronen können nach dem Bema maximal in einem Kiefer bezuschusst werden?
19. Nennen Sie den Leistungsinhalt der Bema-Nummer 18.
20. Für welche Maßnahme ist die Bema-Nummer 24c abzurechnen?
21. Wie häufig darf die Bema-Nummer 24c pro Zahn abgerechnet werden?
22. Wie oft kann die Bema-Nummer 19 pro Zahn abgerechnet werden?
23. Erklären Sie die folgenden Begriffe:
    - Brückenpfeiler,
    - Brückenanker,
    - Brückenspanne,
    - Brückenzwischenglied,
    - Brückenglied.

24. Wie rechnet man Verbindungsvorrichtungen im Zusammenhang mit Teleskop- oder Konuskronen nach der GOZ ab?
25. Was versteht man unter kombiniertem Zahnersatz?
26. Nennen Sie Verbindungsvorrichtungen zwischen festsitzendem und herausnehmbarem Zahnersatz.
27. Erläutern Sie die Abrechnung prothetischer Leistungen bei
    1. Regelversorgung,
    2. gleichartiger Versorgung,
    3. andersartiger Versorgung.
28. Wie beteiligen sich die Krankenkassen an den Kosten der prothetischen Versorgung eines gesetzlich versicherten Patienten?
29. Wovon hängt die Höhe der Kostenbeteiligung der Krankenkasse an der prothetischen Versorgung eines gesetzlich Versicherten ab?
30. Nennen Sie drei Beispiele für eine andersartige Versorgung mit Zahnersatz.

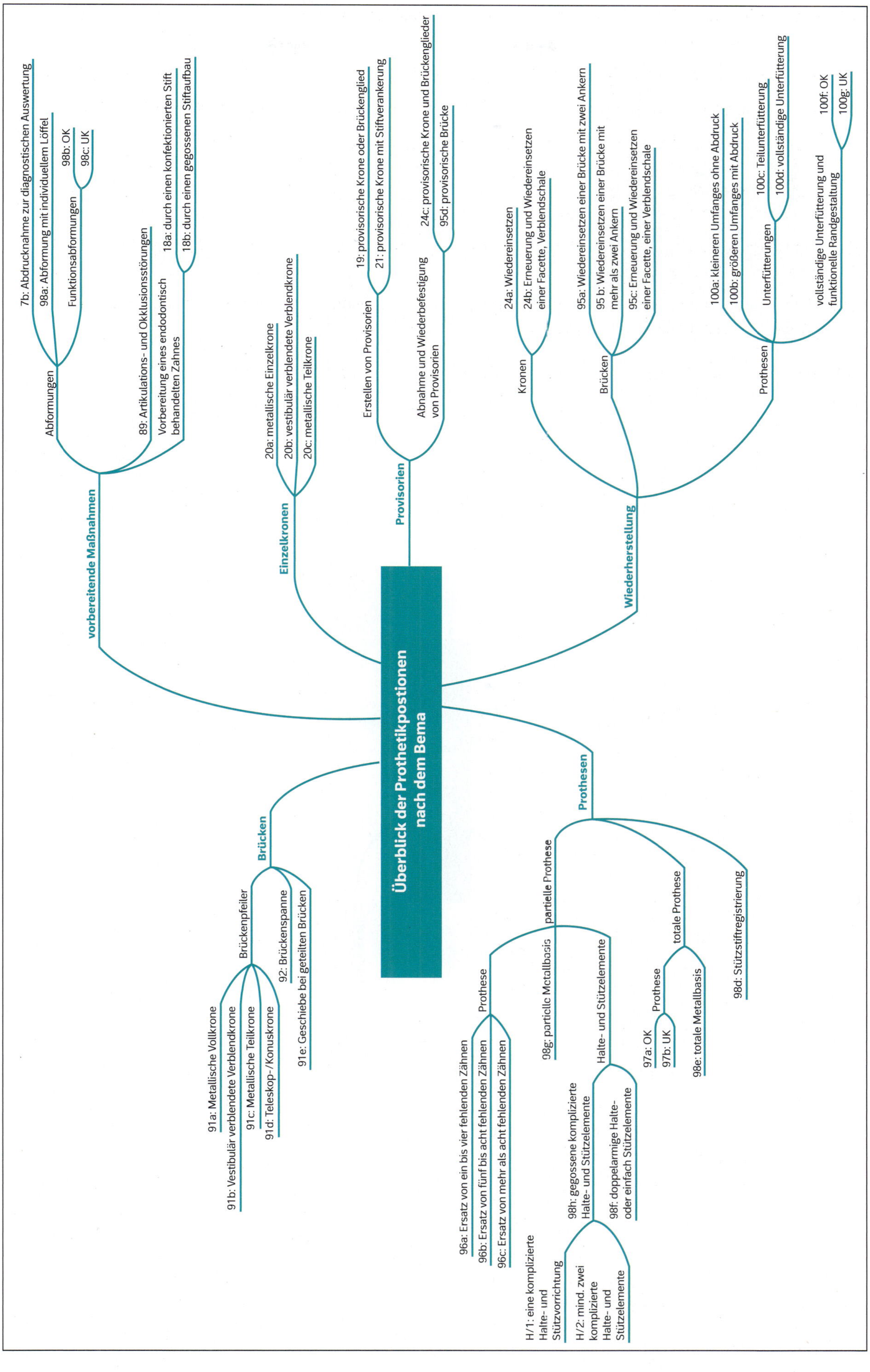
Überblick der Prothetikpostionen nach dem Bema
vorbereitende Maßnahmen
Abformungen
7b: Abdrucknahme zur diagnostischen Auswertung
98a: Abformung mit individuellem Löffel
Funktionsabformungen
98b: OK
98c: UK
89: Artikulations- und Okklusionsstörungen
Vorbereitung eines endodontisch behandelten Zahnes
18a: durch einen konfektionierten Stift
18b: durch einen gegossenen Stiftaufbau
Einzelkronen
20a: metallische Einzelkrone
20b: vestibulär verblendete Verblendkrone
20c: metallische Teilkrone
Provisorien
Erstellen von Provisorien
19: provisorische Krone oder Brückenglied
21: provisorische Krone mit Stiftverankerung
Abnahme und Wiederbefestigung von Provisorien
24c: provisorische Krone und Brückenglieder
95d: provisorische Brücke
Wiederherstellung
Kronen
24a: Wiedereinsetzen
24b: Erneuerung und Wiedereinsetzen einer Facette, Verblendschale
Brücken
95a: Wiedereinsetzen einer Brücke mit zwei Ankern
95 b: Wiedereinsetzen einer Brücke mit mehr als zwei Ankern
95c: Erneuerung und Wiedereinsetzen einer Facette, einer Verblendschale
Prothesen
100a: kleineren Umfanges ohne Abdruck
100b: größeren Umfanges mit Abdruck
Unterfütterungen
100c: Teilunterfütterung
100d: vollständige Unterfütterung
vollständige Unterfütterung und funktionelle Randgestaltung
100f: OK
100g: UK
Brücken
Brückenpfeiler
91a: Metallische Vollkrone
91b: Vestibulär verblendete Verblendkrone
91c: Metallische Teilkrone
91d: Teleskop-/Konuskrone
92: Brückenspanne
91e: Geschiebe bei geteilten Brücken
Prothesen
partielle Prothese
Prothese
96a: Ersatz von ein bis vier fehlenden Zähnen
96b: Ersatz von fünf bis acht fehlenden Zähnen
96c: Ersatz von mehr als acht fehlenden Zähnen
98g: partielle Metallbasis
Halte- und Stützelemente
98h: gegossene komplizierte Halte- und Stützelemente
H/1: eine komplizierte Halte- und Stützvorrichtung
H/2: mind. zwei komplizierte Halte- und Stützelemente
98f: doppelarmige Halte- oder einfach Stützelemente
totale Prothese
Prothese
97a: OK
97b: UK
98e: totale Metallbasis
98d: Stützstiftregistrierung

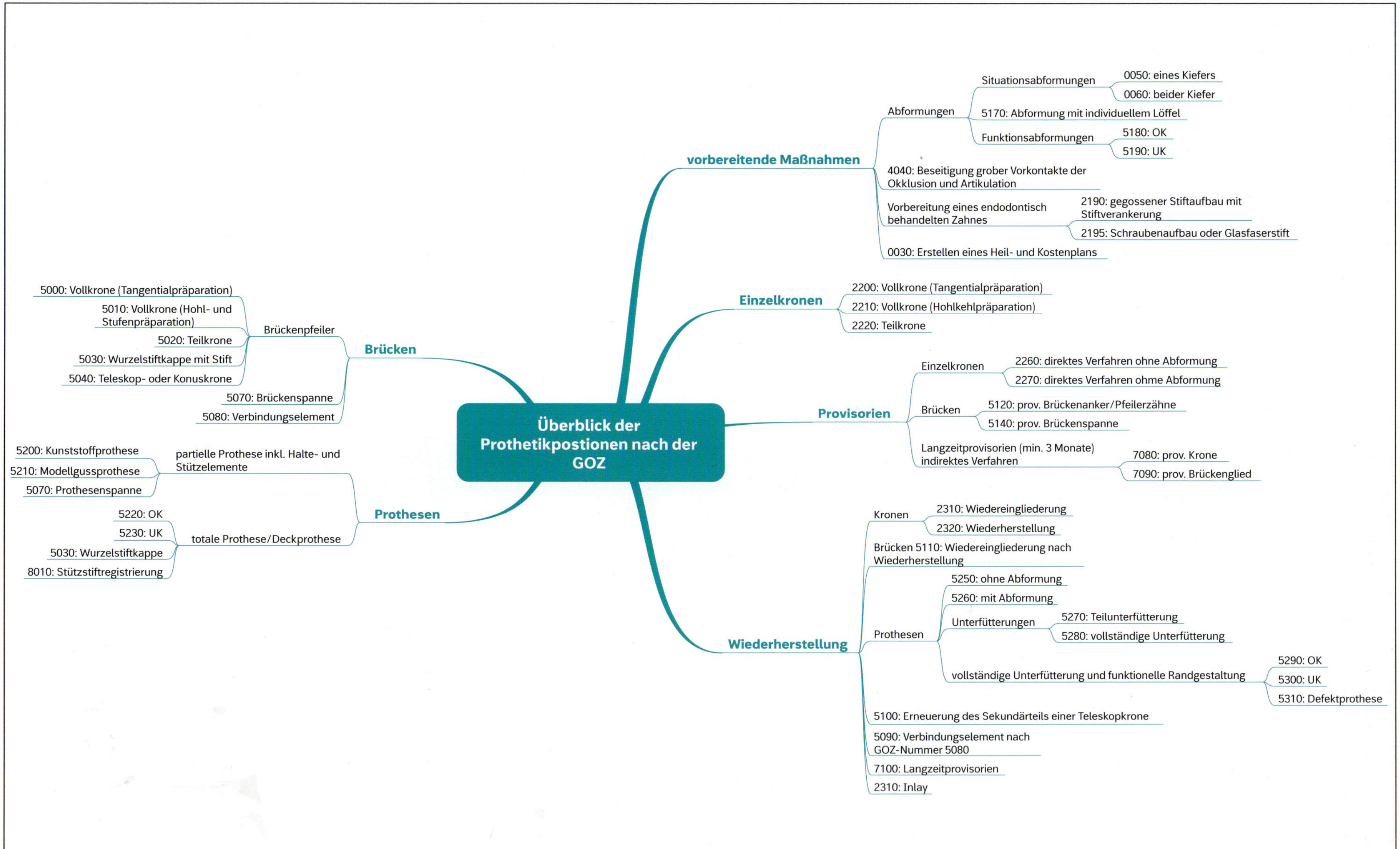
Überblick der Prothetikpostionen nach der GOZ
vorbereitende Maßnahmen
Abformungen
Situationsabformungen
0050: eines Kiefers
0060: beider Kiefer
5170: Abformung mit individuellem Löffel
Funktionsabformungen
5180: OK
5190: UK
4040: Beseitigung grober Vorkontakte der Okklusion und Artikulation
Vorbereitung eines endodontisch behandelten Zahnes
2190: gegossener Stiftaufbau mit Stiftverankerung
2195: Schraubenaufbau oder Glasfaserstift
0030: Erstellen eines Heil- und Kostenplans
Einzelkronen
2200: Vollkrone (Tangentialpräparation)
2210: Vollkrone (Hohlkehlpräparation)
2220: Teilkrone
Provisorien
Einzelkronen
2260: direktes Verfahren ohne Abformung
2270: direktes Verfahren ohme Abformung
Brücken
5120: prov. Brückenanker/Pfeilerzähne
5140: prov. Brückenspanne
Langzeitprovisorien (min. 3 Monate) indirektes Verfahren
7080: prov. Krone
7090: prov. Brückenglied
Wiederherstellung
Kronen
2310: Wiedereingliederung
2320: Wiederherstellung
Brücken 5110: Wiedereingliederung nach Wiederherstellung
Prothesen
5250: ohne Abformung
5260: mit Abformung
Unterfütterungen
5270: Teilunterfütterung
5280: vollständige Unterfütterung
vollständige Unterfütterung und funktionelle Randgestaltung
5290: OK
5300: UK
5310: Defektprothese
5100: Erneuerung des Sekundärteils einer Teleskopkrone
5090: Verbindungselement nach GOZ-Nummer 5080
7100: Langzeitprovisorien
2310: Inlay
Brücken
Brückenpfeiler
5000: Vollkrone (Tangentialpräparation)
5010: Vollkrone (Hohl- und Stufenpräparation)
5020: Teilkrone
5030: Wurzelstiftkappe mit Stift
5040: Teleskop- oder Konuskrone
5070: Brückenspanne
5080: Verbindungselement
Prothesen
partielle Prothese inkl. Halte- und Stützelemente
5200: Kunststoffprothese
5210: Modellgussprothese
5070: Prothesenspanne
totale Prothese/Deckprothese
5220: OK
5230: UK
5030: Wurzelstiftkappe
8010: Stützstiftregistrierung

Eine aktuelle Abrechnungshilfe für Festzuschüsse finden Sie im Internet auf der Homepage der Kassenzahnärztlichen Bundesvereinigung:
https://www.kzvb.de/zahnarztpraxis/abrechnung/festzuschussregelung/ (abgerufen am 27.11.2020)

Auszug aus dem Bema-Kurzverzeichnis (Stand Januar 2021) Prothetische Leistungen

Geb.-Nr.	Leistungsbeschreibung	Bew.-Zahl
Teil 5	Zahnersatz und Zahnkronen	
7b	Modell zur diagnostischen Auswertung und Planung	19
18a	Konfektionierter Stift-/Schraubenaufbau, einzeitig	50
18b	Gegossener Stiftaufbau, zweizeitig	80
19	Provisorische Krone/Brückenglied	19
20a	Metallische Vollkrone	148
20b	Vestibulär verblendete Verblendkrone	158
20c	Metallische Teilkrone	187
21	Provisorische Krone mit Stiftverankerung	28
22	Teilleistungen bei nicht vollendeten Leistungen nach den Nrn. 18 und 20	
24a	Wiedereinsetzen einer Krone oder dergleichen	25
24b	Erneuerung oder Wiedereinsetzen einer Facette, Verblendschale oder dergleichen	43
24c	Abnahme und Wiederbefestigung einer provisorischen Krone nach den Nrn. 19 oder 21	7
89	Beseitigen grober Artikulations- und Okklusionsstörung	16
90	Wurzelstiftkappe mit Verankerung im Wurzelkanal mit Knopfanker	154
91a	Metallische Vollkrone als Brückenanker	118
91b	Vestibulär verblendete Verblendkrone als Brückenanker	128
91c	Metallische Teilkrone als Brückenanker	136
91d	Teleskop- oder Konuskrone	190
91e	Geschiebe bei geteilten Brücken mit disparallelen Pfeilern	43
92	Versorgung durch eine Brücke, je Spanne	62
93a	Adhäsivbrücke mit Metallgerüst im Frontzahnbereich mit einem Flügel	240
93b	Adhäsivbrücke mit Metallgerüst im Frontzahnbereich mit zwei Flügeln	335
94a	Teilleistung nach den Nrn. 90 bis 92 bei nicht vollendeten Leistungen	
94b	Teilleistung nach nicht vollendeten Leistungen nach den Nrn. 93a und 93b	
95a	Wiedereinsetzen einer Brücke mit 2 Ankern	34
95b	Wiedereinsetzen einer Brücke mit mehr als 2 Ankern	50
95c	Erneuerung oder Wiedereinsetzen einer Facette, Verblendschale oder dergleichen	36
95d	Abnahme und Wiederbefestigung einer provisorischen Brücke	18
95e	Wiedereingliederung einer einflügeligen Adhäsivbrücke	61
95f	Wiedereingliederung einer zweiflügeligen Adhäsivbrücke	85
96a	Partielle Prothese zum Ersatz von 1 bis 4 Zähnen	57
96b	Partielle Prothese zum Ersatz von 5 bis 8 Zähnen	83
96c	Partielle Prothese zum Ersatz von mehr als 8 Zähnen	115
97a	Totale Prothese/Cover-denture-Prothese im Oberkiefer	250
97b	Totale Prothese/Cover-denture-Prothese im Unterkiefer	290
98a	Abformung mit individuellem Löffel, je Kiefer	29
98b	Funktionsabformung mit individuellem Löffel, OK	57
98c	Funktionsabformung mit individuellem Löffel, UK	76
98d	Intraorale Stützstiftregistrierung zur Feststellung der Zentrallage	23
98e	Metallbasis in Ausnahmefällen, zusätzlich zu Nrn. 97a oder 97b	16
98f	Doppel-/Mehrarmige Halte- oder Stützvorrichtungen, zu Nr. 96	22
98g	Partielle Metallbasis	44
98 h/1	1 Gegossene Halte- und Stützvorrichtung, je Kiefer	29
98 h/2	2 oder mehr gegossene Halte- und Stützvorrichtungen, je Kiefer	50
99a-c	Teilleistung nach den Nrn 96, 97 und 98 bei nicht vollendeten Leistungen	
100a	Wiederherstellung von Prothesen, kleineren Umfangs	30
100b	Wiederherstellung von Prothesen, größeren Umfangs	50

Geb.-Nr.	Leistungsbeschreibung	Bew.-Zahl
Teil 5	Zahnersatz und Zahnkronen	
100c	Teilunterfütterung einer Prothese	44
100d	Vollständige Unterfütterung einer Prothese, indirektes Verfahren	55
100e	Vollständige Unterfütterung einer Prothese mit Funktionsrand, OK	81
100f	Vollständige Unterfütterung einer Prothese mit Funktionsrand, UK	81

Auszug aus dem Kombi-Kurzverzeichnis GOZ (Stand 2017)

Nr.	Leistung	Punktzahl	Gebühr in EUR		
			1-fach	2,3-fach	3,5-fach
0030	Aufstellung eines schriftlichen Heil- und Kostenplans nach Befundaufnahme und gegebenenfalls Auswertung von Modellen	200	11,25	25,87	39,37
0050	Abformung oder Teilabformung eines Kiefers für ein Situationsmodell einschließlich Auswertung zur Diagnose oder Planung	120	6,75	15,52	23,62
0060	Abformung beider Kiefer für Situationsmodelle und einfache Bissfixierung einschließlich Auswertung zur Diagnose oder Planung	260	14,62	33,63	51,18
0065	Optisch-elektronische Abformung einschließlich vorbereitender Maßnahmen, einfache digitale Bissregistrierung und Archivierung, je Kieferhälfte oder Frontzahnbereich	80	4,50	10,35	15,75
2190	Vorbereitung eines zerstörten Zahnes durch gegossenen Aufbau mit Stiftverankerung zur Aufnahme einer Krone Die Kosten für die Verankerungselemente sind gesondert berechnungsfähig	450	25,31	58,21	88,58
2195	Vorbereitung eines zerstörten Zahnes durch einen Schraubenaufbau oder Glasfaserstift o. Ä. zur Aufnahme einer Krone	300	16,87	38,81	59,05
2197	Adhäsive Befestigung (plastischer Aufbau, Stift, Inlay, Krone, Teilkrone, Veneer usw.)	130	7,31	16,82	25,59
2200	Versorgung eines Zahnes oder Implantats durch eine Vollkrone (Tangentialpräparation)	1 322	74,35	171,00	260,23
2210	Versorgung eines Zahnes durch eine Vollkrone (Hohlkehl- oder Stufenpräparation)	1 678	94,37	217,06	330,31
2220	Versorgung eines Zahnes durch eine Teilkrone mit Retentionsrillen oder -kasten oder mit Pinledges einschließlich Rekonstruktionsrillen der gesamten Kaufläche, auch Veneer	2 067	116,25	267,38	406,88
2260	Provisorium im direkten Verfahren ohne Abformung, je Zahn oder Implantat, einschließlich Entfernung	100	5,62	12,94	19,68
2270	Provisorium im direkten Verfahren mit Abformung, je Zahn oder Implantat, einschließlich Entfernung	270	15,19	34,93	53,15
2310	Wiedereingliederung einer Einlagefüllung, einer Teilkrone, eines Veneers oder einer Krone oder Wiederherstellung einer Verblendschale an herausnehmbaren Zahnersatz	145	8,16	18,76	28,54
2320	Wiederherstellung einer Krone, einer Teilkrone, eines Veneers, eines Brückenankers, einer Verblendschale oder Verblendung an festsitzendem Zahnersatz, gegebenenfalls einschließlich Wiedereingliederung und Abformung	350	19,68	45,27	68,90
4030	Beseitigung von scharfen Zahnkanten, störenden Prothesenrändern und Fremdreizen am Parodontium, je Kieferhälfte oder Frontzahnbereich	35	1,97	4,53	6,89

Nr.	Leistung	Punktzahl	Gebühr in EUR		
			1-fach	2,3-fach	3,5-fach
4040	Beseitigung grober Vorkontakte der Okklusion und Artikulation durch Einschleifen des natürlichen Gebisses oder bereits vorhandenen Zahnersatzes, je Sitzung	45	2,53	5,82	8,86
5000	Versorgung eines Lückengebisses durch eine Brücke oder Prothese: je Pfeilerzahn oder Implantat als Brücken- oder Prothesenanker mit einer Vollkrone (Tangentialpräparation)	1 016	57,14	131,43	200,00
5010	Versorgung eines Lückengebisses durch eine Brücke oder Prothese: je Pfeilerzahn als Brücken- oder Prothesenanker mit einer Vollkrone (Hohlkehl- und Stufenpräparation) oder Einlagefüllung	1 483	83,41	191,84	291,92
5020	Versorgung eines Lückengebisses durch eine Brücke oder Prothese: je Pfeilerzahn als Brücken- oder Prothesenanker mit einer Teilkrone mit Retentionsrillen oder -kasten oder mit Pinledges einschließlich Rekonstruktion der Kaufläche	1 997	112,32	258,33	393,10
5030	Versorgung eines Lückengebisses durch eine Brücke oder Prothese: je Pfeilerzahn oder Implantat als Brücken- oder Prothesenanker mit einer Wurzelkappe mit Stift, gegebenenfalls zur Aufnahme einer Verbindungsvorrichtung oder anderer Verbindungselemente	1 483	83,41	191,84	291,92
5040	Versorgung eines Lückengebisses durch eine Brücke oder Prothese: je Pfeilerzahn oder Implantat als Brücken- oder Prothesenanker mit einer Teleskopkrone, auch Konuskrone	2 605	146,51	336,97	512,79
5070	Versorgung eines Lückengebisses durch eine Brücke oder Prothese: Verbindung von Kronen oder Einlagenfüllungen durch Brückenglieder, Prothesenspannen oder Stege, je zu überbrückende Spanne oder Freiendsattel	400	22,50	51,74	78,74
5080	Versorgung eines Lückengebisses durch eine zusammengesetzte Brücke oder Prothese, je Verbindungselement, Matrize und Patrize gelten als Verbindungselement	230	12,94	29,75	45,27
5090	Wiederherstellung der Funktionen eines Verbindungselementes nach Nummer 5080	110	6,19	14,23	21,65
5100	Erneuern des Sekundärteils einer Teleskopkrone einschließlich Abformung	450	25,31	58,21	88,58
5110	Wiedereingliederung einer endgültigen Brücke nach Wiederherstellung der Funktion	360	20,25	46,57	70,87
5120	Provisorische Brücke im direkten Verfahren mit Abformung, je Zahn oder Implantat, einschließlich Entfernung	240	13,50	31,05	47,24
5140	Provisorische Brücke im direkten Verfahren mit Abformung, je Brückenspanne oder Freiendsattel, einschließlich Entfernung	80	4,50	10,35	15,75
5150	Versorgung eines Lückengebisses mit Hilfe einer durch Adhäsivtechnik befestigten Brücke, für die erste zu überbrückende Spanne	730	41,06	94,44	143,71
5160	Versorgung eines Lückengebisses nach der Nummer 5150, für jede weitere zu überbrückende Spanne	360	20,25	46,58	70,88
5170	Anatomische Abformung des Kiefers mit individuellem Löffel bei ungünstigen Zahnbogen- und Kieferformen und/oder tief ansetzenden Bändern oder spezielle Abformung zur Remontage, je Kiefer	250	14,06	32,34	49,21
5180	Funktionelle Abformung des Oberkiefers mit individuellem Löffel	450	25,31	58,21	88,58

Nr.	Leistung	Punktzahl	Gebühr in EUR		
			1-fach	2,3-fach	3,5-fach
5190	Funktionelle Abformung des Unterkiefers mit individuellem Löffel	540	30,37	69,85	106,30
5200	Versorgung eines teilbezahnten Kiefers durch eine Teilprothese mit einfachen, gebogenen Halteelementen einschließlich Einschleifen der Auflagen	700	39,37	90,55	137,79
5210	Versorgung eines teilbezahnten Kiefers durch eine Modellgussprothese mit gegossenen Halte- und Stützelementen einschließlich Einschleifen der Auflagen	1 400	78,74	181,10	275,59
5220	Versorgung eines zahnlosen Kiefers durch eine totale Prothese oder Deckprothese bei Verwendung einer Kunststoff- oder Metallbasis, im Oberkiefer	1 850	104,05	239,31	364,17
5230	Versorgung eines zahnlosen Kiefers durch eine totale Prothese oder Deckprothese bei Verwendung einer Kunststoff- oder Metallbasis, im Unterkiefer	2 200	123,73	284,57	433,06
5250	Maßnahmen zur Wiederherstellung der Funktion oder zur Erweiterung einer abnehmbaren Prothese (ohne Abformung)	140	7,87	18,11	27,56
5260	Maßnahmen zur Wiederherstellung der Funktion oder zur Erweiterung einer abnehmbaren Prothese (mit Abformung) einschließlich Halte- und Stützvorrichtungen	270	15,19	34,93	53,15
5270	Teilunterfütterung einer Prothese	180	10,12	23,28	35,43
5280	Vollständige Unterfütterung einer Prothese	270	15,19	34,93	53,15
5290	Vollständige Unterfütterung einer Prothese einschließlich funktioneller Randgestaltung, im Oberkiefer	450	25,31	58,21	88,58
5300	Vollständige Unterfütterung einer Prothese einschließlich funktioneller Randgestaltung, im Unterkiefer	540	30,37	69,85	106,30
8010	Registrierung der gelenkbezüglichen Zentrallage, auch Stützstiftregistrierung	180	10,12	23,28	35,43

Gesetzesänderung bei der Abrechnung von prothetischen Leistungen

Seite	Bema-Nummer	GOZ-Position	Gültig ab	Änderung

Bildquellenverzeichnis
Titel: stock.adobe.com, Dublin (crevis)

SACHWORTVERZEICHNIS